会计准则比较

谭明军　张　敏　主编

中国农业出版社

北　京

图书在版编目（CIP）数据

会计准则比较 / 谭明军，张敏主编. -- 北京：中国农业出版社，2025. 2. -- ISBN 978-7-109-33093-1

Ⅰ. F233.2

中国国家版本馆 CIP 数据核字第 20257PU655 号

会计准则比较

KUAIJI ZHUNZE BIJIAO

中国农业出版社出版

地址：北京市朝阳区麦子店街 18 号楼

邮编：100125

责任编辑：何 玮　　文字编辑：李 雯

版式设计：小荷博睿　　责任校对：吴丽婷

印刷：北京中兴印刷有限公司

版次：2025 年 2 月第 1 版

印次：2025 年 2 月北京第 1 次印刷

发行：新华书店北京发行所

开本：700mm×1000mm　1/16

印张：17

字数：295 千字

定价：78.00 元

版权所有·侵权必究

凡购买本社图书，如有印装质量问题，我社负责调换。

服务电话：010 - 59195115　010 - 59194918

作 者 名 单

主　　编：谭明军　张　敏

参编人员：黎孟岚　纪梅梅　陈玺豪　马宗莹

　　　　　　何诗鳗　向雨菲　周　宏　方智颖

前　言

在全球经济一体化的背景下，会计作为一种通用商业语言在世界经济舞台上扮演着越来越重要的角色。我国会计准则的国际协调和比较分析成为近年来会计理论界和实务界的热门研究领域。由于国际会计准则在很大程度上反映了会计准则在国际范围的协调成果和博弈平衡，所以本教材以国际会计准则与中国企业会计准则的比较分析作为对我国会计准则的国际协调问题进行深入研究的切入点。

本教材在对国际会计准则和中国企业会计准则的制定和发展历程进行介绍的基础上，主要从两套准则体系、财务概念框架和具体会计准则等方面进行比较，分析两者的差异以及产生这些差异的深层原因，并针对这些原因提出促进我国会计准则国际协调的建议。通过本教材的学习，有助于学生对会计理论知识及职业规划有更加深刻的认知和更具国际化的视野。

本教材共二十章，其中，主编谭明军编写第一、二、三、四、十五、十八、十九、二十章（约10万字），剩余部分由主编张敏及参编人员黎孟岚、纪梅梅、陈玺豪、马宗莹、何诗鳗、向雨菲、周宏、方智颖共同编写完成。

由于会计准则与会计学日新月异的发展及变化，书中难免有疏漏之处，敬请读者批评指正！

编　者

2024年6月

目　录

第一章 国际会计准则与《企业会计准则——基本准则》的概述

【学习目标】

通过本章的学习，学生可以更好地理解会计准则的作用和必要性，掌握《企业会计准则——基本准则》的内容和重要性，了解国际财务报告准则体系的结构和应用。

【学习重点】

中国企业会计准则在投资决策中的作用；中国企业会计准则体系的组成和基本准则的地位；国际财务报告准则的框架和主要内容。

【学习难点】

会计准则对具体会计实务的指导作用；不同会计准则体系之间的异同；公允价值等计量属性的应用及其与历史成本的区别。

一、会计准则的作用

如果某人想投资一家企业，那么他首先将面临一个问题，即哪些信息可以帮助他作出投资决策。有的投资者甚至希望与经理人直接沟通，而经理人应该向他们说明，为什么他能够为他们的投资带来更高的收益。如果这些投资已经完成，那么投资者会期待经理人向自己定时报告企业的财务情况。如果经理人只需要少数几个投资者，就好比普通合伙企业或者两合企业，那么经理人向投资者定时报告企业的财务情况是很好理解的。但是如果经理人或者企业股东需要很多投资者，那么这种定期报告的行为方式就明显是无效率的。

从投资者的角度来看，还存在一个关于单独、非标准化信息的问题。例如，一个信息接收水平一般的投资者准备投资一家生物科技企业，如果经理人只花了一个小时向他解释企业科研状况，如阿尔茨海默病、DNA排序、染色体识别以及新药品进入美国的流程，那么投资者可能会感到困惑。为了确定是否投资，投资者必须明确生物科技企业药品的发展情况以及可能从中取得的现金流回报，但他在进行投资决策时很可能缺乏必要的技术知识。即使投资者在工作之余通过远程教育掌握了必要的技术知识，在进行下一次的投资决策时，仍然会面临难以逾越的知识障碍。

从上述例子，我们可以更加清楚地看到，单个合作伙伴如果仅依靠自身的力量，就很难目标明确地有效地加工专业信息。在通常情况下，会计信息需求者并不拥有必要的技术知识。把定性企业信息转化为数量化财务信息，是会计信息需求者获悉企业发展状况的一种重要手段。目前会计是用资金数值来反映企业运作情况的，即过去、现在以及预计将来可能的发展情况。使用资金数值的优越性体现在：资金作为衡量经济状况的标准，可以很好地被会计信息需求者理解。例如，虽然某个投资者尚未理解汽油车的创新燃料混合动力驱动技术的市场机会，但通过分析博世集团的资金数值，如2015年价值100欧元的股票，其每股收益约为10.27欧元，至少可以了解到公司的运营情况。如果投资者投资该技术就可能赚得更多。

会计把具体的经济交易浓缩性地用货币数额来表示，但这种浓缩不可能是客观优化的。给顾客送货并发出的具体账单，即商家的应收账款，据此并不能确定销售额是有效的，因为该应收账款并不一定是导致利润增加的销售收益，例如，当顾客具有退回商品的权利时，顾客接收货物的概率有多高呢？顾客的支付能力又如何呢？很可能发生以下情况：股东的出发点是他认为销售额足够有效，而他作为企业股东有权得到销售收益中的那部分利润；与此相反，外来资金供应者坚信，由于退货的存在，不能假定销售额是十分有效的，所以股东无论如何都不应该要求得到那部分账面利润的索取权。以上的争论在于，什么时候销售额才能真正被确认为是有效的？

其他领域的财务表述也存在类似的问题。如果想要通过销售收益来推断送货会带来利润还是损失，就需要确定运送货物的生产成本。新工厂的建造成本如何分摊到使用期内？同样，会计信息需求者是否或者说怎样才能获悉有关企业生产要素的信息，例如机器设备、不动产或者企业员工以及他们的技术知识？如果企业因产品瑕疵而被困于法庭纠纷，则顾客要求相应的补偿，这种情况会使企业怎么样？员工薪金的一部分如何按企业承诺的退休金形式来支付？属于管理层的股票期权又是怎样运作的？这些问题层出不穷，由于企业的复杂性，所以其涉及的问题具有多样性。因此，会计必须以会计准则为基础，只有会计准则才能保证以尽可能明确和清楚的方式，用资金数额来表达复杂的企业情况。

总之，会计准则是非常必要的。这个准则决定了会计具体应该怎样操作，并且可以保证所有参与人在看了年报之后都会对企业有相同的预期。那么，不同的会计准则之间有什么差异？

二、我国会计的基本准则

企业会计准则体系包括《企业会计准则——基本准则》（以下简称基本准则）、具体准则、准则解释等。基本准则是企业会计准则体系的概念基础，是具体准则、准则解释等的制定依据，地位十分重要。

（一）基本准则的地位和作用

我国会计准则属于法规体系的组成部分，基本准则属于部门规章，具体准则、准则解释属于规范性文件。基本准则根据《中华人民共和国会计法》和其他有关法律、行政法规制定，于 2006 年 2 月 15 日以财政部令第 33 号发布，自 2007 年 1 月 1 日起施行。其于 2014 年 7 月 23 日根据《财政部关于修改〈企业会计准则——基本准则〉的决定》（财政部令第 76 号）进行修改，修改后的基本准则在后文称新基本准则。

基本准则在我国企业会计准则体系建设中扮演着重要的角色，在整个企业会计准则体系中具有统领地位，其作用主要如下：

一是统驭具体准则的制定。基本准则规范了包括财务报告目标、会计基本假设、会计基础、会计信息质量要求、会计要素的定义及其确认和计量原则、财务报告等在内的基本问题，是制定具体准则的基础，对各具体准则的制定起着统驭作用，可以确保各具体准则的内在一致性。我国基本准则第三条明确规定，"企业会计准则包括基本准则和具体准则，具体准则的制定应当遵循本准则（即基本准则）"。在企业会计准则体系的建设中，各项具体准则也都明确规定按照基本准则的要求进行制定和完善。

二是为会计实务中出现的、具体准则尚未规范的新问题提供会计处理依据。在会计实务中，由于经济交易事项的不断发展、创新，一些新的交易或者事项在具体准则中尚未规范但又急需处理。这时，企业不仅应当对这些新的交易或者事项及时进行会计处理，而且应当在处理时严格遵循基本准则的要求，尤其是基本准则中关于会计要素的定义及其确认与计量等方面的规定。因此，基本准则不仅扮演着具体准则制定依据的角色，也为会计实务中出现的、具体准则尚未作出规范的新问题提供了基本会计处理依据，从而确保了企业会计准则体系对所有会计实务问题的规范作用。

（二）基本准则规范的主要内容

基本准则的制定吸收了当代财务会计理论研究的最新成果，反映了当前会计实务发展的内在需要，构建起了完整、统一的财务会计概念体系，从不同角度明确了整个会计准则需要解决的基本问题，内容包括下列方面：

一是关于财务报告目标。基本准则明确了我国财务报告的目标是向财务报告使用者提供决策有用的信息，并反映企业管理层受托责任的履行情况。

二是关于会计基本假设。基本准则强调了企业会计确认、计量和报告应当以会计主体、持续经营、会计分期和货币计量为会计基本假设。

三是关于会计基础。基本准则坚持了企业会计确认、计量和报告应当以权责发生制为基础。

四是关于会计信息质量要求。基本准则建立了企业会计信息质量要求体系，规定企业财务报告应当满足会计信息质量要求。

五是关于会计要素的定义及其确认、计量原则。基本准则将会计要素分为资产、负债、所有者权益、收入、费用和利润六个要素，同时对各要素进行严格定义。会计要素在计量时以历史成果为基础，可供选择的计量属性包括历史成本、重置成本、可变现净值、现值和公允价值等。

六是关于财务报告。基本准则明确了财务报告的基本概念、应当包括的主要内容和应反映信息的基本要求等。

（三）我国的会计义务和会计目标

一般来说，会计目标是指在一定的会计环境中，人们期望通过会计活动所要达到的结果。然而，从本质上看，会计目标的核心是指在对会计本质认识的基础上，人们以主观要求形式提出来的、客观存在的范畴。其描述的核心问题是"会计应该为谁提供什么样的信息"，具有主观见之于客观的特征。要想考察会计目标，就离不开考察与会计目标相关的会计环境。中国的会计环境表现为以下几个特征：

（1）中国实行的是社会主义市场经济，国家在经济中占主导地位，并在多方面对企业实行监督、管理和监控。

（2）企业的所有制结构为多元结构。国有资本为主要资本来源，占据主要地位，同时非公有制经济已经成为国民经济的重要组成部分。

（3）证券市场仍然不发达，股权集中于国家和企业法人中。证券资产占国民生产总值比例小。投资人基本以大众散户为主。

（4）企业外部融资以银行为主，银行资金占国民生产总值较大。

（5）企业会计信息的使用者主要为国家、银行、企业法人和管理型投资人。机构投资者比例较低。

因此，中国会计信息的使用者和需求者主要有以下几个方面：

（1）国家，主要包括国务院国有资产监督管理委员会、中国证券监督管理委员会和税务部门。国家作为企业的主要投资人和管理者，迫切需要企业提供真实可靠的财务会计信息，以利于决策。

（2）债务人，主要包括银行和其他金融机构。作为企业外部投资人，他们非常关心企业的经营管理情况，同时非常关心那些保证自己的贷款本金和利息可以收回的真实可靠财务会计信息。

（3）职业机构投资人，主要包括机构、法人和个人等。他们在证券市场上买卖证券，以赚取投资回报为主要目的，因此也更关心与他们的投资风险和收益直接相关的财务会计信息。

中国规范财务会计和财务会计人员的最高法律形式是《中华人民共和国会计法》，管理中国财务会计工作的机构是财政部，管理上市公司的财务会计信息披露的则是中国证券监督管理委员会，而财务报告的编制及其内容与形式的具体规范是指由财政部制定的《企业会计准则》[①]《企业会计制度》以及由证券监督管理委员会制定的《上市公司财务报告和信息披露准则》。因此，与广义国际会计准则将保护投资者利益放在首位的会计目标不同，中国的财务会计处理、财务报告编制和披露要求都非常明显地将国家利益放在首位。随着中国《企业会计准则》和国际接轨，其目标也逐渐向满足财务报告使用者的信息需求转移。2014年《财政部关于修改〈企业会计准则——基本准则〉的决定》中就明确规定，财务会计报告的目标是向财务报告使用者提供与企业财务状

[①]　《企业会计准则》于1992年11月30日发布，自1993年7月1日起施行，而本书其他部分提供的企业会计准则不是特指这一文件。

况、经营成果和现金流量等有关的会计信息，反映企业管理层受托责任履行情况，有助于财务会计报告使用者作出经济决策。财务会计报告使用者包括投资人、债权人、政府及有关部门和社会公众等。

三、国际财务报告准则的发展

现行的国际财务报告准则是由国际会计准则理事会（IASB）制定发布的国际会计准则（International Accounting Standards，IAS）。IASB 的前身是国际会计准则委员会（International Accounting Standards Council，IASC）。从 1973 年起国际会计准则委员会在近二十年时间里陆续发布了大量会计准则，合称为国际会计准则。

2001 年时，国际会计准则委员会改组为国际会计准则理事会。此后由国际会计准则理事会新颁布的准则，一律标注以 IFRS 打头的编号，称为国际财务报告准则（International Financial Reporting Standards，IFRS）。国际会计准则和国际财务报告准则共同构成了现行国际会计准则的主体。

从发展历程上来看，欧盟自 1993 年成立就将目标定为世界上最有竞争力和最有活力的知识经济组织。2001 年欧元的正式启动标志着统一的欧洲资本市场已经形成，此时迫切需要建立与之配套的企业会计准则体系。2002 年欧盟通过第 1606 号决议①，该决议要求欧盟境内的上市公司从 2005 年 1 月 1 日起采用欧盟认可的国际财务报告准则来编制合并财务报表。决议出台后，一方面欧盟就国际财务报告准则的采用建立了严格的认可机制，由欧洲财务报告咨询组（EFRAG）对国际财务报告准则及其解释公告进行评估；另一方面，欧盟要求欧洲证券监管委员会（CESR）选定一些国家的会计准则作为与国际财务报告准则等效的标准，并对这些国家的会计准则进行等效评估。2008 年 12 月欧盟委员会（以下简称 EC）宣布自 2009 年 1 月 1 日起中国、美国、日本、加拿大、韩国和印度六个国家的会计准则与欧盟认可的国际财务报告准则正式等效。此举意味着这些国家的企业在欧盟境内的资本市场上市时可以按照本国的企业会计准则编制财务报表，随后不必再根据欧盟认可的国际财务报告准则

---

① 2002 年 7 月 19 日欧洲议会（UP）和欧盟委员会（EC）在布鲁塞尔召开会议，讨论通过了《关于运用国际会计准则的第 1606 号（2002）决议》，该文件对欧盟成员国采用国际财务报告准则做出了具体的规定。

进行相关的调整，从而极大地降低了企业赴欧上市的成本。

2005 年正式采用国际财务报告准则后，欧盟的会计监管机构将工作重心从协调成员国间的会计准则转为评估国际财务报告准则的执行效果。2006 年欧洲银行监管委员会（CEBS）从行业监管的角度出发，对欧洲银行业执行国际财务报告准则的情况进行了评估；2014 年 EC 就国际财务报告准则的目标是否仍具相关性展开评估，并向欧盟理事会部长会议和欧洲议会分别提交了详尽的评估报告；2017 年欧洲证券和市场管理局（ESMA）对《国际财务报告准则第 9 号——金融工具》和《国际财务报告准则第 15 号——客户合同收入》两项新准则的实施效果进行了评估，并及时发布了相关的评估报告。

欧盟作为第一个认可采用国际财务报告准则的区域经济体，在过去十多年里一直是国际财务报告准则最强有力的支持者。但自 2008 年以来，由于受到金融危机、英国脱欧等国际政治经济局势波动的影响，欧盟屡次出现与国际会计准则理事会意见相左的情况。双方的冲突在认可与金融工具相关的会计准则中表现得尤为明显。欧盟认为《国际会计准则第 39 号——金融工具：确认与计量》与美国财务会计原则在金融资产重分类问题上的差异使欧盟的金融机构在应对 2008 年金融危机时处于不利地位，因此多次要求国际会计准则理事会尽快就这一准则做出修订。迫于压力，国际会计准则理事会于 2008 年 11 月启动了《国际会计准则第 39 号——金融工具：确认与计量》的修订工作。经过近六年的努力，国际会计准则理事会于 2014 年 7 月发布了最终完整版的《国际财务报告准则第 9 号——金融工具》，全面替换了《国际会计准则第 39 号——金融工具：确认与计量》。此外，EC 认为国际会计准则理事会制定的《中小企业国际财务报告准则》[①] 过于复杂，因此决定暂不实施。预计未来欧盟一方面仍然会与国际会计准则理事会就国际财务报告准则具体准则的制定、准则在欧盟的采用和实施等问题保持密切的沟通与合作；另一方面会继续从欧盟成员国利益最大化的角度出发，在国际财务报告准则的制定、采用和实施过程中保持主动权和选择权。

四、财务报表要素的差异

国际会计准则理事会将财务报表的要素分为五大类：资产、负债、权益、

---

① 2009 年 7 月国际会计准则理事会针对中小企业发布了一套简化版的国际财务报告准则，即《中小企业国际财务报告准则》。

收益和费用。基本准则参考国际会计准则理事会制定的《财务报告概念框架》（以下简称框架理念），将财务报表的要素分为六类：资产、负债、所有者权益、收入、费用和利润，并加以详细讨论。基本准则对财务报表要素的分类和国际会计准则理事会制定的框架理念的不同之处主要在于两者对损益表要素的分类不同。国际会计准则理事会制定的框架理念对损益表要素的定义比较宽泛，其中收益包括收入和利润，费用包括损失和在企业正常活动中发生的费用；而基本准则则将收入和费用单独列出加以讨论，同时定义了利润的构成。

五、财务报表中确认的差异

国际会计准则理事会在框架理念中对确认作了如下定义：确认是指将满足要素定义和规定确认标准的项目列入资产负债表或损益表的过程。它涉及用文字和货币金额表示这一过程，并且将该货币金额计入资产负债表或损益表的总额。国际会计准则理事会认为，满足要素定义的项目，如果满足了以下标准，就应该加以确认：①与该项目有关的任何未来经济利益很可能会流入或流出企业；②该项目具有能够可靠计量的成本或价值。我国的基本准则对确认没有明确的定义，但是对确认的标准作了如下描述：①有关的经济利益很可能流入（流出）企业；②成本或价值能够可靠地计量。从以上描述可以看出，基本准则虽然没有对确认作出明确的定义，但是确认的标准却与国际会计准则理事会基本没有差别。

六、财务报表中计量的差异

国际会计准则理事会的框架理念在对确认问题进行讨论之后，紧接着就对有关计量问题进行了讨论。国际会计准则理事会的框架理念将计量定义为：为了在资产负债表和损益表中确认和计量有关财务报表的要素而确定其货币金额的过程。国际会计准则理事会认为，财务报表可以在不同程度上以不同的结合方式采用不同的计量属性，它包括历史成本、现行成本、可变现净值（或结算价值）和现值。企业编制财务报表最常用的计量属性是历史成本，但是历史成本通常可以和其他属性结合起来使用。基本准则第九章对会计计量单列一章进行讨论。与《企业会计准则》不同，基本准则实现了与国际财务报告的全面接轨，在计量属性上，除了历史成本，新增加了重置成本、可变现净值（或结算价值）、现值和公允价值等计量属性。公允价值这一概念最早在 1993 年由美国财务会计准则委员会在一个草案中提出。根据 2000 年 2 月财务会计准则委员会发布的《财务会计概念公告第 7 号——在会计计量中使用现金流量信息和现值》，可知公允价值是指在会计计量中使用的现金流量信息和现值，可将公允价值作为与历史成本相对应的一种计量属性。公允价值的数额一般可以用公开活跃市场上的挂牌价或最新成交价来代表，它们是以市场观察值为基础的，通常比较客观，但是在没有市场观察值的情况下，采用未来现金流量的现值也可以有效地估计公允价值。因此，公允价值在一定程度上可以代替以前经常使用的现行价值、可变现净值和现值。由于当时我国市场机制不成熟、产权市场不完善等，公允价值的计量属性在实践中使用困难，所以我国曾禁止使用公允价值作为会计计量属性，在基本准则中只允许采用历史成本作为会计计量属性。在 2014 年发布的新基本准则中重提公允价值的计量属性，不能不说这是一个巨大的进步。虽然历史成本仍然是一种最常用的计量属性，但是国际会计准则理事会和我国的基本准则都允许采用历史成本和其他计量属性结合使用的方式，或混合计量的模式。随着企业兼并事项的日益频繁和衍生金融工具的迅速发展，公允价值也将成为日益普及应用的一种计量工具。

总的来说，我国新基本准则是在充分借鉴美国财务会计理念公告和框架理念，同时考虑我国具体实际的基础上发展起来的，无论是从内容上还是从形式上都已经同国际财务报告准则的框架理念保持一致，为建立和发展我国具体会计准则提供了理论依据。

七、中国会计体系的国际化

中国会计准则的国际化历程是与中国会计改革同步进行的。从一定意义上说，中国会计制度的改革实际上就是传统的会计核算制度向会计准则转变，同时向国际会计准则趋同的过程。我们可以将中国会计体系的发展进程大体上分为四个阶段：①局部借鉴国际惯例（1979—1992 年）；②实施同经济体制改革相适应的企业会计制度（1992—1997 年）；③构建和完善按经济业务统一规范的会计准则体系（1997—2006 年）；④全面接轨国际会计准则体系（2006 年至今）。

自 2005 年起，随着国际财务报告准则在国际上被广泛认可，中国会计国际化进程出现了提速的现象，表现出了与国际会计准则趋同的强烈倾向。

中国会计准则委员会与国际会计准则理事会于 2005 年 11 月在北京就中国企业会计准则与国际财务报告准则趋同签署了联合声明，这成为中国会计准则体系向国际会计标准趋同的一个里程碑。联合声明虽然简短，却立体全面，既有双方观点，也有已达成的共识及对未来工作的展望。在联合声明中，中国认为，趋同是会计准则制定工作的基本目标之一，旨在使企业按照中国会计准则编制的财务报表与按照国际财务报告准则编制的财务报表相同，趋同的具体方式由中国确定。国际会计准则理事会认为，一些国家在其会计准则与国际财务报告准则趋同的过程中，为反映其特有环境，补充国际财务报告准则没有涵盖的规定和应用指南，这是一种实事求是和可取的做法。双方一致认为，建立和完善一套全球高质量的会计准则，是适应经济全球化发展趋势的必然要求，今后双方将进一步加强交流和合作，以实现中国会计准则与国际财务报告准则的趋同。联合声明的签署，标志着中国会计准则体系与国际会计标准已基本趋同，彰显了中国在会计准则制定和会计国际趋同工作中取得重大进展。这将有助于提升中国在会计国际趋同中的地位和作用，并为中国经济持续快速协调健康发展奠定坚实的会计基础。

2006 年 2 月 15 日，财政部颁布 39 项企业会计准则和 48 项注册会计师审计准则，被认为是中国着手建立与国际惯例接轨的企业会计准则体系的标志。39 项企业会计准则发布后，社会各界都给予了高度的评价。会计业界人士普遍认为，只有拥有健全完善的企业会计准则体系，资本市场信息披露才能得到保障。48 项注册会计师审计准则的发布，是中国审计史上的新的里程碑。企业会计准则体系实现了中国企业会计准则与国际会计惯例的趋同，并为改进国际财务报告准则提供了有益的借鉴。

◆ 思考与练习题 ◆

1.【单选题】2006 年 2 月 15 日，财政部发布了（　　）。

A.《企业会计准则——基本准则》

B.《中小企业会计准则》

C.《事业单位会计准则》

D.《行政单位会计准则》

2.【多选题】我国的企业会计准则体系包括基本准则、具体准则、应用指南和解释公告等，其中基本准则的主要内容包括（　　）。

A. 财务会计报告目标

B. 会计基本假设

C. 会计信息质量要求

D. 会计要素分类及其确认、计量原则

3. 我国《企业会计准则——基本准则》将财务报表的要素分为了（   ）。

A. 资产   B. 负债   C. 所有者权益

D. 收入   E. 费用   F. 利润

第二章 存　　货

【学习目标】

　　通过本章的学习，学生应了解并掌握存货的类型和定义，理解存货的确认条件及初始计量方法，明白国际财务报告准则与企业会计准则在存货确认与计量上的差异，学会根据国际财务报告准则与企业会计准则进行存货的后续计量及其相关的会计处理。

【学习重点】

　　存货的定义及其主要分类；存货的确认标准、初始成本计量方法，发出存货成本的计量；存货的后续计量及其在财务报表中的反映。

【学习难点】

　　存货成本的确定方法；存货的后续计量方法及其与初始计量的关系。

一、存货的定义

　　《企业会计准则第 1 号——存货》规范了存货的确认、计量和相关信息的披露。

　　存货是指企业在日常活动中持有以备出售的产成品或商品、处在生产过程中的在产品、在生产过程或提供劳务过程中耗用的材料、物料等。存货区别于固定资产等非流动资产的最基本的特征是，企业持有存货的最终目的是出售，包括可供直接出售的产成品、商品，以及需经过进一步加工后出售的原材料等。

　　在《国际会计准则第 2 号——存货》中将存货定义为：①在正常经营过程中持有待售的资产；②为出售而仍处在生产过程中的资产；③在生产或提供劳务过程中需要消耗的以材料或物料形式存在的资产。存货包括为转售而购买的货物（例如：从零售商购买的用于转售的商品或房地产开发的土地使用权和建筑物）。自己生产的半成品和成品以及保持持续生产所必需的原材料、辅助材料和消耗材料，适用《国际会计准则第 2 号——存货》。与生产无关的辅料也属于存货。金融工具（参见《国际财务报告准则第 9 号——金融工具》《国际会计准则第 32 号——金融工具：披露和列报》和《国际会计准则第 39 号——金融工具：确认与计量》的规定）和与农林业活动相关的生物资产（参见《国际会计准则第 41 号——农业》的规定）均不符合存货的定义。《国际会计准则第 2 号——存货》明确指出，有些存货如生物资产、农林产品、矿物和矿产品，不符合该准则中关于计量的一般规定。这些存货的价值通常根据各行业惯例按其可变现净值进行计量。因此，可变现净值的变化应立即计入损益，只有不存在无法出售的风险时，才能够计量净售价。同样，商品交易所经纪人持有存货的可变现净值（即公允价值减去销售成本）的变化也应立即确认为损益。

二、存货确认条件的差异

《国际会计准则第 2 号——存货》对存货的相关确认条件没有作出明确的规定，而《企业会计准则第 1 号——存货》则规定，存货只有在满足以下条件时，才可以确认：①与该存货有关的经济利益很可能流入企业。②该存货的成本能够可靠地计量。

三、存货计量

《企业会计准则第 1 号——存货》规定企业取得的存货应当按照成本进行初始计量。存货成本包括采购成本、加工成本和其他成本三个组成部分。

（一）外购存货的成本

企业外购存货主要包括原材料和商品。外购存货的成本即存货的采购成本，是指企业物资从采购到入库前所发生的全部支出，包括购买价款、相关税费、运输费、装卸费、保险费以及其他可归属于存货采购成本的费用。

（1）存货的购买价款，是指在企业购入的材料或商品的发票账单上列明的价款，但不包括按规定可以抵扣的增值税额。

（2）存货的相关税费，是指企业购买、自制或委托加工存货发生的进口关税、消费税、资源税和不能抵扣的增值税进项税额等应计入存货采购成本的税费。

（3）其他可归属于存货采购成本的费用，即采购成本中除上述各项以外的可归属于存货采购成本的费用，如存货采购过程中发生的仓储费、包装费、运输途中的合理损耗、入库前的挑选整理费用等。这些费用能分清负担对象的，应直接计入存货的采购成本；不能分清负担对象的，应选择合理的分配方法，分配计入有关存货的采购成本，可按所购存货的数量或采购价格比例进行分配。对于企业通过外购方式取得确认为存货的数据资源，可归属于存货采购成本的数据权属鉴证、质量评估、登记结算、安全管理等费用，也应当计入有关存货的采购成本。

对于采购过程中发生的物资毁损、短缺等，除合理的途中损耗应当作为存货的其他可归属于存货采购成本的费用计入采购成本外，应区别不同情况进行会计处理：

（1）从供货单位、外部运输机构等收回的物资短缺或其他赔款，应冲减所购物资的采购成本。

（2）因遭受意外灾害发生的损失和尚待查明原因的途中损耗，暂作为待处理财产损益进行核算，查明原因按照管理权限报经批准后计入管理费用或营业外支出。

商品流通企业在采购商品过程中发生的运输费、装卸费、保险费以及其他可归属于存货采购成本的费用等进货费用，应计入所购商品成本。在实务中企业也可以将发生的运输费、装卸费、保险费以及其他可归属于存货采购成本的费用等进货费用，计入所购商品成本。

（二）加工取得存货的成本

企业通过进一步加工取得的存货主要包括产成品、在产品、半成品、委托加工物资等，其成本由采购成本、加工成本构成。某些存货还包括使存货达到目前场所和状态所发生的其他成本，如可直接认定的产品设计费用等。例如，企业通过数据加工取得确认为存货的数据资源，其成本包括采购成本，数据采集、脱敏、清洗、标注、整合、分析、可视化等加工成本和使存货达到目前场所和状态所发生的其他成本。在通过进一步加工取得的存货的成本中，采购成本是由所使用或消耗的原材料采购成本转移而来的。因此，计量加工取得的存货的成本，重点是要确定存货的加工成本。

存货加工成本，由直接人工和制造费用构成，其实质是企业在进一步加工存货的过程中追加发生的生产成本，不包括直接由材料存货转移来的价值。其中，直接人工是指企业在生产产品过程中直接从事产品生产的工人的职工薪酬。直接人工和间接人工的划分依据通常是生产工人是否与所生产的产品直接相关（即可否直接确定其服务的产品对象）。制造费用是指企业为生产产品和提供劳务而发生的各项间接费用。制造费用是一项间接生产成本，包括企业生产部门（如生产车间）管理人员的职工薪酬、折旧费、办公费、水电费、物料消耗、劳动保护费、季节性和修理期间的停工损失，以及与存货的生产和加工相关的固定资产日常修理费用等。企业在停工停产期间计提的符合存货成本确认条件的固定资产折旧和无形资产摊销等，应当计入相应的存货成本。

企业在加工存货过程中发生的直接人工和制造费用，如果能够直接计入有关的成本核算对象，则应直接计入该成本核算对象。否则，应按照合理方法分配计入有关成本核算对象。分配方法一经确定，不得随意变更。

1. 直接人工的分配

如果企业生产车间同时生产不同产品，则其发生的直接人工应采用合理方法分配计入各产品成本。由于工资形成的方式不同，直接人工的分配方法也不同。比如，按计时工资或者按计件工资分配直接人工。

2. 制造费用的分配

由于企业各个生产车间或部门的生产任务、技术装备程度、管理水平和费用水准各不相同，所以，制造费用的分配一般应按生产车间或部门先进行归集，然后根据制造费用的性质，合理选择分配方法。也就是说，企业所选择的制造费用分配方法，必须与制造费用的发生具有较密切的相关性，并且使分配到每种产品上的制造费用金额科学合理，同时还应适当考虑到计算手续的简便。在各种产品之间分配制造费用的方法，通常是指按生产工人工资、按生产工人工时、按机器工时、按耗用原材料的数量或成本、按直接成本（原材料、燃料、动力、生产工人工资等职工薪酬之和）以及按产成品产量等进行分配的方法。

月末，企业应当根据在产品数量的多少、各月在产品数量变化的大小、各项成本比重的大小，以及定额管理基础的好坏等具体条件，采用适当的分配方法将直接人工、制造费用以及直接材料等生产成本在完工产品与在产品之间进行分配。常用的分配方法有：不计算在产品成本法、在产品按固定成本计价法、在产品按所耗直接材料成本计价法、约当产量比例法、在产品按定额成本计价法、定额比例法等。企业在进行成本计算时，应当根据其生产经营特点、生产经营组织类型和成本管理要求，确定成本计算方法。成本计算的基本方法有品种法、分批法和分步法三种。

企业具体选用哪种分配方法分配制造费用，由企业自行决定。分配方法一经确定，不得随意变更。如需变更，应当在财务报表附注中予以说明。

企业在进行企业产品成本核算时，不仅要遵循《企业产品成本核算制度（试行）》，还应当分行业执行《企业产品成本核算制度——石油石化行业》《企业产品成本核算制度——钢铁行业》《企业产品成本核算制度——煤炭行业》《企业产品成本核算制度——电网经营行业》《企业产品成本核算制度——油气管网行业》等成本核算制度。

（三）发出存货成本的计量

企业应当根据各类存货的实物流转方式、企业管理的要求、存货的性质等实际情况，合理地选择发出存货成本的计量方法，以合理确定当期发出存货的实际成本。

对于性质和用途相似的存货，应当采用相同的成本计量方法来确定发出存货的成本。企业在确定发出存货的成本时，可以采用先进先出法、移动加权平均法、月末一次加权平均法和个别计价法等方法。企业不得采用后进先出法来确定发出存货的成本。

1. 先进先出法

在先进先出法下，假设先购入的存货应先发出（销售或耗用），以此为前提对发出的存货进行计价。采用这种方法，先购入的存货成本在后购入存货成本之前转出，据此确定发出存货和期末存货的成本。

2. 移动加权平均法

在移动加权平均法下，以每次进货的成本加上原有库存存货的成本的值，除以每次进货数量与原有库存存货的数量之和，据此计算加权平均单位成本，作为下次进货前计算各次发出存货成本的依据。

3. 月末一次加权平均法

在月末一次加权平均法下，以当月全部进货数量加上月初存货数量作为除数，去除当月全部进货成本与月初存货成本之和，计算出存货的加权平均单位成本，以此为基础，计算当月发出存货的成本和期末存货的成本。

4. 个别计价法

个别计价法，亦称个别认定法、具体辨认法、分批实际法，其特征是注重所发出存货具体项目的实物流转与成本流转之间的联系，逐一辨认各批发出存货和期末存货所属的购进批别或生产批别，分别按其购入或生产时所确定的单位成本计算各批发出存货和期末存货的成本。即把每一种存货的实际成本作为计算发出存货成本和期末存货成本的基础。对于不能替代使用的存货、为特定项目专门购入或制造的存货以及提供的劳务，通常采用个别计价法来确定发出存货的成本。在实际工作中，越来越多的企业采用计算机信息系统进行会计处理，个别计价法可以广泛应用于发出存货的计价，并且利用个别计价法来确定的存货成本最为准确。

根据《国际会计准则第 2 号——存货》，可知存货应在每个资产负债表日，以历史成本与可变现净值两者中的较低者进行计量。存货的采购和加工成本是指在购买和生产过程的所有费用，以及将存货转移到其目前所在地和状态所发生的任何其他费用。这里，基本采用个别计量原则，即每件存货单独计量其价值。

（四）采购成本

根据《国际会计准则第 2 号——存货》，可知存货的采购成本的计算公式如下：

采购成本＝采购价格＋采购附加费用＋采购折扣＋其他费用

如果购买方有扣除预缴税金的权利，并能从税务部门得到其预付的增值税，采购价格就等于扣除增值税后的买价。采购成本中的所有其他部分也应计入净额。根据《国际会计准则第 2 号——存货》，可知采购附加费用包括所有可直接归属于采购过程的费用，以及由公司承担的进口关税、其他税金、运输费以及其他可直接归属于取得产成品、材料和劳务的费用。采购折扣包括现金折扣、回扣和折让，此外，根据《国际会计准则第 20 号——政府补助会计和政府援助的揭露》，可知如果获得用于非流动资产的购买或生产的补助，则采购成本中还可减去这部分补助。存货多属于流动资产，故这类补助抵减对存货大多不适用。

根据《国际会计准则第 2 号——存货》，可知使存货达到目前场所和状态而发生的一切费用将会增加存货的采购成本。例如，内部运输产生的间接费用或特定客户的产品开发成本均属于此范围。

对借款费用的处理有些特别之处。根据《国际会计准则第 2 号——存货》和《国际会计准则第 23 号——借款费用》，可知借款费用借记的前提条件是：①它是可直接归属于合格资产的采购、建造或生产的借款费用；②借款费用很可能为企业带来未来经济利益，并且能够可靠地计量费用。

应当指出的是，按照《国际会计准则第 23 号——借款费用》的规定，就算直接归属于大量重复制造或以其他方式制造存货的采购、建造或生产的借款费用，公司原则上也没有义务应用该准则。

合格资产是指需要经过相当长时间才能达到可使用或可销售状态的资产。合格资产的特征是其在相当长的时间内（没有具体的规定）对企业的盈利没有贡献。为了让合格资产在企业未来盈利过程中发挥作用，就必须做准备工作。

问题在于，在《国际会计准则第 2 号——存货》定义下的存货能否符合合格资产的定义。《国际会计准则第 23 号——借款费用》指出，虽然有些会计事项中的存货是合格资产，但是在该准则中也明确指出，在短时间内生产的存货及用于销售或经营的资产不能确认为合格资产，其中涉及的一些需要长期生产的产品，如在酒桶中长期酿造的高档葡萄酒、威士忌或者特殊奶酪和火腿品种，均可能会导致产生借款费用，而根据《国际会计准则第 2 号——存货》，可知它们属于采购成本的一部分。

《国际会计准则第 2 号——存货》列出了不应包含在存货成本中，而应在其发生的当期就确认为费用的项目，如和生产无关的仓储费用、管理及销售费用。此外，该准则也明确说明，要将允许延期付款的结算条款作为额外支付的利息来进行处理。

（五）加工成本

《国际会计准则第 2 号——存货》从本质上限制了企业在确定加工成本时的操作空间。加工成本包括与生产相关的所有费用，也就是说，除了直接费用，也包括可变间接生产费用和固定间接生产费用。其计算公式如下：

加工成本＝直接成本＋固定间接生产费用＋可变间接生产费用＋其他费用

在《国际会计准则第 2 号——存货》中没有提供计算加工成本的详细图表，只提到了直接人工。可否借记的关键是看所发生的费用是否与产品或生产过程直接有关。以下是根据有关文献对加工成本的组成部分所作的解释，解释的顺序如表 2-1 所示。

表 2－1　加工成本的组成及解释

直接成本	
材料直接费用	必需
生产直接费用	必需
生产的其他直接费用	必需
可变间接加工成本	
间接材料费用	必需
间接生产费用	必需
固定间接加工成本	
设备的折旧	必需
一般管理费用	必需，只要与加工有关
费用支出原因：	
· 企业公共设施	必需，只要与加工有关
· 自愿的社会福利	必需，只要与加工有关
· 企业养老保险	必需，只要与加工有关
其他成本	
税金	必需，只要与加工有关
借款费用	合格资产可选用
销售费用	禁止

　　属于材料直接费用的包括支付给原材料及半成品或产成品的费用、辅助材料费用以及直接用于特定产品的生产能源支出，例如，如果钉子是直接用于特定产品的生产，那么购买钉子的费用可以视为直接费用。螺丝或者胶水的费用通常都计入间接费用，它们被称为非真实间接成本，也就是说，这种成本按照一定的计算方法应计入直接成本，却因为经济性的原因被确认为是间接费用。包装材料是产品生产过程中的直接材料，因此其发生的费用应作为直接材料费用。必定要消耗的脚料或者次品也同样属于必须借记的直接成本，例如不可重复使用的木头废料。

　　直接成本包括计件工资、生产工资、车间工资、加班工资，以及节假日工资和特殊补贴。除此之外，直接成本还包括在社会保险中雇主支付的部分，以及为一小部分职工缴纳的社会保险工资和教会税（德国）。

　　通常，在真正的加工过程开始之前，建造合同就会发生专门的支出。只要这种成本能够计入一份已签署合同的直接成本，就将它确认为加工的特殊直接成本。这种情况可能发生在诸如模型、图纸、特殊工具、许可证费用（销售许可证除外）或者配方等方面。此外，与合同或对象相关的费用，如规划和设计，也是必须借记的特殊直接成本。但是《国际会计准则第2号——存货》规定，不允许将销售费用计入存货的成本。

除了上述提及的直接成本外，加工成本还包括从原料到产成品加工过程中，可直接归属的固定间接生产费用和可变间接生产费用。当然，这些间接费用必须是和加工有关的。

固定间接生产费用是指当产量发生变化时，仍保持相对不变的不可直接计入的费用，例如厂房和设备的折旧与维修费用以及管理和行政费用，根据《国际会计准则第2号——存货》，可知固定间接生产费用应以正常生产能力为基础。正常生产能力是指在正常生产条件下预计能达到的平均生产量，而正常生产能力在管理实践中是很难确定的。如果实际生产水平接近正常生产能力，则可以以实际生产水平为基础进行分配。在产量特别高的期间，分配计入单位产品的固定间接费用将减少，从而不会以高于正常能力的固定间接费用进行计量。

相反，可变间接生产费用是指那些不能直接计入加工成本，但随着产量变化而变化的间接成本，如材料的间接成本和生产间接成本。与固定间接生产费用相反，它是以生产设备的实际使用程度为基础的。

间接材料成本包括辅助材料的费用（非实际间接费用）、采购部门的花费、货物验收和材料账单检验费用，以及因存放材料而发生的仓储、管理和保管费用，还有与材料有关的保险费和企业内部运输费。

间接加工成本包括能源费用，建造、维修、维护和修理生产设备的费用，厂房租金或折旧费用，工具和设备费用，经营管理费用，车间管理费用，生产准备费用，企业领导薪酬，制造费用，质量控制费用，生产运输费用，生产制造领域的安全费用和工厂办公室的预防事故费用。

管理费用中能计入产品的部分应确认为加工成本。材料和生产领域的管理费用通常被确认为固定间接生产费用或者可变间接生产费用。

可计入生产领域的一般管理费用也必须借记。因此，一般管理费用必须按不同的企业功能进行分配，这些功能可以按照与生产的相关程度来划分，例如，企业会计部门的花费可归入销售功能（如销售分析、销售账户记录）、一般管理功能（如编制年度会计报表、预算编制、财务计划）和生产功能（如生产领域的工资核算、审计）。归入生产功能的费用是必须借记的。

《国际会计准则第 2 号——存货》并没有对企业社会福利设施的花费（如运动器材、食堂）、自愿福利支出（如周年庆典拨款、公司郊游）和企业养老金支出（如为退休准备金账户缴款、支付退休金）做出明确的规定。如果我们把这些福利开支理解为工资组成部分，那么这些和生产相关的成本必须是借记的。

其他成本仅限于使存货达到目前场所和状态而发生的成本，如标准产品和客户定制产品的开发费。

在《国际会计准则第 2 号——存货》中没有明确提到税收。但根据与生产有关的所有费用这个原则，如果这些费用发生在加工过程中，就需要进行借记。在德国，如果税项与生产领域中的土地有关，则物质税就是土地税。如果公司无权抵扣税款，它就作为消费税处理。然而，对于收益税，因为它们只在生产过程结束以后发生，所以禁止借记。

在特定的情况下，借款费用可计入加工成本。正如在《国际会计准则第 23 号——借款费用》的采购费用中所提到的，借款费用必须直接归入加工成本。

《国际会计准则第 38 号——无形资产》规定了研发费用的会计处理。在研究阶段，依然存在很大的不确定性。由于无法知道产成品将来是否会带来收益，所以研发费用不能作为加工成本的一部分。如果能把开发费用看成开发新产品的前提条件，那么开发费用就与当前产品的生产间接成本相关，必须按比例计入产品成本。根据《国际会计准则第 38 号——无形资产》，可知公司在正常业务过程中持有待售的无形资产不再适合参考该准则进行核算而是应参考《国际会计准则第 2 号——存货》里的相关规定。

《国际会计准则第 2 号——存货》列出了不应包括在存货成本中，而应在其发生当期确认为费用的项目。除了已经提到过的、与加工无关的间接管理费用外，销售费用、由于工作失误造成的次品材料费、人工费及其他加工成本均不应被确认为存货成本。除此之外，储存费用也禁止计入存货成本，但是那些在生产过程中为到达下一生产阶段所必需的存储费用除外（例如供货仓库）。

此外，协同生产也会产生问题，其特征是，如果投入相同的材料，那么在同样的生产过程中会产生不同的产品。例如：在用煤生产煤气的过程中，不仅会产出煤气，同时还会产出氨、苯、焦炭、焦油；在精炼过程中还会产出汽油、煤气和机油。

如果不同产品的加工成本不能单独地辨认，那么根据《国际会计准则第 2 号——存货》，可知产品的加工成本按合理和一致的原则在各产品之间进行分配。

如果存在两种主要产品，那么加工成本可根据市场价值法（即两种产品的销售价格）来进行分配。如果生产过程中存在主要产品和次要产品，则使用残值法。如果将次要产品与主要产品相比发现其不重要，那么就只需计算主要产品的加工成本，并从主要产品的全部加工成本中扣除次要产品的净销售价格。这样通过残值法计算得到的主产品账面价值和生产成本没有很大的差异。

对于已收获的农产品，不属于按行业惯例以可变现净值计量的范围。这些产品的加工成本，应根据其收获时的公允价值减去估计销售时的费用来进行初始确认。

四、存货计量的差异

对于存货成本的计量，《国际会计准则第 2 号——存货》要求采用净价法，即按照扣除商业折扣、现金折扣和补贴后的价格来确认存货的采购成本；《企业会计准则第 1 号——存货》则未明确存货的采购成本确认方法。在会计实务中，中国企业并不普遍采用折扣赊销的方式处理存货，因此按照总价法来确认存货的采购成本就显得简单易行。企业存货的采购成本是以包括现金折扣在内的总价格来确认的。此外，《企业会计准则第 1 号——存货》对特殊存货的成本确认方法和适用的具体准则，如企业合并、非货币性资产交换、债务重组、收获时的农产品等作出了明确的规定，而《国际会计准则第 2 号——存货》则对此未作出相应的规定。

对于存货的费用计量，《国际会计准则第 2 号——存货》将间接费用分为固定间接生产费用和可变间接生产费用，而《企业会计准则第 1 号——存货》没有对有关费用按照其成本性态的划分进行规定。在期末计量中，对于为企业生产而持有的材料等，《国际会计准则第 2 号——存货》允许使用重置成本作为存货的可变现净值的计量基础，而《企业会计准则第 1 号——存货》只允许企业根据持有材料的不同情况，选择合同价格、一般销售价格和市场价格，以此来确定存货的可变现净值。

五、存货成本的结转

《企业会计准则第 1 号——存货》规定企业应当将已售存货的成本结转为

当期损益，计入营业成本。企业在确认存货销售收入的当期，应当将已经销售存货的成本结转为当期营业成本。

存货为商品、产成品的，企业应采用先进先出法、移动加权平均法、月末一次加权平均法或个别计价法来确定已销售商品的实际成本。存货为非商品存货的，如材料等，应将已出售材料的实际成本予以结转，计入当期其他业务成本；这里所讲的材料销售不构成企业的主营业务。如果材料销售构成了企业的主营业务，则该材料就是企业的商品存货，而不是非商品存货。

对已售存货计提了存货跌价准备的，还应结转已计提的存货跌价准备，冲减当期主营业务成本或其他业务成本，这实际上是按已售产成品或商品的账面价值来结转主营业务成本或其他业务成本。企业按存货类别进行计提存货跌价准备的也应按比例来结转相应的存货跌价准备。

企业的周转材料符合存货定义和确认条件的，应按照使用次数分次计入成本费用。余额较小的，可在领用时一次计入成本费用，以简化核算，但为加强实物管理，应当在备查簿上进行登记。

企业因债务重组等转出的存货，应当按照债务重组等的规定进行会计处理。

六、存货成本费用的结转和确认差异

针对存货成本费用的结转和确认问题，《企业会计准则第1号——存货》规定企业可以采用一次转销法或五五摊销法对低值易耗品和包装物进行摊销，计入相关资产的成本或当期损益，而《国际会计准则第2号——存货》对此没有明确规定。另外，《国际会计准则第2号——存货》规定了存货成本应在何时确认为费用以及在特殊情况下耗用存货时费用的确认等，而《企业会计准则第1号——存货》对此没有相应的规定。

七、信息披露的差异

在存货信息披露方面，《企业会计准则第1号——存货》比《国际会计准则第2号——存货》要求更高，如《企业会计准则第1号——存货》要求企业披露各类存货的期初和期末账面价值、存货跌价准备的计提方法、确定存货可变现净值的依据等信息。

◆ **思考与练习题** ◆

1. 关于下列各项损失中，应计入存货成本的是（   ）。

A. 由于管理不善造成的存货损失

B. 季节性停工期间生产设备的折旧

C. 因风暴导致的停工损失

D. 因库管员疏忽计量差错导致的存货净损失

2. 下列关于通过其他方式取得存货的会计处理，表述正确的有（   ）。

A. 对于投资者投入的存货，应按照公允的合同或者协议约定价值来确认入账价值，但合同或协议约定价值不公允的除外

B. 对于通过债务重组方式取得的存货，为取得存货发生的相关运输费等应计入取得存货的入账价值

C. 以非货币性资产交换方式取得的存货，如果该交换不具有商业实质，那么换出资产所发生的税费也应计入换入存货的入账成本

D. 盘盈存货通过"待处理财产损溢"进行会计处理，在管理权限报经批准后，冲减营业外支出

第三章 金融工具

【学习目标】

通过本章的学习，学生应了解到金融工具有哪几种类型，掌握金融工具的定义，理解金融工具的确认标准及初始计量方法，明白国际财务报告准则与企业会计准则在金融工具确认与计量上的差异，学会金融工具的后续计量及其相关的会计处理。

【学习重点】

金融工具的定义及其主要分类；金融工具的确认标准和初始计量方法；金融工具的后续计量及其在财务报表中的反映。

【学习难点】

金融资产、金融负债和权益工具的概念；金融工具在初始确认时公允价值的确定方法；金融工具的后续计量方法及其与初始计量的关系。

一、金融工具的定义

金融工具是指在形成一方的金融资产的同时，形成其他方的金融负债或权益工具的合同。合同有书面形式和非书面形式。在实务操作中，金融工具合同通常采用书面形式。非合同的资产和负债不属于金融工具，例如，应交所得税是企业按照税收法规规定承担的义务，而不是以合同为基础的义务，因而不符合金融工具的定义。一般来说，金融工具包括金融资产、金融负债和权益工具，也可能包括一些尚未确认的项目。

而《国际会计准则第 32 号——金融工具：披露和列报》（参见《国际会计准则第 39 号——金融工具：确认与计量》和《国际财务报告准则第 9 号——金融工具》）把金融工具定义为一项合同，合同的一方拥有一项金融资产，而另一方则拥有一项金融债务或者权益工具。该定义直接提出了 4 个新问题：

1. 什么是金融资产

金融资产包括库存现金、其他流动资金以及其他主体的权益工具。它是指从另一个主体收取现金（例如，持有其他主体的债券）或权益工具（例如，股票期权）的合同权利，以及保证金融工具进行有利交易（如当前期货价格低于当期价格时的外币期权交易）的权利。

2. 什么是金融负债

金融负债由主体的义务组成，要么是向外部合作伙伴提供流动资金（例如，发行的债券），要么是在不利的条件下交换金融工具。

3. 什么是权益工具

权益工具（例如股票）是证明，是指在扣除所有负债后主体在资产中拥有剩余利益的合同，不仅包括一般的股票，而且包括股票购买期权的隐含科目。

金融工具就是指任何一种不包括生产和销售过程的、直接或者间接使用的流动性资金或者权益工具的合同形式，其中不仅包括金融衍生工具，而且还包括非金融衍生工具，这就引出了第 4 个问题。

4. 什么是金融衍生工具

金融衍生工具的特点是，其价值变动取决于所谓的标的资产，如货币、利息、股票或者股票指数及原材料甚至天气。由于金融衍生工具持有人并不一定实际占有标的资产，所以他可以用相对少的资金参与标的资产的投机或保值。

共有 3 种典型的金融衍生工具：

第一种是期货合同（标准化合同）或者远期合同（非标准化合同）。签订期货合同的一方有权利和义务在特定的时间以特定的价格购买标的资产，例如货币期货就是指购买一定数量的外币，其交易价格在签订合同时就固定了，但真正的外币购买只会在将来发生。根据外汇汇率的未来变动情况，可知期货可具有资产或负债的性质。

第二种是期权合同。期权仅赋予合同持有者在一定时间内（美式期权）或者在一个特定时点（欧式期权），以特定的价格购买或者售出一定标的资产的权利，但是并没有规定他们履行合同的义务，例如股票购买期权。在此，合同的一方从另一方得到在未来以固定的价格购进某种股票的权利。买方的这种权利是一项资产，卖方的义务一般来说就是一项债务，在一定情况下也可以是权益工具。

第三种是互换合同。对于一项互换业务，合同的双方都有义务对各自基本对象的现金流在特定的时间内进行互换（例如利率互换），而且合同双方将会交换两笔债券的利息，例如，A 方将会为 B 方的债券支付浮动利息，同时 B 方也会为 A 方支付一项固定利率债券的利息。根据浮动利率的发展趋势，交换业务可能会对一方或者双方有利。

二、确认差异

（一）国际财务报告准则确认

《国际会计准则第 39 号——金融工具：确认与计量》以及《国际财务报告准则第 9 号——金融工具》的规定是广泛适用的。根据《国际会计准则第 39 号——金融工具：确认与计量》（《国际财务报告准则第 9 号——金融工具》），可知①当且仅当主体成为一项金融工具合同条款的一方时，主体才应确认金融工具；②以常规方式购买或出售金融资产要在法规或市场惯例所确定的时间内进行。金融工具根据其内部特征以及功能可以分为不同的类别。根据《国际会计准则实用指南》（《国际财务报告准则第 9 号——金融工具》），可知对于每种金融工具，主体都可以决定是否应该在交易日或清算日对其进行确认，并且在各个类别中，应该一直保持这种确认方式。如果在清算日确认金融工具以及在销售时不将其计入资产负债表，那么交易日和清算日的价值变动应适用后续计量规定。在交易日与清算日之间的价值变动，应计入应收账款或应付账款，下面的例子将对此作出说明。

【例 3－1】一家公司于 2017 年 12 月 29 日（交易日）购入一种股票，该股票的公允价值为 180 欧元。在财务报表编制日，这种有价证券的价值为 200 欧元，在 2018 年 1 月 2 日（清算日）的账户债券项的价值为 190 欧元。股票可以作为一种商品进行交易，并且以其公允价值计入损益。

如果公司在交易日对该股票进行会计处理，忽略递延税的会计分录为：

2017 年 12 月 29 日

借：有价证券　　　　　　　　　　　　　　　　　　　180

　　贷：负债　　　　　　　　　　　　　　　　　　　　180

2017 年 12 月 31 日

借：有价证券　　　　　　　　　　　　　　　　　　　20

　　贷：其他业务收益　　　　　　　　　　　　　　　　20

2018 年 2 月 1 日

借：负债   180

    贷：银行存款   180

借：其他业务支出   10

    贷：有价证券   10

如果公司在清算日对股票进行会计处理，会计分录为：

2017 年 12 月 31 日

借：应收账款   20

    贷：其他业务收益   20

2018 年 2 月 1 日

借：有价证券   180

    贷：银行存款   180

借：有价证券   10

    其他业务支出   10

    贷：应收账款   20

（二）企业会计准则的确认

当企业成为金融工具合同的一方时，应当确认一项金融资产或金融负债。根据此确认条件，企业应将本章范围内的金融衍生工具形成的权利或义务，确认为金融资产或金融负债。但是，如果金融衍生工具涉及金融资产转移且导致该金融资产转移不符合终止确认条件的，则不应将其确认为金融资产或金融负债，否则将导致金融衍生工具形成的权利或义务被重复确认。

企业确认金融资产或金融负债的常见情形如下：

（1）当企业成为金融工具合同的一方，并因此拥有收取现金的权利或承担支付现金的义务时，应将无条件的应收款项或应付款项确认为金融资产或金融负债。

（2）因买卖商品或劳务的确定承诺而将获得的资产或将承担的负债，通常直到至少合同一方履约时才予以确认。例如，收到订单的企业通常不在承诺时确认一项资产（发出订单的企业也不在承诺时确认一项负债），而是直到所订购的商品或劳务已装运、交付或提供时才予以确认。买卖非金融项目的确定承诺，应在承诺日将其公允价值净额（若不为零）确认为一项资产或负债。此外，如果以前未确认的确定承诺被指定为公允价值套期中的被套期项目，那么在套期开始之后，归属于被套期风险的公允价值变动应当确认为一项资产或负债。

（3）企业应在成为远期合同的一方时（承诺日而不是结算日），确认一项金融资产或金融负债。当企业成为远期合同的一方时，权利和义务的公允价值通常相等，因此，该远期合同的公允价值净额为零。如果权利和义务的公允价值净额不为零，则该合同应被确认为一项金融资产或金融负债。

企业在签订未来购买标的公司股权，并可以使其成为联营或合营企业的远期合同，应当在企业成为该远期合同的一方时确认相应的衍生金融资产或负债。

（4）企业应在成为期权合同的一方时，确认一项金融资产或金融负债。

此外，当企业尚未成为合同一方时，即使企业已有计划在未来进行交易，不管其发生的可能性有多大，企业均不应确认相关金融资产或金融负债。

三、初始计量的差异

（一）国际财务报告准则的初始计量

在资产负债表中对金融工具进行确认后，接下来应做初始计量，《国际会计准则第 39 号——金融工具：确认与计量》或者《国际财务报告准则第 9 号——金融工具》对此规定了一项简单的基本规则，即金融工具都应以其公允价值进行初始计量。只要是非重要金融成分交易产生的应收款，就按照《国际财务报告准则第 9 号——金融工具》以交易价格进行初始计量。如果金融工具不以公允价值计入损益，则还应加上可直接归属于该金融工具的获得或发行的交易费用。交易费用是指直接归属于金融工具的购买、发行或处置的成本。如果一家公司把上述确认方法用于清算日，那么根据《国际会计准则第 39 号——金融工具：确认与计量》（《国际财务报告准则第 9 号——金融工具》），可知该项资产在交易日按公允价值进行初始确认，这对按历史成本或摊余成本进行后续计量的资产也是有意义的。

怎样确定金融工具的公允价值呢？根据《国际会计准则实用指南》（《国际财务报告准则第 9 号——金融工具》），可知在初次确认中，交易价格是公允价值的最佳指标。然而，公允价值可能与交易价格有偏差，因此必须以其他方式进行确认。《国际财务报告准则第 13 号——公允价值计量》为确定金融工具的公允价值设定了相关标准，并提及造成这种偏差的一些可能情况：①在相联系的合约双方之间发生的金融交易；②在迫不得已的情况下发生的金融交易；

③除了相关的金融工具外，还包括资产或负债转移的金融工具；④发生在一个对于相关的金融工具不是最重要和最有利市场的金融交易。

如果相同的金融工具在活跃市场上交易，那么其所记录的价格就是相应金融工具的公允价值，这种方法被称为市值估价的会计准则，是根据《国际财务报告准则第 13 号——公允价值计量》确定公允价值的第一步。如果在一个活跃市场上以一定的频率和总数发生金融交易，就会导致出现持续的价格信息。如果该金融工具有好几个活跃市场，那么必须确定最重要或最有利的市场且对这些市场所记录价格进行调整通常不是必需的。

如果并不存在活跃市场，那么公允价值应该通过与该金融工具直接或间接相关的其他市场数据进行确定。这是确定公允价值的第二步，例如根据活跃市场以及非活跃市场上相似金融工具的价格来确定公允价值，另外，还可能需要对其市场数据进行调整。如果这些市场数据也不可用，那么主体必须通过使用其他信息来确定公允价值。尤其是基于现值法的计量方法，例如折现现金流法、期权定价模型或剩余价值法，必须使用最佳可用信息（包括公司自己的数据）来确定公允价值。在相同的金融工具活跃市场不存在的情况下，确定公允价值的方法被称为以市值模型估价的会计准则。

【例 3－2】

1. 债券（金融负债）

如果一家公司发行了数额为 1 000 万欧元、利率为 5％的债券，其中交易费用为 5 万欧元，那么初次确认的公允价值是多少呢？

解答：

公允价值与交易价格，也就是承担负债时获得的回报值：0.95×1 000 万欧元＝950 万欧元。没有迹象表明交易价格和初次确认的公允价值可能会有所不同。扣除交易费用后公允价值的初步计量为：950 万欧元－5 万欧元＝945 万欧元。

2. 应收账款

一家咨询公司于 2017 年为一个现金流发生困难的客户进行重组咨询。由于这项咨询的特殊性，类似的可比交易价格并不确定，所以无法对获得报酬的公允价值进行确认。为了避免客户陷入流动性危机，咨询公司为其设定了一项为期四年的支付方式。客户需要支付 1 000 万欧元的报酬。如何对该应付账款的公允价值进行计量呢？

解答：

首先应该确定，利率对于为期较长的支付方式而言是至关重要的，但会计款项并不能给出应收账款的公允价值（参见《国际财务报告准则第 13 号——公允价值计量》）。如果债权的报酬并不能可靠计量，那么我们必须使用其他的计量方法，这里我们可以使用折现现金流法。为了确定一项合理的利率，需要对客户偿付能力进行准确的评估。同样期限的客户债券也可以成为确定利息率的可能信息源。根据经济境况，我们从利率一般应高于无风险债券的现实市场利率出发。如果我们设定的合理利率为 25%，那么咨询公司的应付账款的公允价值应计为 409.6 万欧元（1 000 万欧元/1.25^4）。

（二）企业会计准则的初始计量

企业在初始确认金融资产或金融负债时，应当按照其公允价值进行计量。对于以公允价值计量且其变动计入当期损益的金融资产和金融负债，相关交易费用应当直接计入当期损益；对于其他类别的金融资产或金融负债，相关交易费用应当计入初始确认金额。

交易费用，是指可直接归属于购买、发行或处置金融工具的增量费用。增量费用是指企业如果没有发生购买、发行或处置相关金融工具的情形，就不会发生的费用，包括支付给代理机构、咨询公司、券商、证券交易所、政府有关部门等的手续费，佣金，相关税费以及其他必要支出；不包括债券溢价、折价、融资费用、内部管理成本和持有成本等与交易不直接相关的费用。商业银行作为信用卡、借记卡的发卡行或交易收单行支付给银联等清算机构的相关服务支出，商业银行在电子支付业务中支付给第三方支付公司的相关服务支出，以及商业银行在开展债券投资、同业拆借、衍生品交易等业务而需按照达成意向的交易笔数或金额计价向第三方机构支付的各类交易服务费用等，均属于手续费及佣金支出。无论信用卡分期是否办理成功，商业银行均需向外包公司支付信用卡分期外包的营销支出，而这部分支出属于业务及管理费。

金融工具初始确认时的公允价值通常是指交易价格（即所收到或支付对价的公允价值）。但是，如果收到或支付的对价的一部分并非针对该金融工具，则该金融工具的公允价值应根据估值技术进行估计。例如，一项不带息的长期贷款或应收款项的公允价值的估计数是根据信用等级相当的类似金融工具（计价的币种、条款、利率类型和其他因素相类似）的当前市场利率，对所有未来现金收款额折现所得出的现值。任何额外支付的金额都应作为一项费用或收益的抵减项进行处理，除非其符合确认为其他类型资产的条件。此外，还应注意，如果企业按低于市场利率发放一项贷款（当类似贷款的市场利率为8%时，该贷款的利率为5%），并且直接收到一项费用作为补偿，那么该企业应以公允价值确认这项贷款，即以发放的本金减去收到的费用作为初始确认金额。之后，企业应采用实际利率法将相关折价计入损益。

企业应当根据公允价值计量的规定，确定金融资产和金融负债在初始确认时的公允价值。金融资产或金融负债的公允价值通常为相关金融资产或金融负债的交易价格。金融资产或金融负债的公允价值与交易价格是存在差异的，企业应当区别下列情况：

（1）在初始确认时，金融资产或金融负债的公允价值依据相同资产或负债在活跃市场上的报价或者通过仅使用可观察市场数据的估值技术来确定。企业应当将该公允价值与交易价格之间的差额确认为一项利得或损失。

（2）在初始确认时，金融资产或金融负债的公允价值是以其他方式确定的，企业应当将该公允价值与交易价格之间的差额递延。初始确认后，企业应当根据某一因素在相应会计期间的变动程度将该递延差额确认为相应会计期间的利得或损失。该因素应当仅限于当市场参与者对该金融工具进行定价时应该考虑的因素，包括时间等。

企业取得金融资产所支付的价款包含了已宣告但尚未发放的现金股利或已过付息期但尚未收到的利息，这些应当单独确认为应收项目。

四、后续计量的差异

（一）国际财务报告准则的后续计量

金融工具首先可分为金融资产和金融负债。对于并不属于主体交易物的总负债，主体不能自由地对其公允价值进行会计处理，这些负债可归结为其他金融负债，并将其作为单独的类别。根据《国际会计准则第39号——金融工具：确认与计量》，可知所有的其他金融工具可以分为下列四个类别：①贷款和应收账款；②持有至到期的投资；③以公允价值计量且其价值变动计入损益的金融工具；④可供出售的金融资产。

因此，不符合分类规定的其他金融负债，可被视为《国际会计准则第39号——金融工具：确认与计量》中的第五类金融工具，即使并没有明确列出这个类别。

各类别应使用哪种方法进行计量呢？《国际会计准则第39号——金融工

具：确认与计量》将公允价值计量法作为对金融工具计量的主要方法。除了第一个类别的金融工具应以公允价值进行会计处理外，其他可供出售的金融资产也应该以公允价值进行后续计量。但计量差额将不计入损益表，并只有在终止确认时在循环计量范围内才确认为损益。与此相比，持有至到期日的投资和债券、应收账款以及不以其公允价值进行计量的金融负债，其摊余成本可以通过实际利率法进行计量。

对于其他主体权益工具及其衍生品的投资，如果不存在活跃市场，其公允价值并不能够进行可靠的计量，应以购置成本法进行计量。与《国际会计准则第 39 号——金融工具：确认与计量》相比，《国际财务报告准则第 9 号——金融工具》简化了关于金融工具后续计量的分类，其只包括三类，各自原则上使用的后续计量方法直接来源于它们的名称。

其中，以公允价值计量且其价值变动计入损益的金融资产包括两种不同的金融工具。所有为交易而持有的金融工具迄今必须归入该组，其他金融工具也可以归入该组。对于这些金融资产，公允价值的变动将计入损益表。

为交易而持有的金融工具包括：①用于从短期波动中获利的金融工具。②共同管理的资产组合中明显用于短期获利的部分。③有的金融工具是一种衍生工具，不能根据《国际会计准则第 39 号——金融工具：确认与计量》进行会计处理。其他金融工具可以归入公允价值选择权，允许将以下三类金融工具归入以公允价值计量且其价值变动计入损益的金融资产。具体为：

（1）混合金融资产。根据《国际会计准则第 39 号——金融工具：确认与计量》分离出来的、带有衍生工具性质的资产，主要影响各期现金流。

（2）以公允价值计量且其价值变动计入损益、防止计量失真的金融资产。例如，一项受利息影响的金融资产，其借方价值变动与贷方价值变动完全负相关，则借方价值变动按市场价值计入损益，贷方按摊余成本计量。

（3）基于公允价值计量的类似金融资产的相关组合。根据《国际会计准则第 39 号——金融工具：确认与计量》，可知唯一的例外就是权益工具，对此并不存在活跃市场，而且对此也不存在其他可靠的公允价值可以确认。

当可供出售金融资产的公允价值发生波动时，所涉及的货币不应计入损益，而应在其他损益科目进行会计处理。如果金融工具的价值波动是由汇率变化造成的，而且这项金融工具并不是套期关系的一部分，那么涉及的货币应根据《国际会计准则第 21 号——汇率变动的影响》计入损益。根据《国际会计准则第 21 号——汇率变动的影响》进行会计处理的货币科目，除了外汇外，还包括应收账款和债券,但其并不是其他主体的权益工具(《国际会计准则第39号——金融工具:确认与计量》)。根据《国际会计准则第18号——收入》,可知如果主体拥有对股利收入的合法索取权,则其应计入损益,与主要的金融工具的计量方法无关。对于可供出售的金融资产,也可以用实际利率法计量。在这种情况下,摊余成本可以通过运用实际利率法得出价值变动,并将其计入损益。如果可供出售的金融工具被移出资产负债表,那么相应的权益资本科目应在损益表中进行清算。

【例 3-3】假设 2×17 年 12 月 31 日,Invest 股份公司购得上市的固定利息债券,债券 2 年到期,支付成本为 963 000 美元。名义利率为 4%,每年年末支付利息。2×17 年 12 月 31 日,Invest 股份公司就不再拥有要求债务方支付利息的权利。债券的偿还金额为 100 万美元。Invest 股份公司将这项债券归为可供出售的资产。2×19 年 1 月 1 日,以市场价格出售债券。表 3-1 给出了摊余成本、与购置成本无关的债券的公允价值的变化及美元的汇率。

表 3-1 摊余成本、与购置成本无关的债券的公允价值的变化及美元的汇率

时间点	2×17 年 12 月 31 日	2×19 年 1 月 1 日
汇率(美元/欧元)	1.00	1.10
摊余成本(有效利率 6%)(以千美元计)	963	981
摊余成本(有效利率 6%)(以千欧元计)	963	892
公允价值(以千美元计)	963	984
公允价值(以千欧元计)	963	894

在忽略递延税的情况下,应如何对债券进行会计处理?

解答:

由于在 2×17 年 12 月 31 日,美元和欧元呈汇率平价状态,所以,可以忽略汇率折算。第一笔会计分录为:

2×17 年 12 月 31 日:

借:有价证券 963 000

贷:银行存款 963 000

第二年年底,首先应该对利息金额进行会计处理。由于美元贬值,所以欧元收入减少到 36 000 欧元(40 000 美元/1.10)(根据 2×18 年 12 月 31 日美元/欧元汇率为 1.1 进行计算)。

2×18 年 12 月 31 日:

借：银行存款　　　　　　　　　　　　　　　　36 000

　　贷：利息收入　　　　　　　　　　　　　　　　36 000

根据《国际会计准则第 39 号——金融工具：确认与计量》的要求，有价证券首先要对摊余成本进行确认，该会计处理将影响损益。依照以前的平价美元汇率核算（981 000－963 000＝18 000）。

借：有价证券　　　　　　　　　　　　　　　　18 000

　　贷：利息收入　　　　　　　　　　　　　　　　18 000

有价证券的账面金额等于 2×18 年 12 月 31 日的购置成本，其前提是以 2×17 年 12 月 31 日的美元汇率为基础，而且汇兑差额应计入损益，摊余成本应该以新的美元汇率进行折算（981 000－892 000＝89 000）。

借：汇兑损益　　　　　　　　　　　　　　　　89 000

　　贷：有价证券　　　　　　　　　　　　　　　　89 000

2×18 年度最后一项计量步骤，即应在资产负债表中确认公允价值的变动。这里不需要区分由于价格变动以及汇率变动而产生的变化。

借：有价证券　　　　　　　　　　　　　　　　2 000

　　贷：其他非损益类科目　　　　　　　　　　　　2 000

2×19 年初，根据假设，以当时公允价值即账面价值出售有价证券。因此，在最后一年权益资本科目（重估公积金）应该进行抵消，并计入损益。

2×19 年 1 月 1 日：

借：银行存款　　　　　　　　　　　　　　　　894 000

　　贷：有价证券　　　　　　　　　　　　　　　　894 000

借：金融工具储备　　　　　　　　　　　　　　2 000

　　贷：利息收入　　　　　　　　　　　　　　　　2 000

（二）企业会计准则的后续计量

1. 金融资产后续计量的原则

金融资产的后续计量与金融资产的分类密切相关。企业应当对不同类别的金融资产采用不同的计量方法，包括：①以摊余成本计量；②以公允价值计量且其变动计入其他综合收益；③以公允价值计量且其变动计入当期损益。

如果一项金融工具以前被确认为一项金融资产并以公允价值进行计量，而其现在的公允价值低于零，则企业应将该金融工具确认为一项负债。但对于主合同为资产的混合合同，即使整体公允价值可能低于零，但企业仍应将混合合同整体作为一项金融资产进行分类和计量。

2. 以摊余成本计量的金融资产的会计处理

（1）实际利率是指将金融资产或金融负债在预计存续期的估计未来现金流量折现为该金融资产账面余额（不考虑减值）或该金融负债摊余成本所使用的利率。在确定实际利率时，应当在考虑金融资产或金融负债所有合同条款（如提前还款、展期、看涨期权或其他类似期权等）的基础上估计预期现金流量，但不应当考虑预期信用损失。

经信用调整的实际利率，是指将购入或已发生信用减值的金融资产在预计存续期的估计未来现金流量，折现为该金融资产当前摊余成本的利率。在确定经信用调整的实际利率时，应当在考虑金融资产的所有合同条款（如提前还款、展期、看涨期权或其他类似期权等）以及初始已发生预期信用损失的基础上估计预期现金流量。

企业通常能够可靠地估计金融工具（或一种类似金融工具）的现金流量和预计存续期。在极少数情况下，金融工具（或一种金融工具）的未来现金流量或预计存续期是无法可靠估计的，企业在计算其实际利率（或经信用调整的实际利率）时，应当基于该金融工具在整个合同期内的合同现金流量。

合同各方之间支付或收取的、属于实际利率或经信用调整的实际利率组成部分的各项费用及溢价或折价等，应当在确定实际利率或经信用调整的实际利率时予以考虑。

（2）构成金融工具实际利率组成部分的各项费用包括：①企业因形成或取得某项金融资产而收取的必不可少的费用。例如，在评估借款人财务状况，评估并记录各类担保、担保物和其他担保安排，议定金融工具的合同条款，编制和处理相关文件，达成交易等相关方面收取的补偿。又如，银行在开展信用卡分期还款业务时向合作第三方支付的服务费用，如果该服务费用属于可直接归属于形成信用卡分期资产的增量费用（即交易费用），则其构成相关金融资产的实际利率组成部分。②企业收取的发放贷款的承诺费用。若贷款承诺不以公允价值计量，且企业很可能签订相关借款协议，则此费用可视为企业因持续涉入取得金融工具的过程而获得的补偿。如果该贷款承诺到期前未发放相关贷款，则企业应当在到期日将承诺费用确认为收入。③企业因发行以摊余成本计量的金融负债而支付的必不可少的费用。企业应当区分构成相关金融负债实际利率组成部分的必不可少的费用和涉及提供服务（如投资管理服务）的交易费用，前者应纳入实际利率考虑，后者应根据服务提供的进度在相应期间确认为收入。

不构成金融工具实际利率组成部分的各项费用包括：①企业为贷款提供服务而收取的费用。②企业收取的发放贷款承诺的费用。前提是贷款承诺不以公允价值计量，且企业签订相关借款协议的可能性较小。③企业因组织银行贷款而收取的费用，且企业自身不保留该贷款的任何一部分（或者虽然保留该贷款的一部分，但采用与其他贷款参与者针对类似风险使用的实际利率相同的实际利率）。企业对于不构成金融工具实际利率组成部分的各项费用，应当按照《企业会计准则第 14 号——收入》进行会计处理。

企业通常应当在金融工具的预计存续期内，对实际利率计算中包括的各项费用、支付或收取的贴息、交易费用及溢价或折价进行摊销。但如果上述各项涉及更短的期间，则企业应当在这一更短期间内进行摊销。在某些情况下，如果与上述各项相关的变量在该金融工具预计到期日前按市场利率重新定价，那么摊销期间应为截至下一个重新定价日的期间。例如，如果某浮动利率金融工具的折溢价反映了该金融工具自上一个付息日起应计的利息，或自浮动利率重设为市场利率起所发生的变化，那么该折溢价应当在截至下一个利率重设日的期间内进行摊销。因为在利率重设日，该折溢价所涉及的变量（即利率）将按市场利率重新定价，所以该折溢价与截至下一个利率重设日的期间相关。但是，如果该折溢价源自该金融工具浮动利率中信用利差的变化，或是因为其他无需重设为市场利率的其他变量导致的，那么该折溢价应当在该金融工具的预计存续期内进行摊销。

（3）金融资产或金融负债的摊余成本，应当以该金融资产或金融负债的初始确认金额经下列调整进行确定：

①扣除已偿还的本金。

②加上或减去采用实际利率法将该初始确认金额与到期日金额之间的差额进行摊销形成的累计摊销额。

③扣除计提的累计信用减值准备（仅适用于金融资产）。

实际利率法，是指计算金融资产或金融负债的摊余成本以及将利息收入或利息费用分摊计入各会计期间的方法。

对于以摊余成本计量的金融资产和分类为以公允价值计量且其变动计入其他综合收益的金融资产，按照实际利率法计算的利息收入，金融企业应当计入"利息收入"科目并在利润表中的"利息收入"项目列示。

对于浮动利率金融资产或浮动利率金融负债，以反映市场利率波动而对现金流量进行定期重估将会改变实际利率。如果浮动利率金融资产或浮动利率金融负债的初始确认金额等于到期日应收或应付本金的金额，则未来利息付款额的重估通常不会对该资产或负债的账面价值产生重大影响。

因企业与交易对方修改或重新议定合同未导致金融资产终止确认的，但导致合同现金流量发生变化的，或者企业修正了对合同现金流量的估计的，均应当重新计算该金融资产的账面余额，并将相关利得或损失计入当期损益。重新计算的该金融资产的账面余额，应当根据重新议定或修改的合同现金流量按金融资产的原实际利率（购买或已发生信用减值的金融资产应按经信用调整的实际利率）进行折现的现值确定。对于修改或重新议定合同所产生的所有成本或费用，企业应当调整修改后的金融资产账面余额，并在该金融资产的剩余期限内摊销。

以摊余成本计量且不属于任何套期关系的金融资产所产生的利得或损失，应当在终止确认、重分类、按照实际利率法摊销或确认减值时，计入当期损益。

3. 金融负债后续计量

企业应当按照下列原则对金融负债进行后续计量：

（1）以公允价值计量且其变动计入当期损益的金融负债，应当按照公允价值进行后续计量。

（2）金融资产转移不符合终止确认条件或继续涉入被转移金融资产所形成的金融负债，企业应当按照金融资产转移相关规定进行计量。

（3）不属于指定为以公允价值计量且其变动计入当期损益的金融负债的财务担保合同或没有指定为以公允价值计量且其变动计入当期损益并将以低于市场利率进行贷款的贷款承诺，企业作为此类金融负债发行方的，应当在初始确认后按照本章所确定的损失准备金额以及初始确认金额扣除依据收入相关规定所确定的累计摊销额后的余额孰高进行计量。

（4）上述金融负债以外的金融负债，应当按摊余成本进行后续计量。

五、差异简评

在现行的国际财务报告准则体系中，有关金融工具业务的会计准则主要有三项，即《国际会计准则第 32 号——金融工具：披露和列报》《国际会计准则第 39 号——金融工具：确认与计量》以及从 2007 年 1 月 1 日起开始生效的《国际财务报告准则第 7 号——金融工具：披露》。《国际财务报告准则第 7 号——金融工具：披露》取代了原来《国际会计准则第 30 号——外汇汇率变动的影响》中提及的银行和其他类似金融机构在财务报表中的披露和《国际会计准则第 32 号——金融工具：披露和列报》中有关金融工具披露的内容。由于中国主要的金融工具品种不多，主要包括应收账款、应付账款、股票和债券等基本的金融工具，所以衍生金融工具的品种就更少了。但是，随着中国金融市场的发展，金融工具业务必然会得到迅速的发展。因此，制定一套适合中国国情、完整统一的金融工具会计准则来规范各种金融工具业务，以满足监管机构、金融机构和企业的需要就成为必然。在 2006 年 3 月财政部发布的《企业会计准则第 22 号——金融工具确认和计量》、2017 年 9 月财政部发布的《企业会计准则第 23 号——金融资产转移》、2017 年 3 月财政部发布的《企业会计准则第 24 号——套期会计》和 2014 年 6 月财政部发布的《企业会计准则第 37 号——金融工具列报》4 项金融工具的具体准则中，对金融工具的确认、计量、列报和披露等作出了详细规范。《国际会计准则第 39 号——金融工具：确认与计量》规范的内容和《企业会计准则第 22 号——金融工具确认和计量》《企业会计准则第 23 号——金融资产转移》《企业会计准则第 24 号——套期会计》的内容基本一致。《国际会计准则第 32 号——金融工具：披露和列报》则与《企业会计准则第 37 号——金融工具列报》的内容基本对应。《企业会计准则第 37 号——金融工具列报》和《企业会计准则第 24 号——套期会计》与对应的国际会计准则的比较在本书其他章节中已有涉及，在此就不作比较。

　　《企业会计准则第 22 号——金融工具确认和计量》和《国际会计准则第 39 号——金融工具：确认与计量》在基本内容上也是一致的，仅在部分内容上有少许差异。例如：在对金融工具的确认方面，《企业会计准则第 22 号——金融工具确认和计量》规定，企业成为金融工具合同的一方时，应当确认一项金融资产或金融负债。而《国际会计准则第 39 号——金融工具：确认与计量》则规定，当主体成为一项金融工具合同条款的一方时，应在资产负债表中确认一项金融资产或金融负债。相比之下，《国际会计准则第 39 号——金融工具：确认与计量》的规定比《企业会计准则第 22 号——金融工具确认和计量》更加严谨。在金融工具计量方面，《企业会计准则第 22 号——金融工具确认和计量》规定，企业在对金融资产重新进行分类时，应当自重新分类日起采用未来适用法进行相关会计处理，不得对以前已经确认的利得、损失（包括减值损失或利得）或利息进行追溯调整。企业将一项以摊余成本计量的金融资产重新分类为以公允价值计量且其变动计入当期损益的金融资产的,应当按照该资产在重分类日的公允价值进行计量。原账面价值与公允价值之间的差额计入当期损益。企业将一项以摊余成本计量的金融资产重新分类为以公允价值计量且其变动计入其他综合损益的金融资产,应当按照该金融资产在重新分类日的公允价值进行计量。原账面价值与公允价值之间的差额计入其他综合损益。而《国际会计准则第 39 号——金融工具:确认与计量》则规定,可供出售的金融资产产生的利得和损失,除减值损失和汇兑损益外,应通过权益变动表直接在所有者权益项中确认,直到该金融资产终止确认,且在该金融资产终止确认时,之前在权益中确认的累计利得和损失应计入损益。

为了适应社会主义市场经济发展的需要,需要规范金融工具的会计处理,提高会计信息质量。根据基本准则,财政部 2017 年 3 月 31 日对《企业会计准则第 22 号——金融工具确认和计量》进行了修订,境内外同时上市的公司以及在境外上市并采用国际财务报告准则或者企业会计准则编制财务报告的企业,自 2018 年 1 月 1 日起施行该准则;其他境外上市企业自 2019 年 1 月 1 日起施行该准则;执行企业会计准则的非上市企业 2021 年 1 月 1 日起施行该准则。同时鼓励企业提前执行修订后的《企业会计准则第 22 号——金融工具确认和计量》。执行新的金融工具准则①的企业不再执行财政部 2006 年印发的《企业会计准则第 22 号——金融工具确认和计量》。

新的金融工具准则与国际会计准则理事会 2014 年发布的《国际财务报告准则第 9 号——金融工具》趋同。新的金融工具准则对金融工具确认和计量作了较大的改进,旨在减少金融资产的分类、简化嵌入衍生工具的会计处理、强化金融工具减值的会计要求。新的金融工具准则将金融资产分为以摊余成本计量的金融资产、以公允价值计量且其变动计入其他综合损益的金融资产、以公允价值计量且其变动计入当期损益的金融资产 3 类,取消了贷款和应收款项、持有到期投资和可供出售金融资产 3 个原有分类,分类依据不再以规则为导向,而是引入了业务模式和合同现金流量特征进行分析。

对于混合合同,主合同为金融资产的,应将混合合同作为一个整体进行会计处理,不再拆分。混合合同包含的主合同属于新的金融工具准则规范的资产的,企业不应从该混合合同中拆分衍生工具,而应将该混合合同作为一个整

---

① 新的金融工具准则是指财政部 2017 年 3 月 31 日修订的《企业会计准则第 22 号——金融工具确认和计量》。

体,适用新的金融工具准则关于金融资产分类的相关规定。就减值而言,不再采用易发生损失法,而是采用预期信用损失法,考虑包括前瞻性信息在内的各种可获得信息。对于购入或原生的未发生信用减值的金融资产,企业应当判断金融工具的违约风险自初始确认以来是否显著增加,如果已经显著增加,则企业应当采取概率加权方法来计算确定该金融工具在整个存续期间的预期信用损失,以此确认和计提减值损失准备;如果未显著增加,企业应当按照相当于该金融工具未来 12 个月内预期信用损失的金额来确认和计提损失准备金。

◈ 思考与练习题 ◈

1. 在下列各项交易产生的费用中,不应计入相关资产成本或负债初始确认金额的是( )。

A. 外购无形资产发生的交易费用

B. 通过企业合并以外其他方式取得长期股权投资发生的审计费用

C. 合并方在非同一控制下的企业合并中发生的中介费用

D. 发行以摊余成本计量的公司债券时发生的交易费用

2. 一家公司持有固定利息的债券,债券期限为 3 年。名义金额为 100 万元,利息率为 6%,等于实时的市场利率。公司把债券分成利息支付部分(分 3 笔支付、每笔为 6 万元),以及零息债券部分(3 年中有一笔支出为 100 万元)。在资产负债表中,债券的公允价值为 100 万元。

在金融精算的基础上,零息债券的价值为 839 619 元,而利息支出的价值为 160 381 元。假设公司的开户银行购买公司的零息债券,其价值为 83 万元。对于该出售如何进行会计处理?

3. 2×21 年 10 月 15 日,甲银行以公允价值 500 000 元购入一项债券投资,并按规定将其分类为以摊余成本计量的金融资产,该债券的账面余额为 500 000 元。2×22 年 10 月 15 日,甲银行变更了其管理债券投资组合的业务模式,其变更符合重分类的要求。因此,甲银行于 2×23 年 1 月 1 日将该债券投资从以摊余成本计量的金融资产重分类为以公允价值计量且其变动计入当期损益的金融资产。2×23 年 1 月 1 日,该债券的公允价值为 490 000 元,已确认的减值准备为 6 000 元。假设不考虑该债券的利息,应如何进行会计处理?

第四章　长期股权投资

【学习目标】

　　通过本章的学习，学生要了解和掌握合营协议与联营企业的基本概念及其会计处理方法，学习长期股权投资的初始计量与后续计量在不同会计准则体系的差异。

【学习重点】

　　合营协议与联营企业的定义与特征；长期股权投资的初始计量；长期股权投资的后续计量。

【学习难点】

　　合营协议的共同领导和控制的判断；长期股权投资的初始投资成本的确定；成本法与权益法的会计处理。

一、合营协议与联营企业

(一) 合营协议

　　《国际财务报告准则第 11 号——合营安排》规定，合营是两方或两方以上共同参与领导的一项安排。合营协议的特征是：①存在合同约束；②至少两方共同领导该经营行为。

　　《国际财务报告准则第 11 号——合营安排》没有要求合营协议必须以书面形式呈现，但在管理实践中为达成共同协议、成立一家独立公司，合营协议通常采用书面形式。虽然《国际财务报告准则第 11 号——合营安排》没有明确规定合营协议中的基本内容，但说明了合营协议应包括：①协议的目的、行为和期限；②管理机构或监事会的任命和解聘；③决策过程和责任机制；④要求参股方以提供的资本和实物入股；⑤参股方分享或分担相关资产、负债、费用和收入的方式。

从法律角度来看，在德国，这类协议合作既可以看作是合伙公司的法律形式，也可以看作是股份公司的法律形式。甚至长期的工作团队和民法上的合伙经营都可以作为合营实体。

除了合营协议外，相关协议还必须是共同领导和控制的。共同领导和控制是指，对相关活动的决策要求只有当分享控制权的参股方一致同意时才成立。为评估相关协议是否是共同领导和控制的，需按照《国际财务报告准则第 11 号——合营安排》进行审查，首先，报告主体应确认合同协议是否是由多方或所有参股方共同控制的，这一步是基于《国际财务报告准则第 10 号——合并财务报表》对控制的定义。然后，在满足第一步的情况下，报告主体应确定自己是否是共同控制中的一方。最后，共同领导只有在所有需要共同领导的合作方就相关经济活动的决策达成一致时才存在。这就意味着，相关活动的决策不能违背任何具有控制权的参股方的意愿。因此，所有各方都有权阻止违背其利益的相关决策。最后，如果相关活动的决策可以由多数或多方以不同形式联合达成，则根据《国际财务报告准则第 11 号——合营安排》可知该安排不是合营协议。

【例 4－1】A、B、C 三个合伙公司各占有合资公司 Z 的 40％、40％和20％的资本和表决权份额。根据公司协议，就公司相关活动作出决策时，所需要的最低表决权的比例为 60％。

在这个示例中，不存在合营协议，因为所要求的 60％多数票可以通过不同的情况来达成。A 和 B、A 和 C、B 和 C 或是 A、B、C 一起都可以达到所需的 60％多数票，可以对 Z 公司的相关活动作出决策。

但是如果公司协议中规定相关活动的决策需要获得 2/3 的多数票，则情况不同。因为在这种情况下，所有相关活动的决策都是在合伙公司 A 和 B 一致同意时达成，没有其他可能。所以，从合伙公司 A 和 B 的角度来看，这个协议满足《国际财务报告准则第 11 号——合营安排》对合营协议的条件。

上述示例说明，合营协议不要求所有参股方具有同等的表决权。除了合伙公司外，还有其他外部参股方参与，这同样可以保证共同决策，其可以通过合同安排（例如要求的多数票、授权或否定权等）和纯合同义务（例如联合集团合同或表决协议）来实现。

（二）联营企业

与《国际财务报告准则第 11 号——合营安排》一样，《国际会计准则第

28 号——在联营企业的投资》也对联营企业没有具体的法律规定。联营企业的特点是，报告主体企业（投资者）对其财务和经营政策有重大影响。投资者对其既没有《国际财务报告准则第 10 号——合并财务报表》意义上的控制权，也没有《国际财务报告准则第 11 号——合营安排》意义上的共同经营权。然而，即使没有这些权利，投资者仍然可以通过其他方式对联营企业产生影响，因为存在这种可能性就足够了，投资者无须对联营企业真正施加重大影响。

根据《国际会计准则第 28 号——在联营企业的投资》，可知如果一个企业直接或通过完全合并的子公司来间接持有另一公司 20% 的表决权，则认为其具有重大影响。如果投资者可以证明自身对控股公司没有重大影响，则即使其拥有高于 20% 的表决权也不存在联营关系。反之，如果投资者持有其他股权，则低于 20% 的表决权也可能存在联营关系。是否存在联营关系的决定性因素是能否表明对其有重要参与权。

为确定在个别情况下难以确定的重大影响，《国际会计准则第 28 号——在联营企业的投资》提供了标准体系的判断标准。满足下列一种或多种条件，通常即可判断主体具有重大影响：①属于入股公司董事会、管理机构或同等机构成员；②参与重要决策过程；③与入股公司存在重要交易关系；④可能发生管理人员交换；⑤提供关键技术信息。

如果联营关系在个别情况下无法判断，则必须采用权益法来核算入股份额。否则，该投资需按照适用于金融工具的《国际会计准则第 39 号——金融工具：确认与计量》和《国际财务报告准则第 9 号——金融工具》进行会计处理。

二、长期股权投资的初始计量与后续计量

（一）中国企业会计准则的初始计量

1. 通过企业合并以外的其他方式取得的长期股权投资

长期股权投资可以通过不同的方式取得，除企业合并形成的长期股权投资外，通过其他方式取得的长期股权投资，应当按照下列要求来确定初始投资成本。

以支付现金取得长期股权投资的，应当按照实际应支付的购买价款作为初始投资成本，包括购买过程中支付的手续费等必要支出，但所支付价款中包含的被投资单位已宣告但尚未发放的现金股利或利润应作为应收项目进行核算，

其不构成取得长期股权投资的成本。

【例 4-2】2×20 年 2 月 10 日，甲公司从公开市场买入乙公司 20％的股份，实际支付价款 16 000 万元，支付手续费等相关费用 400 万元，并于同日完成了相关手续。甲公司取得该部分股权后能够对乙公司施加重大影响。不考虑相关税费等其他因素影响。

甲公司应当按照实际支付的购买价款及相关交易费用作为取得长期股权投资的成本，有关会计处理如下：

借：长期股权投资——投资成本　　　　　　　　　　164 000 000
　　贷：银行存款　　　　　　　　　　　　　　　　　　　164 000 000

以发行权益性证券取得长期股权投资的，应当按照所发行权益性证券的公允价值作为初始投资成本，但不包括应被投资单位收取的已宣告但尚未发放的现金股利或利润。

投资方通过发行权益性证券（权益性工具）取得长期股权投资的，所发行权益性证券的公允价值，应按公允价值计量等相关内容进行确定。为发行权益性证券支付给有关证券承销机构等的手续费、佣金等与权益性证券发行直接相关的费用，不构成取得长期股权投资的成本。该部分费用应从所发行权益性证券的溢价发行收入中扣除，溢价发行收入不足冲减的，应依次冲减盈余公积和未分配利润。

一般而言，投资者投入的长期股权投资应根据法律法规的要求进行评估作价。在公平交易当中，投资者投入的长期股权投资的公允价值，与所发行证券（工具）的公允价值不应存在重大差异。如有确凿证据表明，取得长期股权投资的公允价值比所发行证券（工具）的公允价值更加可靠的，就以投资者投入的长期股权投资的公允价值为基础确定其初始投资成本。

2. 企业合并形成的长期股权投资

企业合并形成的长期股权投资，应根据是否属于同一控制下的企业合并或非同一控制下的企业合并来确定其初始投资成本。

（1）同一控制下的企业合并形成的长期股权投资。合并方以支付现金、转让非现金资产或承担债务方式作为合并对价的，应当在合并日按照所取得的被合并方在最终控制方合并财务报表中的净资产的账面价值的份额作为长期股权投资的初始投资成本。被合并方在合并日的净资产账面价值为负数的，长期股权投资成本按零确定，同时在备查簿中予以登记。如果被合并方在被合并以前，是最终控制方通过非同一控制下的企业合并所控制的，则合并方长期股权投资的初始投资成本还应包含相关的商誉金额。长期股权投资的初始投资成本与支付的现金、转让的非现金资产及所承担债务账面价值之间的差额，应调整资本公积（资本溢价或股本溢价）。如果资本公积（资本溢价或股本溢价）的余额不足以冲减该差额，则应依次冲减盈余公积和未分配利润。合并方以发行权益性证券作为合并对价的，应按发行权益性证券的面值总额作为股本。长期股权投资的初始投资成本与所发行权益性证券面值总额之间的差额，应调整资本公积（资本溢价或股本溢价）。如果资本公积（资本溢价或股本溢价）的余额不足以冲减该差额，则应依次冲减盈余公积和未分配利润。

合并方发生的审计、法律服务、评估咨询等中介费用以及其他相关管理费用，于发生时计入当期损益。①该费用与发行权益性证券一起作为合并对价直接相关的交易费用，应当冲减资本公积（资本溢价或股本溢价）。如果资本公积（资本溢价或股本溢价）的余额不足以冲减该交易费用，则应依次冲减盈余公积和未分配利润。②该费用与发行债务性证券（债务性工具）一起作为合并对价直接相关的交易费用，应当计入债务性证券的初始确认金额。

在根据合并日应享有被合并方净资产的账面价值的份额来确定长期股权投资的初始投资成本时，前提是在合并前合并方与被合并方采用的会计政策应当一致。在企业合并前合并方与被合并方采用的会计政策不同的，应基于重要性原则，统一合并方与被合并方的会计政策。在按照合并方的会计政策对被合并方净资产的账面价值进行调整的基础上，计算确定长期股权投资的初始投资成本。如果被合并方负责编制合并财务报表，则应当以合并日被合并方的合并财务报表为基础来确认长期股权投资的初始投资成本。

【例 4 - 3】2×20 年 6 月 30 日，P 公司向同一集团内 S 公司的原股东 A 公司定向增发 1 000 万股普通股（每股面值为 1 元，市价为 8.68 元），取得 S 公司 100% 的股权，相关手续于当日完成，并能够对 S 公司实施控制。合并后 S 公司仍维持其独立法人资格继续经营。S 公司之前为 A 公司于 2×18 年以非同一控制下的企业合并的方式收购的全资子公司。合并日，S 公司财务报表中净资产的账面价值为 2 200 万元，A 公司合并财务报表中的 S 公司净资产账面价值为 4 000 万元（含商誉 500 万元）。假定 P 公司和 S 公司都受 A 公司同一控制。不考虑相关税费等其他因素影响。

本例中，P 公司在合并日应确认对 S 公司的长期股权投资，初始投资成本为应享有 S 公司在 A 公司合并财务报表中的净资产账面价值的份额及相关商誉，会计处理如下：

借：长期股权投资——投资成本　　　　　　　　　40 000 000

　　贷：股本　　　　　　　　　　　　　　　　　10 000 000

　　　　资本公积——股本溢价　　　　　　　　　30 000 000

（2）非同一控制下的企业合并形成的长期股权投资。在非同一控制下的企业合并中，购买方应当以企业合并确定的企业合并成本作为长期股权投资的初始投资成本。企业合并成本是指购买方付出的资产、发生或承担的负债、发行的权益性工具或债务性工具的公允价值之和。购买方为企业合并发生的审计、法律服务、评估咨询等中介费用以及其他相关管理费用，应于发生时计入当期损益。购买方作为合并对价发行的权益性工具或债务性工具的交易费用，应当计入权益性工具或债务性工具的初始确认金额。企业通过多次交易分步实现非同一控制下企业合并的，在编制个别财务报表时，应当按照原持有的股权投资的账面价值加上新增投资成本之和，作为改按成本法核算的初始投资成本。

购买日之前持有的股权采用权益法核算的，相关其他综合收益应当在处置该项投资时采用与被投资单位直接处置相关资产或负债相同的基础进行会计处理。因被投资单位除净损益、其他综合收益和利润分配以外的其他所有者权益变动而确认的所有者权益，应当在处置该项投资时相应转入处置期间的当期损益。其中，处置后的剩余股权采用成本法或权益法核算的，其他综合收益和其他所有者权益应按比例结转；处置后的剩余股权改按金融工具确认和计量进行会计处理的，其他综合收益和其他所有者权益应全部结转。

购买日之前持有的股权投资，采用《企业会计准则第22号——金融工具确认和计量》进行会计处理的，应当将按照该章确定的股权投资的公允价值加上新增投资成本之和，作为改按成本法核算的初始投资成本。原持有股权的公允价值与账面价值之间的差额以及原计入其他综合收益的累计公允价值变动应当在改按成本法核算时采用与处置原持有的股权投资相同的基础进行会计处理。

（二）国际会计准则的初始计量

自被投资企业成为联营企业或合营企业之日起，对其采用权益法进行会计处理。在《国际会计准则第28号——在联营企业的投资》中虽没明确说明，但收购日期等同于联营企业或联营关系可能产生之日，但与《国际财务报告准则第3号——企业合并》相似，由于涉及与参股相关的权利，所以支配权的实际转让日有重要意义。

如果是在一年之内购得联营企业的股份，则必须在购得股份之日公布中期报告。因为只有自收购之日起产生的利润，才可以采用权益法按份额计入损益表，该利润是调整参股账面价值所需的。如果投资者对联营企业影响有限，则必须用其他方法来应对重大影响的情况。《国际会计准则第 28 号——在联营企业的投资》规定，在应用权益法时，投资者应该使用联营企业可获取的最近财务报表。如果主体报告日和联营企业的报告日相同，要确保联营企业的数据及时发送给投资者。当主体报告日和联营企业的报告日不同时，《国际会计准则第 28 号——在联营企业的投资》要求联营企业制定中期报表。如果编制上述财务报表不可行，例如所需数据没有或无法准时提供，则应对联营企业的报告日和主体报告日之间所发生的重大交易或事项进行调整。联营企业的报告日和主体报告日之间的时间差距不得超过 3 个月。

《国际会计准则第 28 号——在联营企业的投资》规定，投资者和联营企业应采用统一的会计政策。这既是为了在收购时确定按份额所有者权益的价值，也有助于后续计量。然而，在许多情况下，由于缺少必要的控制权，所以投资者无法对财务报表做出相应调整。尽管如此，《国际会计准则第 28 号——在联营企业的投资》规定，会计政策必须与母公司的确认、计量和披露原则相适应。可是，在缺少必要信息的情况下，投资者应该如何处理这个问题仍然不清楚。在最坏的情况下，投资者可能花了很大的精力，却没有获得调整所必需的信息。在这种情况下，应该首先考虑，股权价值能否根据基于重估金额的简单计算进行确认。如果采用权益法就只需要确定主体集团持有的份额。主体集团在联营企业中持有的份额是母公司及其子公司持有的股份之和，不考虑主体集团在其他联营企业或合营企业持有的股份。如果这种计算方法不可靠，那么在缺乏关键信息的情况下，投资者获得重大影响的可能性就会降低，这通常会导致投资决策中的问题。此外，在权益法下，对取得日以成本计量的投资账面价值要进行初始计量，因为《国际会计准则第 28 号——在联营企业的投资》没有对确定参股账面价值的成本做出单独规定，所以使用针对完全合并的规定。不同于《国际财务报告准则第 3 号——企业合并》，在《国际会计准则第 28 号——在联营企业的投资》中的成本还包含了归属于收购的相关成本。

【例 4-4】2×17 年 1 月 1 日，L 股份公司购得 S 股份公司 40% 的股份，每股价格为 25 欧元，共计 1 000 000 欧元（40 000×25）。另外，还产生了与收购有关的登记和注册费用 10 000 欧元。在 L 股份公司的 2×17 年 1 月 1 日的报表中借贷方各有以下一项：

借：投资——联营企业　　　　　　　　　　　　1 010 000

　　贷：银行存款　　　　　　　　　　　　　　　　　1 010 000

（三）中国企业会计准则的后续计量

长期股权投资在持有期间，根据投资方对被投资单位的影响程度分别采用成本法和权益法进行核算。

在个别财务报表中，投资性主体对子公司的会计处理应与合并财务报表原则一致，即只应将对那些为投资性主体的投资活动提供相关服务的子公司的投资作为长期股权投资并按照成本法核算，对其他子公司的投资应按公允价值计量且其变动计入当期损益。

1. 成本法

（1）成本法的适用范围。投资方对其子公司的投资应当采用成本法核算，投资方为投资性主体且子公司不纳入其合并财务报表的除外。在判断投资方对被投资单位是否具有控制时，应综合考虑直接持有的股权和通过子公司间接持有的股权。在个别财务报表中，投资方进行成本法核算时，应仅考虑直接持有的股权份额。

要求投资方对子公司的长期股权投资采用成本法核算，主要是为了避免在子公司实际宣告发放现金股利或利润之前，母公司垫付资金发放现金股利或利润等情况，解决了原来权益法核算下因投资收益不能足额收回而导致超分配的问题。

（2）成本法下长期股权投资账面价值的调整及投资损益的确认。采用成本法核算的长期股权投资，在追加投资时，按照追加投资支付的成本的公允价值及发生的相关交易费用增加长期股权投资的账面价值。被投资单位宣告分派现金股利或利润的，投资方根据应享有的部分确认当期投资收益。

【例4-5】2×22年1月，甲公司自非关联方处以现金800万元取得对乙公司60%的股权，相关手续于当日完成，并能够对乙公司实施控制。2×23年3月，乙公司宣告分派现金股利，甲公司按其持股比例可取得10万元。不考虑相关税费等其他因素影响。甲公司有关会计处理如下：

2×22年1月：

借：长期股权投资——投资成本　　　　　　　　8 000 000

　　贷：银行存款　　　　　　　　　　　　　　　　8 000 000

2×23 年 3 月：

借：应收股利　　　　　　　　　　　　　　　　　　100 000

　　贷：投资收益　　　　　　　　　　　　　　　　　　100 000

在企业按照上述规定确定了从被投资单位应分得的现金股利或利润之后，应当考虑长期股权投资是否发生减值。

需要注意的是，子公司将未分配利润或盈余公积直接转增为股本（实收资本），且未向投资方提供等值现金股利或利润的选择权时，母公司并没有获得收取现金股利或者利润的权利，上述交易通常属于子公司自身权益结构的重分类，母公司不应确认相关的投资收益。

2. 权益法

企业对合营企业和联营企业的投资应当采用权益法进行核算。投资方在判断对被投资单位是否具有共同控制、重大影响时，应综合考虑直接持有的股权和通过子公司间接持有的股权。在综合考虑直接持有的股权和通过子公司间接持有的股权后，如果认定投资方在被投资单位拥有共同控制或重大影响，那么在个别财务报表中，投资方进行权益法核算时，应仅考虑直接持有的股权份额；在合并财务报表中，投资方进行权益法核算时，应同时考虑直接持有和间接持有的份额。

按照权益法核算的长期股权投资，一般会计处理为：

（1）初始投资或追加投资时，按照初始投资的投资成本或追加投资的投资成本，增加长期股权投资的账面价值。

（2）比较初始投资成本与投资时应享有被投资单位可辨认净资产公允价值的份额，前者大于后者的，不调整长期股权投资账面价值；前者小于后者的，应当按照二者之间的差额调增长期股权投资的账面价值，同时计入取得投资的当期损益。

（3）持有投资期间，随着被投资单位所有者权益的变动相应调整增加或减少长期股权投资的账面价值，并根据下列情况处理：

对于因被投资单位实现净损益和其他综合收益而产生的所有者权益的变动，投资方应当按照应享有的份额，增加或减少长期股权投资的账面价值，同时确认投资损益和其他综合收益；

对于被投资单位宣告分派的利润或根据现金股利计算应分得的部分，应相应地减少长期股权投资的账面价值；

对于被投资单位因除净损益、其他综合收益以及利润分配以外的因素引起的其他所有者权益变动，应相应地调整长期股权投资的账面价值，同时确认资本公积（其他资本公积）。

在持有投资期间，被投资单位编制合并财务报表的，应当以合并财务报表中净利润、其他综合收益和其他所有者权益变动中归属于被投资单位的金额为基础进行会计处理。

（四）国际会计准则的后续计量

从理念上看，权益法是一种估值方法，投资的账面价值取决于各后续期间的历史价值，根据投资者的权益份额变动进行调整。根据实际情况，联营企业按份额的权益变动可以是影响损益的，也可以是不影响损益的（计入"其他综合损益"），或者是不影响综合损益的。股权价值是根据联营企业从取得日开始产生的收益份额，按照持股比例进行后续计量的。联营企业的盈利和亏损会引起参股方的账面价值按照持股比例相应地增加或减少。

此外，如果收到联营企业的利润分配，则应冲减其参股的账面价值。联营企业产生的利润应计入投资者的损益表。投资者获得的股利分配是纯粹的权益转移，不作为新利润确认。若投资者将股利作为投资收益列入年度财务报表，则该参股应从合并财务报表中转出，计入损益。总的来说，这一过程是合并过程中的借方交换。

投资者应从对联营企业不再具有重大影响之日起停止采用权益法。包括以下情况：①出售全部相关股份；②满足《国际财务报告准则第5号——持有待售的非流动资产和终止经营》关于"持有待售"的条件；③由于股份变动相关的资本交易等，不再作为联营企业或合营企业存在。

如果主体出售了对联营企业或合营企业的全部股份，则需注销权益值。这里必须确定集团实现了的销售收益，销售收益由实现的销售收入和权益账面价值进行比较得出，销售收入和权益账面价值的差额在损益表中作为财务收益的一部分进行列报。根据《国际会计准则第28号——在联营企业的投资》的规定，在采用权益法计量参股时，最初不计入损益的金额将按照与资产负债表项目直接消除的方式一样进行撤销。

如果出售一项权益，则属于《国际财务报告准则第5号——持有待售的非流动资产和终止经营》的适用范围，必须停止采用权益法，在出售之前，参股以权益账面价值和净出售值（公允价值减去成本）中的较低者进行计量。

若投资者进一步收购相关被投资公司的其他股权则可能会获得其控制权，

从而使被投资公司成为完全合并的子公司。国际会计准则理事会认为，这种情况是重要的经济事件（Significant Economic Event），需要过渡合并。在控制权转让之前，投资者最初持有的股份必须始终以公允价值进行计量（《国际财务报告准则第 3 号——企业合并》），并且在这一价值基础上，将其作为购买价格的一部分。在进行这种连续收购时，控制权可以通过现金支付购买新股权或者以公允价值交换旧股权来获得。如果旧股权交换时的公允价值和之前的估值不同，则需将差额计入损益。

如果联营企业中的参股通过继续收购股份变成了合营企业中的投资，则应该继续采用权益法。

与失去控制权相同，在丧失重大影响或共同经营权时，应该将剩余权益以公允价值计量。因此，根据《国际会计准则第 39 号——金融工具：确认与计量》和《国际财务报告准则第 9 号——金融工具》，可知当投资不再适用权益法时，需要将其重新分类为金融工具，并按公允价值计量，其公允价值变动计入损益。按照《国际会计准则第 28 号——在联营企业的投资》的规定，可知首先要将所有权益终止确认，然后应将剩余权益重新计量，最后这些操作会对损益有影响。若划分为合营企业的协议变为联营企业（反之亦然），则应继续使用权益法。

三、长期股权投资的准则框架

长期股权投资确认、计量和披露在会计准则体系中是较为复杂的一个领域。复杂的主要原因除了股权投资（或称权益工具）本身在实践中有许多复杂的交易结构和安排（如潜在表决权或由于增资导致的股权稀释）外，还可能源于长期股权投资作为一种可以控制被投资方或可以对被投资方施加影响的金融工具，在准则体系内与企业合并、合并报表和金融工具之间的相互衔接和关联。这种关联在会计处理上区分了集团的合并报表和母公司的个别报表两个层面。

不像中国企业会计准则将长期股权投资在母公司的个别报表和集团的合并报表的规定都放在《企业会计准则第 2 号——长期股权投资》一项准则当中。在国际财务报告准则体系下，合并报表层面对联营企业和合营企业的长期股权投资是由《国际会计准则第 28 号——在联营企业的投资》规范并采用权益法核算，而个别报表层面对长期股权投资的处理，则是《国际会计准则第 27

号——合并报表和在子公司投资的会计》适用的范围。

值得说明的是，在国际财务报告准则体系下个别报表的概念与我国会计准则体系中的概念有所区别。根据《国际会计准则第 27 号——合并报表和在子公司投资的会计》给出的定义，可知个别报表（Separate Financial Statements）是指企业适用该准则，可以选择成本法、《国际会计准则第 28 号——在联营企业的投资》所规定的权益法或者《国际财务报告准则第 9 号——金融工具》所规定的方法（公允价值计量）中的任意一种，对子公司、联营企业或合营企业的财务报表进行核算。但需要注意的是，《国际会计准则第 27 号——合并报表和在子公司投资的会计》明确了国际财务报告准则并不强制要求企业编制个别报表。因为在国际会计准则理事会看来，个别报表并不能像合并报表一样，向报告使用者（主要是投资者）提供整个集团的现金流量信息。集团合并报表的现金流量信息对于评估母公司的净现金流入非常有用，因为母公司的净现金流入包括子公司向母公司的现金流分配，而这些分配取决于子公司自己的净现金流入，但母公司的个别报表不能对此进行反映。不过，如果企业编制了个别报表，就需要遵循《国际会计准则第 27 号——合并报表和在子公司投资的会计》和其他国际财务报告准则的规定。

《国际会计准则第 27 号——合并报表和在子公司投资的会计》进一步地说明，个别报表是指有子公司的企业编制的合并报表之外的报表，或者没有子公司但有对联营企业或合营企业投资的企业，在对该投资采用权益法进行核算的基础上编制的财务报表之外的报表。一个企业如果没有对子公司、联营企业或合营企业的投资，那么其财务报表不构成《国际会计准则第 27 号——合并报表和在子公司投资的会计》中的个别报表。

基于上述定义和说明，个别报表其实指的是企业编制的第二套报表，这套报表没有遵循《国际财务报告准则第 10 号——合并财务报表》的规定进行编制，抑或没有遵循《国际会计准则第 28 号——在联营企业的投资》的规定按照权益法对联营企业或合营企业的投资进行核算，而是根据《国际会计准则第 27 号——合并报表和在子公司投资的会计》的规定编制。企业自行选择成本法、权益法、公允价值计量中的任意一种，对子公司、联营企业或合营企业的投资进行核算。例如，企业可以在个别报表中对子公司按权益法进行核算或按公允价值进行计量，也可以对联营企业或合营企业按成本法进行核算。

《国际会计准则第 27 号——合并报表和在子公司投资的会计》这种可以自行选择核算方法的规定，与《企业会计准则第 2 号——长期股权投资》中根据长期股权投资分类确定不同核算方法的规定存在差异。众所周知，在我国会计准则体系下，根据《企业会计准则第 2 号——长期股权投资》，可知企业不允许在个别报表层面对子公司的长期股权投资按权益法进行核算，也不允许对联营企业与合营企业的投资按成本法进行核算。

另外，根据《国际会计准则第 27 号——合并报表和在子公司投资的会计》的说明，如果一个企业选择适用《国际财务报告准则第 10 号——合并财务报表》的豁免规定不编制合并报表，或适用《国际会计准则第 28 号——在联营企业的投资》的豁免规定不按照权益法进行核算对联营企业或合营企业的投资，抑或是作为投资性主体适用《国际财务报告准则第 10 号——合并财务报表》的规定豁免合并子公司，那么个别报表可能也是这些企业的唯一一套财务报表。

在《国际财务报告准则第 10 号——合并财务报表》与《国际会计准则第 28 号——在联营企业的投资》的豁免规定中所需满足的条件基本一致，相关准则摘录如下：

（1）该企业是另外一家公司的全资子公司，或者非全资控股公司。该企业的所有股东，包括没有投票权的股东，都知悉且不拒绝该企业不编制合并财务报表或不按照权益法对联营企业或合营企业的投资进行核算。

（2）该企业的股票或债券未在公开市场上交易。

（3）该企业尚未向证券监管机构申报公开发行证券（如 IPO 或发行债券）。

（4）该企业的最终母公司（Ultima Teparent）或中间持股公司（Inter Media Teparent）按照国际财务报告准则编制的财务报表能够被公开获取。并且，这些公司按照《国际财务报告准则第 10 号——合并财务报表》的规定对子公司进行合并，或对其按公允价值计量且其变动计入当期损益的方式进行核算（投资性主体）。

该豁免规定主要是为上市公司的中间持股公司提供便利，以降低财务报表的编制成本。因为境外上市的企业通常有较多层级的股权架构，且中间层级主要以持股公司的形式存在。如果每一层的持股公司都被要求编制合并报表或按权益法进行核算，那么对于大型集团而言其可能成本较高。在上市公司层面已提供合并报表或权益法核算的财务信息的情况下，作为壳公司的中间持股公司为财务报表使用者提供额外的有效信息可能极为有限，因此，允许其豁免编制合并财务报表。这可能也是我国香港特别行政区《公司条例》豁免持股公司可以不编制合并财务报表，而是用个别报表作为法定报告的原因。但我国会计准则体系下并不存在类似的豁免。

另外，基于《国际会计准则第 27 号——合并报表和在子公司投资的会计》的规定，可知我国企业会计准则体系中母公司的个别报表只是《国际会计准则第 27 号——合并报表和在子公司投资的会计》所规定的个别报表的一种，即有子公司的企业编制的合并报表之外的报表。因为在我国企业会计准则体系下，母公司的个别报表只有在合并报表存在时才有强调的意义。如果一家企业没有子公司无需编制合并报表，那么该企业的财务报表对于长期股权投资的处理通常只会采用权益法进行核算，不允许使用成本法，也就不会有其他类型的个别报表。应当予以说明的是，在新的金融工具准则实施后，企业可以根据其选择，将对联营企业或合营企业的投资不可撤销地指定为以公允价值计量且其变动计入其他综合收益的金融资产，并按公允价值计量核算。然而，在我国会计准则体系下，这种做法并不被视为是构成个别报表存在的前提。

根据《国际会计准则第 27 号——合并报表和在子公司投资的会计》中关于个别报表的规定，可知长期股权投资由于与其他准则相关联而带来复杂性。不过，这种复杂性在《国际会计准则第 27 号——合并报表和在子公司投资的会计》中只是体现在个别报表的适用范围上，但在《企业会计准则第 2 号——长期股权投资》中，这种复杂性最直观地体现在长期股权投资核算方法的转换上。

在我国会计准则体系中关于长期股权投资核算方法转换的指引有很多，最新的准则是 2006 年发布的《企业会计准则第 2 号——长期股权投资》、2014年发布的《企业会计准则第 33 号——合并财务报表》及其应用指南。核算方法转换的处理相对清晰地分为母公司的个别报表和集团的合并报表两个层面，在此不作赘述。

但在国际财务报告准则体系下，长期股权投资核算方法的转换只在《国际会计准则第 28 号——在联营企业的投资》中提及终止使用权益法核算的两种情形，第一种是当联营企业或合营企业变为子公司时，第二种是当对联营企业或合营企业的投资变为金融资产时，前者适用《国际财务报告准则第 3 号——企业合并》，后者适用《国际财务报告准则第 9 号——金融工具》并按照《国际会计准则第 28 号——在联营企业的投资》进行处理。

《国际会计准则第 28 号——在联营企业的投资》提及的联营企业或合营企业变为子公司时适用《国际财务报告准则第 3 号——企业合并》的规定，实际上只是基于合并报表层面的规定。当子公司变为联营企业或合营企业时，在国际财务报告准则下，合并报表层面的处理则是在《国际财务报告准则第 10 号——合并财务报表》中关于丧失子公司控制权的部分予以规定。在个别报表层面，国际财务报告准则并没有对这两种方向的核算方法转换提供进一步的指引。

在不考虑准则之间存在同一控制下的企业合并差异的情况下，由于我国《企业会计准则第 33 号——合并财务报表》与《国际财务报告准则第 3 号——企业合并》《国际财务报告准则第 10 号——合并财务报表》中在分步交易中实现非同一控制下的企业合并和对子公司丧失控制权方面的处理基本一致，因此我国企业会计准则与国际财务报告准则在合并报表层面对于联营企业或合营企业变为子公司和子公司变为联营企业或合营企业的处理并没有区别。

对于个别报表，尽管在国际财务报告准则中没有明确的规定，但在实务中却没有太大的分歧。这是因为 2014 年国际会计准则理事会发布了《国际会计准则第 27 号——合并报表和在子公司投资的会计》修订（新增了个别报表可以适用权益法的选项），主要是出于对部分地区和国家适用的考虑。根据《国际会计准则第 27 号——合并报表和在子公司投资的会计》修订的说明，一些地区和国家要求上市公司披露符合当地法律规定的个别报表，而这些地区和国家的准则要求在个别报表中对子公司、联营企业或合营企业的投资按照权益法进行核算，而这也构成了修订前的国际财务报告准则与这些国家和地区的准则在个别报表层面的唯一差异。因此，为了消除此差异，降低企业的合规成本，国际会计准则理事会于 2013 年 12 月发布了在个别报表层面允许企业采用权益法进行核算的征求意见稿，于 2014 年 8 月完成并发布了上述修订。

但在发布修订之前，已经适用国际财务报告准则的国家和地区，在个别报表层面中无论是子公司还是联营企业或合营企业的长期股权投资，大多是采用成本法进行核算，这些企业也并没有因为《国际会计准则第 27 号——合并报表和在子公司投资的会计》的修订而选择改用权益法核算。在一致适用成本法的情况下，子公司与联营企业或合营企业之间的转变不会引起核算方法的变化。实务中的会计处理方式是在处置时，将收到的对价和按比例结转的账面价值之间的差额确认为当期损益；在新增投资时，将支付的对价确认为增加的账面价值。对于少部分采用公允价值计量的企业，通常是对子公司、联营企业或合营企业都按照公允价值计量，也只需根据《国际财务报告准则第 9 号——金融工具》处理即可，无须考虑方法转换的问题。

就我国企业于境外上市的财务报告实践而言，对于适用我国企业会计准则的境外上市公司（H股或A+H股），在个别报表层面，长期股权投资核算方法的转换应当适用《企业会计准则第2号——长期股权投资》的规定。而对于通过红筹架构在境外上市的公司，由于上市主体通常设立在开曼或百慕大，在上市主体的个别报表中较少会有对联营企业或合营企业的投资，加之通过红筹架构上市的公司一般适用国际财务报告准则或香港财务报告准则编制财务报表，即使对联营企业或合营企业的投资按照权益法核算，也极少会参考《企业会计准则第2号——长期股权投资》在个别报表层面关于成本法转权益法的规定，将处置后的剩余权益视同自取得投资时即采用权益法核算进行调整。

四、差异简评

中国没有对联营企业或合营企业的会计处理制定单独的准则，仅根据中国特殊的国情制定了《企业会计准则第2号——长期股权投资》。与该准则内容相对应的规定散见于国际财务报告准则中的《国际会计准则第27号——合并报表和在子公司投资的会计》《国际会计准则第28号——在联营企业的投资》《国际会计准则第31号——在合营中权益的财务报告》《国际会计准则第39号——金融工具：确认与计量》等。《企业会计准则第2号——长期股权投资》的制定参考了国际会计准则体系，基本内容实现了与国际会计准则体系的趋同。主要的差异体现在以下几点：

1. 初始计量

中国企业会计准则：根据不同情况，采用成本法或权益法计量长期股权投资。

国际财务报告准则：通过同一控制下的企业合并取得的长期股权投资，采用权益法计量。

2. 后续计量

中国企业会计准则：个别报表层面中，对子公司的长期股权投资采用成本法，对联营企业或合营企业的投资采用权益法。

国际财务报告准则：个别报表层面中，对长期股权投资的处理依照《国际会计准则第27号——合并报表和在子公司投资的会计》的规定，采用权益法核算。

3. 核算方法转换

中国企业会计准则：允许从成本法转换为权益法或公允价值进行计量，以及其他转换方式。

国际财务报告准则：提供更灵活的核算方法选择，但个别报表的概念与我国企业会计准则存在差异。

4. 权益法的终止

《国际会计准则第 28 号——在联营企业的投资》规定，当主体对联营企业失去重大影响时，以及由于联营企业在严格的长期限制的条件下经营，严重削弱了其向投资者转移资金的能力时，应当终止采用权益法，在该日期投资的账面金额，应作为以后的投资成本。而《企业会计准则第 2 号——长期股权投资》则规定，投资方因处置部分股权投资等而丧失了对被投资单位的共同控制或没有产生重大影响的，处置后的剩余股权应当改按《企业会计准则第 22 号——金融工具确认和计量》进行核算，其在丧失共同控制或没有产生重大影响之日的公允价值与账面价值之间的差额计入当期损益。原股权投资因采用权益法核算而确认的其他综合损益，应当在终止采用权益法核算时，采用与被投资单位直接处置相关资产或负债相同的基础进行会计处理。

5. 权益法下对股权投资差额的处理

《国际会计准则第 28 号——在联营企业的投资》规定，对于投资成本与投资者享有的、在联营企业中可辨认净资产的公允价值份额之间的差额，应确认为商誉，并按照准则中商誉的规定进行会计处理。而《企业会计准则第 2 号——长期股权投资》则对此不确认为商誉，也不调整长期股权投资的初始投资成本。

6. 对合营企业的处理

《国际会计准则第 31 号——在合营中权益的财务报告》规定，对合营企业的合营者应该采用比例合并法或规定的权益法确认其在共同控制主体中的权益。而《企业会计准则第 2 号——长期股权投资》则规定只可采用权益法核算，排除了比例合并法。

◆ **思考与练习题** ◆

1. 甲公司和乙公司为同一母公司最终控制下的两家公司。2023 年 6 月 30 日，甲公司向其母公司支付现金 4 340 万元，取得母公司拥有的乙公司 80% 的股权，于当日起能够对乙公司实施控制。合并后乙公司仍维持其独立法人地位继续经营。2023 年 6 月 30 日母公司合并报表中乙公司的净资产账面价值为 4 000 万元。假设在甲、乙公司合并前采用的会计政策相同。甲公司取得乙公司长期股权投资的入账价值为（ ）万元。

    A. 3 472   B. 4 340   C. 4 000   D. 3 200

2. 从企业会计准则的角度来看，下列关于长期股权投资的初始计量表述错误的是（ ）。

    A. 非同一控制下购买方以发行权益性证券作为合并对价的，以购买日发行的权益性证券的公允价值作为初始投资成本

    B. 同一控制下的企业合并形成的长期股权投资，应在合并日按取得被合并方所有者权益在最终控制方合并财务报表中的账面价值的份额作为初始投资成本

    C. 小企业以支付现金取得的长期股权投资，应当按照购买价款作为初始成本进行计量

    D. 小企业通过非货币性资产交换取得的长期股权投资，应当按照换出非货币性资产的评估价值和相关税费作为初始成本进行计量

3. H 股份公司拥有 A 股份公司 25% 的股份，对 A 股份公司的财务和经营策略有重大影响。因此，H 股份公司使用权益法将 A 股份公司记入合并报表。2017 年，A 公司将一块土地以 4 000 000 欧元的价格出售给 H 公司，其中，可抵消的中间利润为 1 000 000 欧元。两年后，H 公司又以 4 000 000 欧元的账面价值将这块土地出售给了集团以外的公司。该公司会计分录如何处理？

第五章 投资性房地产

【学习目标】

  通过本章的学习，学生要了解和掌握国际财务报告准则与企业会计准则中投资性房地产的基本概念及其公允价值法和成本法下的会计处理，学习投资性房地产的初始计量与后续计量在不同会计准则体系下的差异。

【学习重点】

  投资性房地产的定义与特征；投资性房地产的初始计量差异；投资性房地产的后续计量差异。

【学习难点】

  投资性房地产的判定标准；公允价值法下投资性房地产账面价值的确认；公允价值法和成本法下投资性房地产的相关账务处理；投资性房地产的转换。

一、投资性房地产的定义

  投资性房地产是指为赚取租金或资本增值，或者两者兼有而持有的房地产，应当能够单独计量和出售。投资性房地产的主要形式是出租建筑物和土地使用权，这实质上属于一种让渡资产使用权行为。房地产租金就是指让渡资产使用权取得的使用费收入，属于企业日常活动形成的经济利益总流入。投资性房地产的另一种形式是持有并准备增值后转让的土地使用权，尽管其增值收益通常与市场供求、经济发展等因素有关，但目的是增值后转让以赚取增值收益，这也基于企业日常活动形成的经济利益总流入。在我国实务中，持有并准备增值后转让土地使用权的情况较少。

  《国际会计准则第 40 号——投资性房地产》是确认、计量和披露投资性房地产的具体规定，从 2005 年 1 月 1 日开始生效，并于 2008 年和 2013 年进行修订。《国际会计准则第 40 号——投资性房地产》的规定只适用作为投资所持有的房地产。根据《国际会计准则第 40 号——投资性房地产》，可知投资性房地产是指业主或融资租赁关系的出租人为了赚取租金或资本增值（或两者兼有）而持有的土地或建筑物的一部分（或两者兼有）。用于商品或劳务的生产或供应或用于管理以及在正常经营过程中用于销售的房地产都不属于《国际会计准则第 40 号——投资性房地产》的适用范围。投资性房地产的基本特征是具有长期的资本投资或出租策略（或两者兼有）。

根据《国际会计准则第 40 号——投资性房地产》，可知下列土地或建筑物可以被称作投资性房地产：①为将来的资本增值而长久持有的土地；②尚未确定未来用途的土地；③准备在一项或多项经营租赁下租出的建筑物。

二、投资性房地产的确认

投资性房地产只有在满足资产的确认标准时，才能在资产负债表中对其进行初始确认。这个标准要求与投资性房地产相关的未来经济利益很可能流入企业，且该房地产有关的购置或建造成本能够可靠地计量，但在《国际会计准则第 40 号——投资性房地产》中并没有给出经济利益流入确定程度的最低要求。相关文献对此确定程度也存在较大的意见分歧，从大于 50% 到 70%～80% 都有。自满足资产确认标准起，就要计量所有已投入的购置成本或生产成本。

根据《国际会计准则第 40 号——投资性房地产》，可知在初次确认后，为了扩建、部分替代或维护经营房地产，会产生附加的购置或建造费用。只要这些费用满足《国际会计准则第 40 号——投资性房地产》的一般确认标准，就应该增加到该房地产的账面价值中。因此，某项房地产组成部分的替换费用（例如内墙的更换费用）应计入总账面金额，同时终止确认被替换部分的金额。但日常的维护和修理不属于附加的购置或生产成本，应被确认为费用，计入损益表。

在企业会计准则中，明确了投资性房地产的适用范围。

投资性房地产包括已出租的土地使用权和建筑物，以及持有并准备增值后转让的土地使用权。

1. 已出租的土地使用权

已出租的土地使用权是指企业通过出让或转让方式取得的、以经营租赁方式出租的土地使用权。企业取得的土地使用权通常包括在一级市场上以交纳土地出让金的方式取得的土地使用权，也包括在二级市场上接受其他单位转让的土地使用权。例如，甲公司与乙公司签署了土地使用权租赁协议，甲公司以年租金720万元租赁使用乙公司拥有的40万平方米土地使用权。自租赁协议约定的租赁期开始日起，这项土地使用权属于乙公司的投资性房地产。对于租入土地使用权再转租给其他单位的，不能确认为投资性房地产。

2. 持有并准备增值后转让的土地使用权

持有并准备增值后转让的土地使用权是指企业取得的、准备增值后转让的土地使用权。这类土地使用权很可能给企业带来资本增值收益，符合投资性房地产的确认条件。按照国家有关规定认定的闲置土地，不属于持有并准备增值后转让的土地使用权，也就不属于投资性房地产。

3. 已出租的建筑物

已出租的建筑物是指企业拥有产权的、以经营租赁方式出租的建筑物，包括自行建造或开发活动完成后用于出租的建筑物以及正在建造或开发过程中将来用于出租的建筑物。例如，甲公司将其拥有的某栋厂房整体出租给乙公司，租赁期2年。对于甲公司而言，自租赁期开始日起，该栋厂房属于投资性房地产。企业在判断和确认已出租的建筑物时，应当把握下列要点：

（1）用于出租的建筑物是指企业拥有产权的建筑物。企业租入再转租的建筑物不属于投资性房地产。例如，甲企业与乙企业签订租赁合同，乙企业将其持有产权的一栋办公楼出租给甲企业，为期5年，乙企业将其分类为经营租赁。甲企业一开始将该办公楼改装后用于自行经营餐馆。2年后，由于连续亏损，甲企业将餐馆转租给丙企业，以赚取租金差价。这种情况下，对于甲企业而言，该栋楼不属于其投资性房地产。对于乙企业而言，该栋楼则属于其投资性房地产。

（2）已出租的建筑物是企业已经与其他方签订了租赁协议，以经营租赁方式出租的建筑物。一般自租赁协议规定的租赁期开始日起，经营租出的建筑物才属于已出租的建筑物。通常情况下，对企业持有以备经营出租的空置建筑物或在建建筑物，如董事会或类似机构作出书面决议，明确表明将其用于经营出租且持有意图短期内不再发生变化的，即使尚未签订租赁协议，也应视为投资性房地产。这里的空置建筑物，是指企业新购入、自行建造或开发完成但尚未使用的建筑物，以及不再用于日常活动且经整理后达到可经营出租状态的建筑物。

（3）企业将建筑物出租，按租赁协议向承租人提供的相关辅助服务在整个协议中不重大的，应当将该建筑物确认为投资性房地产。企业将其办公楼出租，同时向承租人提供维护、安保等日常辅助服务，企业应当将其确认为投资性房地产。例如，甲企业在中关村购买了一栋写字楼，共12层。其中1层出租给某家大型超市，2~5层出租给乙企业，6~12层出租给丙企业。甲企业同时为该写字楼提供安保、维修等日常辅助服务。本例中，甲企业将写字楼出租，同时提供的辅助服务不重大。对于甲企业而言，这栋写字楼属于甲企业的投资性房地产。

三、投资性房地产的计量

（一）初始计量

根据《国际会计准则第40号——投资性房地产》，可知投资性房地产应按其购置或建造成本加上附带产生的交易费用进行初始计量。

购置成本包括买价和任何可直接归属于该投资性房地产的支出，后者包括中介费、房地产转让税和其他交易费用等。如果投资性房地产是采用延期付款方式购买的，则购置成本等于买价的现金价值。根据《国际会计准则第40号——投资性房地产》，可知延期期间产生的筹资费用原则上不能计入购置成本，而应被确认为利息费用分摊。

与购置成本类似。建造成本包括投资性房地产完工前为达到管理层设定的可使用状态而发生的一切费用。由于《国际会计准则第40号——投资性房地产》未规定建造成本的组成，因此适用《国际会计准则第16号——不动产、厂房和设备》以及《国际会计准则第2号——存货》。

《国际会计准则第40号——投资性房地产》明确指出，有些费用不能计入购置或建造成本，它们应在发生当期确认为费用，其中包括：①不属于企业预计的。使房地产达到预定可使用状态，以及处于预期环境之中，所必需的创办或开办费用；②投资性房地产达到计划的占用水平之前发生的初始经营亏损；③在房地产建造过程中浪费的材料、人工或其他资源等非正常损失。

如果某项房地产是通过与另一项资产交换而取得的，其公允价值可以可靠计量的，则其购置成本等于该公允价值；公允价值不能可靠计量的，则其购置成本等于换出资产的公允价值。但如果换出资产和换入房地产的公允价值都不能可靠计量或交换过程中没有经济所得，则使用换出资产的账面金额作为购置成本。以上规则类似于《国际会计准则第 16 号——不动产、厂房和设备》中对通过交换取得固定资产的规定。

根据企业会计准则，企业可以通过外购或自行建造投资性房地产可以将非投资性房地产转换为投资性房地产。

1. 外购或自行建造的投资性房地产

外购或自行建造的采用公允价值法计量的投资性房地产，应当按照取得时的实际成本进行初始计量，其实际成本的确定与外购或自行建造的采用成本法计量的投资性房地产一致。

外购的采用成本法计量的土地使用权和建筑物，应当按照取得时的实际成本进行初始计量，其成本包括购买价款、相关税费和可直接归属于该资产的其他支出。企业购入的房地产，部分用于出租（或资本增值）、部分自用，用于出租（或资本增值）的部分应当予以单独确认的，应按照不同部分的公允价值占公允价值总额的比例将成本在不同部分之间进行合理分配。自行建造的采用成本法计量的投资性房地产，其成本由建造该项资产达到预定可使用状态前发生的必要支出构成，包括土地开发费、建筑安装成本、应予以资本化的借款费用、支付的其他费用和分摊的间接费用等。建造过程中发生的非正常性损失直接计入当期损益，不计入建造成本。

【例 5 - 1】2×24 年 3 月，甲企业计划购入一栋写字楼用于对外出租。3 月 15 日，甲企业与乙企业签订了租赁合同，约定自写字楼购买日起将这栋写字楼出租给乙企业，为期 5 年，甲企业将其分类为经营租赁。4 月 5 日，甲企业实际购入写字楼，支付价款共 1 200 万元，假设不考虑其他因素，甲企业采用成本法对其投资性房地产进行后续计量。

甲企业的账务处理如下：

借：投资性房地产——写字楼　　　　　　　　　12 000 000

　　贷：银行存款　　　　　　　　　　　　　　　　12 000 000

【例 5 - 2】2×24 年 3 月 15 日，甲企业按照公允价值 30 000 万元购入一栋写字楼，部分自用、部分对外出租，这栋写字楼的各楼层均能够单独计量和出售。当日，甲企业与乙企业签订了租赁合同，约定自当日起将这栋写字楼的 5～10 层出租给乙企业，为期 5 年，出租部分的公允价值占这栋写字楼公允价值总额的比例为 1/2，甲企业将其分类为经营租赁。其余楼层由甲企业自用。假设不考虑其他因素，甲企业采用成本法对其投资性房地产进行后续计量。

甲企业对出租部分的账务处理如下：

借：投资性房地产——写字楼　　　　　　　　　150 000 000

　　贷：银行存款　　　　　　　　　　　　　　　　150 000 000

2. 非投资性房地产转换为投资性房地产

房地产的转换是因房地产用途发生改变而对房地产进行的重新分类。企业必须有确凿证据表明房地产用途发生改变，才能将投资性房地产转换为非投资性房地产或者将非投资性房地产转换为投资性房地产。这里的确凿证据包括两个方面：一是企业董事会或类似机构应当就改变房地产用途形成正式的书面决议；二是房地产因用途改变而发生实际状态上的改变，如从自用状态改为出租状态。

（1）作为存货的房地产转换为投资性房地产。当企业将作为存货的房地产转换为采用公允价值法计量的投资性房地产时，应当按该项房地产在转换日的公允价值作为投资性房地产的成本，公允价值大于原账面价值的差额计入其他综合收益，小于原账面价值的差额计入公允价值变动损益。待该项投资性房地产处置时，因转换计入其他综合收益的部分应转入当期损益。

而在成本法下作为存货的房地产转换为投资性房地产，通常指当房地产开发企业将其持有的开发产品以经营租赁的方式出租时，则存货相应地转换为投资性房地产。这种情况下，转换日通常为房地产的租赁期开始日。租赁期开始日是指出租人提供租赁资产使其可供承租人使用的起始日期。一般而言，如果企业自行建造或开发完成但尚未使用的建筑物，且企业董事会或类似机构正式作出书面决议，明确表明其自行建造或开发产品用于经营出租、持有意图短期内不再发生变化的，应视为存货转换为投资性房地产，转换日为企业董事会或类似机构作出书面决议的日期。

【例 5-3】 甲企业是从事房地产开发业务的企业，2×24 年 3 月 10 日，甲企业与乙企业签订了租赁协议，将其开发的一栋写字楼出租给乙企业使用，租赁期开始日为 2×24 年 4 月 15 日，甲企业将其分类为经营租赁。2×24 年 4 月 15 日，该写字楼的账面余额 55 000 万元，未计提存货跌价准备。假设甲企业采用成本法对该投资性房地产进行后续计量。

借：投资性房地产——写字楼　　　　　　　　　550 000 000

　　贷：开发产品　　　　　　　　　　　　　　　　550 000 000

（2）自用房地产转换为投资性房地产。当企业将自用房地产转换为公允价值法计量的投资性房地产时，应当按该项土地使用权或建筑物在转换日的公允价值作为投资性房地产的成本，公允价值大于原账面价值的差额计入其他综合收益，小于原账面价值的差额计入公允价值变动损益。待该项投资性房地产处置时，因转换计入其他综合收益的部分应转入当期损益。

【例5-4】2×24年6月，甲企业打算搬迁至新建办公楼，由于原办公楼处于商业繁华地段，甲企业准备将其出租，赚取租金收入。2×24年10月30日，甲企业完成了搬迁工作，原办公楼停止自用，并与乙企业签订了租赁协议，将其原办公楼租赁给乙企业使用，租赁期开始日为2×24年10月30日，租赁期限为3年，甲企业将其分类为经营租赁。2×24年10月30日，该办公楼的公允价值为35 000万元，其原价为50 000万元，已计提折旧14 250万元。假设甲企业对投资性房地产采用公允价值法计量。甲企业的账务处理如下：

借：投资性房地产——写字楼　　　　　　　　350 000 000

公允价值变动损益　　　　　　　　　　　7 500 000

累计折旧　　　　　　　　　　　　　142 500 000

贷：固定资产　　　　　　　　　　　　　　　500 000 000

【例5-5】沿用上题，但假定2×24年10月30日，该办公楼的公允价值为36 000万元。

甲企业的账务处理如下：

借：投资性房地产——写字楼　　　　　　　　360 000 000

累计折旧　　　　　　　　　　　　　142 500 000

贷：固定资产　　　　　　　　　　　　　　　500 000 000

其他综合收益　　　　　　　　　　　　2 500 000

在成本法下企业将原本用于生产商品、提供劳务或者经营管理的房地产改用于出租，通常应于租赁期开始日，将相应的固定资产或无形资产转换为投资性房地产。对不再用于日常活动且经整理后达到可经营出租状态的房地产，且企业董事会或类似机构正式作出书面决议，明确表明其自用房地产用于经营出租且持有意图短期内不再发生变化的，应视为自用房地产转换为投资性房地产，转换日为企业董事会或类似机构作出书面决议的日期。例如，企业将自用房地产转换为投资性房地产的，应当结合业务实质严格判断，必须有确凿证据表明房地产从自用状态改为出租状态并发生了实际状态上的改变，通常该房地产应有诸如功能变化、性能变化等实质性的变化和重大的结构性调整。

【例5-6】甲企业拥有一栋办公楼，用于本企业总部办公。2×24年3月

10 日，甲企业与乙企业签订了租赁协议，将这栋办公楼整体出租给乙企业使用，租赁期开始日为 2×24 年 4 月 15 日，为期 5 年，甲企业将其分类为经营租赁。2×24 年 4 月 15 日，该栋办公楼的账面余额 55 000 万元，已计提折旧 300 万元。假设甲企业采用成本法对其投资性房地产进行后续计量。

甲企业的账务处理如下：

借：投资性房地产——写字楼 550 000 000

累计折旧 3 000 000

贷：固定资产 550 000 000

投资性房地产累计折旧 3 000 000

（二）后续计量

在初始确认和计量后，投资性房地产可在资产负债表日按照两种不同的方法进行后续计量，即公允价值法和成本法。原则上说，这两种方式都必须计算投资性房地产的公允价值，只是不同的计量方法有不同的列报方式。公允价值法要求在资产负债表中列报公允价值，公允价值变动产生的利得和损失应计入损益表；而成本法只需在附录中列报公允价值。根据《国际会计准则第 40 号——投资性房地产》，可知首次选定的会计政策应运用于此后所有会计期间全部投资性房地产的计量。一般来说，不太可能只对个别房地产用公允价值法计量，根据一致性原则，选定后续计量方法之后，会计人员应一直遵循此方法，这也就阻止了会计人员出于报表政策需要而更改后续计量方法。《国际会计准则第 8 号——会计政策、会计估计变更和差错》规定，只有能够在企业财务报表中给出关于资产、财务和盈利状况更合适的列报信息时，才能放弃一致性原则，变更会计政策。国际会计准则理事会认为，从公允价值法变更为成本法不大可能存在更恰当的列报，这就使得企业首次选择后续计量方法后，实际上会一直按照这种方法执行下去。

国际会计准则理事会在《国际会计准则第 40 号——投资性房地产》中假定，房地产的公允价值通常是可以持续可靠计量的。但是完全有可能出现，依据价格比较法和折现现金流法无法可靠计量公允价值的情况。例如，对未来现金流的可靠预计是建立在完全信息基础之上的。因此，如果缺少必要的信息，那么企业是无法计算出可靠公允价值的。同样的问题存在于，即使对于公允价值有很多理性的估计，却无法确定不同估计值出现的可能性。

在公允价值不能可靠确定的情况下，国际会计准则理事会给出了一个由两部分组成的解决方案（图 5-1）。首先要区别无法可靠计量的是新购入的房地产还是原有的房地产。

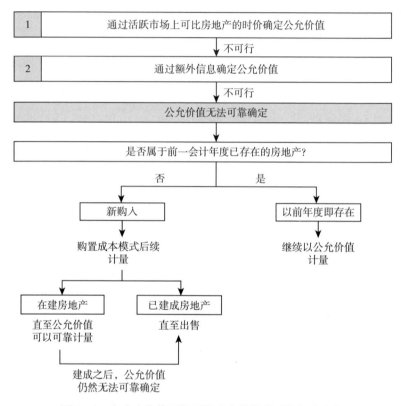

图 5-1　在公允价值不能可靠确定的情况下的解决方案

采用成本法对投资性房地产进行后续计量，在随后的会计期间内必须继续计算购置或生产成本。《国际会计准则第 40 号——投资性房地产》指出，这里须参照在《国际会计准则第 16 号——不动产、厂房和设备》中有关房地产、厂房和设备基准处理方法的规定。所有的房地产均在资产负债表日，按其购置或生产成本减去累计折旧和累计减值损失进行确认。与影响损益的公允价值法不同，这里的房地产须在其预期使用寿命内进行折旧。此外，在每个资产负债表日还需检验是否存在《国际会计准则第 36 号——资产减值》所定义的资产减值的情况。如果存在，则需要对该房地产进行计划外的减值。如果某项房地产极有可能被出售，则它必须分开列报并根据《国际财务报告准则第 5 号——持有待售的非流动资产和终止经营》，在资产负债表日以公允价值减去在销售成本和账面价值中的较低值进行列报。

如果选择采用成本法，就无须在资产负债表日中列报公允价值，但必须在附录中披露其公允价值。因此，选用成本法计量的房地产也必须计算其公允价值。

在企业会计准则中，企业存在确凿证据表明投资性房地产的公允价值能够持续可靠取得的，可以采用公允价值法计量。企业选择公允价值法，就应当对其所有投资性房地产采用公允价值法进行后续计量，不得对一部分投资性房地产采用成本法进行后续计量，对另一部分投资性房地产采用公允价值法进行后续计量。采用公允价值法计量投资性房地产，应当同时满足下列两个条件：①投资性房地产所在地有活跃的房地产交易市场；②企业能够从房地产交易市场上取得同类或类似房地产的市场价格及其他相关信息，从而对投资性房地产的公允价值作出科学合理的估计。这两个条件必须同时具备，缺一不可。采用公允价值法对投资性房地产进行后续计量的企业，对于在建投资性房地产（包括企业首次取得的在建投资性房地产），如果其公允价值无法可靠确定但预期该房地产完工后的公允价值能够持续可靠取得的，则应当以成本法计量该在建投资性房地产，当其公允价值能够可靠计量时或其完工后（两者孰早），再以公允价值计量。在极少的情况下，对原本采用公允价值法的投资性房地产进行后续计量的企业，有证据表明，当企业首次取得某项非在建投资性房地产时（或某项现有房地产在完成建造或开发活动或改变用途后首次成为投资性房地产时），该投资性房地产的公允价值不能持续可靠取得的，应当对该投资性房地产采用成本法计量直至处置，并且假设无残值。但是，上述采用成本法对投资性房地产进行后续计量的企业，即使有证据表明，企业在首次取得某项投资性房地产时，该投资性房地产的公允价值能够持续可靠取得，该企业仍应对该项投资性房地产采用成本法进行后续计量。投资性房地产的公允价值，是指在有序交易中，市场参与者进行房地产交换的价格。当确定投资性房地产的公允价值时，应当参照活跃市场上同类或类似房地产的现行市场价格（市场公开报价）；对于无法取得同类或类似房地产现行市场价格的，可以参照活跃市场上同类或类似房地产的最近交易价格，并考虑交易情况、交易日期、所在区域等因素，从而对投资性房地产的公允价值作出合理的估计；也可以基于预计未来获得的租金收益和有关现金流量的现值进行计量。上述所述同类或类似的房地产，对建筑物而言，是指所处地理位置和地理环境相同、性质相同、结构类型相同或相近、新旧程度相同或相近，可使用状况相同或相近的建筑物；对土地使用权而言，是指同一位置区域、所处地理环境相同或相近、可使用状况相同或相近的土地。

四、后续计量差异

《国际会计准则第 40 号——投资性房地产》对投资性房地产的后续计量允许采用成本法和公允价值法，但没有规定采用两种方法的优先顺序。但是国际会计准则理事会认为，从公允价值法变更为成本法通常不太可能让财务报表的列报更准确。由此可知，国际会计准则理事会倾向于采用公允价值法对投资性房地产进行后续计量。而《企业会计准则第 3 号——投资性房地产》规定，企业应该在资产负债表日对投资性房地产采用成本法进行后续计量，同时又说明，如果有确当证据表明投资性房地产的公允价值能够持续可靠地取得，允许采用公允价值法对投资性房地产进行后续计量。但必须同时满足以下条件：①存在活跃的房地产交易市场；②主体可以从该房地产市场上取得同类或类似房地产的市场价格和其他信息，这就可以对该投资性房地产的公允价值做出合理可靠的估计。由此可见，《企业会计准则第 3 号——投资性房地产》偏向于对投资性房地产采用成本法进行后续计量。

此外，《国际会计准则第 40 号——投资性房地产》鼓励但不要求主体根据独立评估师的评估结果确定投资性房地产的公允价值，而《企业会计准则第 3 号——投资性房地产》没有对此做出规定。

◆ 思考与练习题 ◆

1.【单选题】下列各项投资性房地产业务中，应通过"其他综合收益"科目核算的是（　　）。

A. 采用公允价值法计量的投资性房地产转换为自用房地产，转换当日公允价值大于投资性房地产原账面价值

B. 采用公允价值法计量的投资性房地产转换为自用房地产，转换当日公允价值小于投资性房地产原账面价值

C. 自用房地产转换为采用公允价值法计量的投资性房地产，转换当日公允价值大于其账面价值

D. 自用房地产转换为采用公允价值法计量的投资性房地产，转换当日公允价值小于其账面价值

2. 【多选题】下列关于投资性房地产的后续计量，说法正确的有（　　）。

A. 投资性房地产一般采用成本法计量，符合一定条件的，可以采用公允价值法进行计量

B. 与投资性房地产有关的后续支出，满足投资性房地产准则规定的确认条件的，应当计入投资性房地产成本

C. 企业对投资性房地产的计量方法一经确定，不得随意变更

D. 当企业出售、转让、报废投资性房地产或者发生投资性房地产毁损时，应当将处置收入扣除其账面价值和相关税费后的金额计入当期营业外收支

第六章　固定资产

【学习目标】

　　通过本章的学习，学生要了解固定资产的定义，掌握固定资产的确认条件、计量以及终止确认。

【学习重点】

　　中国企业会计准则中固定资产的折旧方法。

【学习难点】

　　国际会计准则和中国企业会计准则对固定资产的初始计量和后续计量的差异。

一、固定资产的定义及确认条件

（一）国际会计准则对固定资产的定义及确认条件

1. 不动产、厂房和设备的定义

　　根据《国际会计准则第 16 号——不动产、厂房和设备》的规定，可知不动产、厂房和设备是指企业用于生产、提供商品或劳务、出租给第三方或为了行政管理目的而拥有的、预期使用寿命超过一个会计期间的有形资产。因此，不动产、厂房和设备的主要特征是有形的和使用寿命超过一个会计期间的资产。

2. 固定资产的确认条件

　　根据《国际会计准则第 16 号——不动产、厂房和设备》的规定，可知一项资产若要在资产负债表中确认为不动产、厂房和设备，它必须符合该准则对其的定义标准，即与该项资产相关的未来经济利益可能流入企业，以及该项资产的购置或生产成本能够可靠地计量。而有关经济利益流入的可能

性，在《国际会计准则第 16 号——不动产、厂房和设备》中未对其进行具体量化。

在满足确认标准后，不动产、厂房和设备通常需要在彼此划分后进行单独的会计处理，并遵循单独计量原则。但是，某些情况下所产生的费用很难遵循这一计量原则。因此，《国际会计准则第 16 号——不动产、厂房和设备》允许合并单个不动产、厂房和设备，并将其作为整体进行计量，尤其是个别不重要的项目（如工具）可以采用整体计量法。

（二）中国企业会计准则对固定资产的定义及确认条件

1. 固定资产的定义

《企业会计准则第 4 号——固定资产》规范了固定资产的确认、计量和相关信息的披露。固定资产是企业赖以生存的物质基础，是企业产生效益的源泉，关系到企业的运营与发展。固定资产是指同时具有下列特征的有形资产：①为生产商品、提供劳务、出租或经营管理而持有的；②使用寿命超过一个会计年度。从固定资产的定义看，固定资产具有下列三个特征：

第一，固定资产是为生产商品、提供劳务、出租或经营管理而持有的。这意味着，企业持有的固定资产是企业的劳动工具或手段，而不是直接用于出售的产品。

第二，固定资产使用寿命超过一个会计年度。固定资产的使用寿命，是指企业使用固定资产的预计期间，或者该固定资产所能生产产品或提供劳务的数量。通常情况下，固定资产的使用寿命是指使用固定资产的预计期间，如自用房屋建筑物的使用寿命或使用年限。

第三，固定资产为有形资产。固定资产具有实物特征，这一特征将固定资产与无形资产区别开来。

2. 固定资产的确认条件

企业确认固定资产需要符合固定资产的上述定义，同时还需要同时满足下列确认条件：

（1）与该固定资产有关的经济利益很可能流入企业。

（2）该固定资产的成本能够可靠地计量。

同时，与固定资产有关的后续支出，符合固定资产确认条件的，应当计入固定资产成本；不符合固定资产确认条件的，应当在发生时按照受益对象计入当期损益或计入相关资产的成本。

二、初始计量

(一) 国际会计准则对固定资产的初始计量

《国际会计准则第 16 号——不动产、厂房和设备》规定，不动产、厂房和设备最初应按其购置或生产成本计量。根据《国际会计准则第 16 号——不动产、厂房和设备》的定义，该成本是指资产购置或建造时，为取得该资产而支付的现金或现金等价物的金额或其他对价的公允价值。如果某项不动产、厂房和设备的价款延期支付超过正常赊销期限，应以购买价款的现值作为其购置成本。

《国际会计准则第 16 号——不动产、厂房和设备》没有区分购置成本和生产成本，而是普遍使用"成本"这一定义。自建资产的成本确定比照购置资产进行，具体的成本构成划分如表 6-1 所示。

表 6-1　成本构成划分

购置成本	生产成本
购置价格 －价格折让	生产成本的组成部分 （参照《国际会计准则第 2 号——存货》）
＋所有为使这项资产达到管理者预期状态和置于预期环境而支付的直接归属成本 ＋未来的处置、类似义务的支出 ＋/－基于其他准则的可选择组成部分 ＋事后支出的购置或生产成本	
＝某项不动产、厂房和设备的购置或生产成本	

(二) 中国企业会计准则对固定资产的初始计量

固定资产应当按照取得成本进行初始计量。

1. 外购固定资产

企业外购固定资产的成本，包括购买价款、相关税费、使固定资产达到预定可使用状态前所发生的可归属于该项资产的运输费、装卸费、安装费和专业人员服务费等。

外购固定资产是否达到预定可使用状态，需要根据具体情况进行分析判断。如果购入不需安装的固定资产，则购入后即可发挥作用，达到预定可使用状态。如果购入需安装的固定资产，只有安装调试后达到设计要求或合同规定的标准，该项固定资产才可发挥作用，达到预定可使用状态。

在实际工作中，企业可能以一笔款项同时购入多项没有单独标价的固定资产，此时应当按照各项固定资产的公允价值比例对总成本进行分配，分别确定各项固定资产的成本。

企业购买固定资产的价款超过正常信用条件延期支付的，实质上具有融资性质的，固定资产的成本以购买价款的现值为基础进行确定。实际支付的价款与购买价款的现值之间的差额，应当在信用期间采用实际利率法进行摊销，摊销金额除满足借款费用资本化条件的应当计入固定资产成本外，其余均应当在信用期间确认为财务费用，计入当期损益。

借：在建工程（或固定资产）（购买价款现值）

　　未确认融资费用（未来应付利息）

　　贷：长期应付款（未来应付本金和利息）

2. 自行建造固定资产

《企业会计准则第4号——固定资产》规定，自行建造固定资产的成本，由建造该项资产达到预定可使用状态前所发生的必要支出构成，包括工程物资成本、人工成本、交纳的相关税费、应予资本化的借款费用以及应分摊的间接费用等。

企业自行建造固定资产包括自营建造和出包建造两种方式。无论采用何种方式，所建工程都应当按照实际发生的支出确定其工程成本。

（1）自营方式建造固定资产。企业以自营方式建造固定资产，是指企业自行组织工程物资采购、自行组织施工人员从事工程施工所完成的固定资产建造。其成本应当按照直接材料、直接人工、直接机械施工费等计量。

（ⅰ）企业为建造固定资产准备的各种物资应当按照实际支付的买价、运输费、保险费等相关税费作为实际成本，并按照各种专项物资的种类进行明细核算。工程完工后，剩余的工程物资转为本企业存货的，按其实际成本或计划成本进行结转。

（ⅱ）建设期间发生的工程物资盘亏、报废及毁损，减去残料价值以及保险公司、过失人等赔款后的净损失，计入所建工程项目的成本；盘盈的工程物资或处置净收益，冲减所建工程项目的成本。工程完工后发生的工程物资盘盈盘亏、报废、毁损，计入当期营业外收支。

（ⅲ）建造固定资产领用工程物资、原材料或库存商品，应按其实际成本转入所建工程项目的成本。自营方式建造固定资产应负担的职工薪酬、辅助生产部门为之提供的水、电、修理、运输等劳务，以及其他必要支出等也应计入所建工程成本。

（ⅳ）符合资本化条件，应计入所建造固定资产成本的借款费用按照《企业会计准则第17号——借款费用》的有关规定处理。

（ⅴ）企业以自营方式建造固定资产，发生的工程成本应通过"在建工程"科目进行核算，工程完工达到预定可使用状态时，从"在建工程"科目转入"固定资产"科目。

（ⅵ）所建造的固定资产已达到预定可使用状态，但尚未办理竣工决算的，应当自达到预定可使用状态之日起，根据工程预算、造价或者工程实际成本等，按暂估价值转入固定资产，并按计提固定资产折旧的有关规定，计提折旧。待办理竣工决算手续后再调整原来的暂估价值，但不需要调整原已计提的折旧额。

（ⅶ）企业按照国家规定提取的安全生产费，应当计入相关产品的成本或当期损益，同时计入"专项储备"科目。当企业使用提取的安全生产费时，属于费用性支出的，直接冲减专项储备。企业使用提取的安全生产费形成固定资产的，应当通过"在建工程"科目归集所发生的支出，待安全项目完工达到预定可使用状态时确认为固定资产。同时，按照形成固定资产的成本冲减专项储备，并确认相同金额的累计折旧。

（2）出包方式建造固定资产。企业以出包方式建造固定资产，其成本由建造该项固定资产达到预定可使用状态前所发生的必要支出构成，包括发生的建筑工程支出、安装工程支出，以及需分摊计入各固定资产成本的待摊支出。

（ⅰ）建筑工程、安装工程支出。由于建筑工程、安装工程采用出包方式发包给建造承包商承建，因此，工程的具体支出，如人工费、材料费、机械使用费等由建造承包商核算。对于发包企业而言，建筑工程支出、安装工程支出是构成在建工程成本的重要内容，发包企业按照合同规定的结算方式和工程进度定期与建造承包商办理工程价款结算，结算的工程价款计入在建工程成本。

（ⅱ）待摊支出。待摊支出是指在建设期间发生的，不能直接计入某项固定资产价值，而应由所建造固定资产共同负担的相关费用，包括为建造工程发生的管理费、可行性研究费、临时设施费、公证费、监理费、应负担的税金、符合资本化条件的借款费用、建设期间发生的工程物资盘亏、报废及毁损净损失，以及负荷联合试车费等。企业为建造固定资产通过出让方式取得土地使用权而支付的土地出让金不计入在建工程成本，应确认为无形资产（土地使用权）。

待摊支出分配率＝累计发生的待摊支出/（建筑工程支出＋安装工程支出＋在安装设备支出）×100%

工程应分配的待摊支出＝（工程的建筑工程支出＋工程的安装工程支出＋工程的在安装设备支出）×待摊支出分配率

3. 以其他方式取得的固定资产成本

（1）投资者投入的固定资产。

借：固定资产（投资合同或协议约定价值）

　　贷：实收资本（注册资本中享有份额）

　　　　资本公积－资本溢价

（2）以非货币性资产交换、债务重组等取得固定资产执行的相关准则。

（3）盘盈的固定资产，作为前期会计差错处理，在按管理权限报经批准处理前，应先通过"以前年度损益调整"科目进行核算。

4. 存在弃置义务的固定资产

对于特殊行业的特定固定资产，确定其初始入账成本时，还应考虑弃置费用。弃置费用通常是指根据国家法律和行政法规、国际公约等规定，企业承担的环境保护和生态恢复等义务所确定的支出。弃置费用的金额与其现值比较通常相差较大，需要考虑货币时间价值。对于这些特殊行业的特定固定资产，企业应当根据或有事项，按照现值计算确定应计入固定资产成本的金额和相应的预计负债。弃置费用形成的预计负债在确认后，在固定资产的使用寿命内按照预计负债的摊余成本和实际利率计算确定的利息费用应计入财务费用。

由于技术进步、法律要求或市场环境变化等，特定固定资产的废弃处置义务可能会发生支出金额、预计弃置时点、折现率等变动，从而引起预计负债变动的，应按照以下原则来调整该固定资产的成本：①对于预计负债的减少，以该固定资产账面价值为限扣减固定资产成本。如果预计负债的减少额超过该固定资产账面价值，超出部分确认为当期损益。②对于预计负债的增加，增加该固定资产的成本。按照上述原则调整的固定资产，应在资产剩余使用年限内计提折旧。一旦该固定资产的使用寿命结束，预计负债的所有后续变动应在发生时确认为损益。

需要注意的是，一般工商企业的固定资产发生的报废清理费用不属于弃置费用，应当在发生时作为固定资产处置费用处理。

三、后续计量

（一）国际会计准则对固定资产的后续计量

在初始计量之后，可根据购置成本模型，评估有形固定资产。依据连续性的要求，应该在随后期间保持使用已选的有形固定资产的估价方法。根据《国际会计准则第 8 号——会计政策、会计估计变更和差错》，可知只有在不同的标准或解释明确要求这样做或改变时，才允许变更方法，以便更好地实现资产财务和收益情况以及现金流量的表述。

购置成本模式是对不动产、厂房和设备就购置或生产成本的估价所进行的扩展。因此，不动产、厂房和设备的购置或生产成本将根据预期的使用年限进行折旧，必要时根据《国际会计准则第 36 号——资产减值》的计划外减值进行修正。然而，就不可折旧的不动产、厂房和设备而言，只需考虑减值损失（《国际会计准则第 16 号——不动产、厂房和设备》）。

所有能够正确反映资产内含未来经济利益预期消耗的折旧方法都可考虑使用。《国际会计准则第 16 号——不动产、厂房和设备》建议使用直线法、余额递减法或工作量法，对其中任何一种方法没有特别的偏好。但不允许主体出于纯粹税负上的原因而采用某种折旧方法，同样也不允许主体出于纯粹的税负动机，将折旧方法从余额递减法改为直线法。原则上说，只有当另一种方法能更恰当地反映资产内含未来经济利益预期的消耗方式时，才允许变更折旧方法。因此，在每个会计年度结束时，主体要复核资产的折旧方法。与使用年限、残值的变更一样，折旧方法的变更也应作为会计估计变更，按照《国际会计准则第 8 号——会计政策、会计估计变更和差错》进行会计处理。

（二）我国企业会计准则对固定资产的后续计量

固定资产的后续计量主要包括固定资产折旧的计提、减值损失的确定，以及后续支出的计量。

1. 固定资产计提折旧范围

企业应对所有的固定资产计提折旧，但是，已提足折旧仍继续使用的固定资产和单独计价入账的土地除外。

在计提折旧时要注意以下几点：第一，固定资产按月计提折旧。当月增加的固定资产，当月不计提折旧，从下月起计提折旧；当月减少的固定资产，当月仍计提折旧，从下月起不计提折旧。第二，固定资产提足折旧后，不论能否继续使用，均不再计提折旧，提前报废的固定资产也不再补提折旧。第三，已达到预定可使用状态但尚未办理竣工决算的固定资产，应当按照估计价值确定其成本，并计提折旧。待办理竣工决算后再按实际成本调整原来的暂估价值，但不需要调整原已计提的折旧额。

2. 固定资产折旧方法

企业可选用的折旧方法包括年限平均法、工作量法、双倍余额递减法和年数总和法等。固定资产的折旧方法一经确定，不得随意变更。

（1）年限平均法。年限平均法又称直线法，是指将固定资产的应计折旧额均衡地分摊到固定资产预计使用寿命内的一种方法。采用这种方法计算的每期折旧额均相等。计算公式如下：

$$年折旧率 = (1 - 预计净残值率)/预计使用寿命（年）\times 100\%$$

$$月折旧率 = 年折旧率/12$$

$$月折旧额 = 固定资产原价\times 月折旧率$$

（2）工作量法。单位工作量折旧额和某项固定资产月折旧额的计算公式如下：

$$单位工作量折旧额 = (固定资产原价 - 预计净残值)/预计总工作量$$

$$某项固定资产月折旧额 = 该项固定资产当月工作量\times 单位工作量折旧额$$

（3）双倍余额递减法。双倍余额递减法，是指在不考虑固定资产预计净残值的情况下，根据每期期初固定资产原价减去累计折旧后的金额和双倍的直线法折旧率计算固定资产折旧的一种方法。采用这种方法计算折旧额时，由于每年年初固定资产净值没有扣除预计净残值，所以在计算固定资产折旧额时，应在其折旧年限到期前两年内，将固定资产净值扣除预计净残值后的余额平均摊销。计算公式如下：

$$年折旧率 = 2/预计使用寿命（年）\times 100\%$$

$$月折旧率 = 年折旧率/12$$

$$月折旧额 = 每月月初固定资产账面净值\times 月折旧率$$

（4）年数总和法。年数总和法又称年限合计法，是指将固定资产的原价减去预计净残值后的余额，乘以一个以固定资产尚可使用寿命为分子、以预计使用寿命逐年数字之和为分母的逐年递减的分数来计算每年的折旧额的一种方法。年折旧率、月折旧率和月折旧额的计算公式如下：

$$年折旧率 = 尚可使用年限/预计使用寿命的年数总和\times 100\%$$

$$月折旧率 = 年折旧率/12$$

月折旧额＝（固定资产原价－预计净残值）×月折旧率

四、终止确认

（一）国际会计准则对固定资产的终止确认

依据《国际会计准则第 16 号——不动产、厂房和设备》，可知如果一项不动产、厂房和设备已转让或预期通过使用或出售不能产生未来经济利益时，则应对该不动产、厂房和设备的账面金额予以终止确认。净处置收入和剩余账面金额的差额应确认为损益，计入损益表。出售时的收入确认计量根据《国际会计准则第 18 号——收入》的有关标准进行核算。

如果企业计划出售长期资产，则要根据《国际财务报告准则第 5 号——持有待售的非流动资产和终止经营》的规定进行计量，并作为持有待售资产进行列报。

（二）中国企业会计准则对固定资产的终止确认

固定资产处置，包括固定资产的出售、转让、报废或毁损、对外投资、非货币性资产交换、债务重组等。

1. 固定资产终止确认的条件

固定资产满足下列条件之一的，应当予以终止确认：

（1）该固定资产处于处置状态。

（2）该固定资产预期通过使用或处置不能产生经济利益。

2. 固定资产处置的账务处理

企业出售、转让划分为持有待售类别的固定资产或处置组，按照持有待售的非流动资产、处置组和终止经营的有关规定进行会计处理。企业出售、转让未划分为持有待售类别的固定资产，以及报废固定资产或发生固定资产毁损的，一般通过"固定资产清理"科目进行核算，将处置收入扣除账面价值和相关税费后的金额计入当期损益。固定资产的账面价值是指固定资产成本扣减累计折旧和累计固定资产减值准备后的金额。

固定资产清理完成后产生的清理净损益，依据固定资产处置方式的不同，分别适用不同的处理方法：

（1）因已丧失使用功能或因自然灾害发生毁损等而导致报废清理所产生的利得或损失应计入营业外收支。属于生产经营期间正常报废清理所产生的处置净损失，借记"营业外支出—非流动资产报废"科目，贷记"固定资产清理"科目；属于生产经营期间由于自然灾害等非正常原因造成的，借记"营业外支出—非常损失"科目，贷记"固定资产清理"科目。属于生产经营期间正常报废清理所产生的处置净收益，借记"固定资产清理"科目，贷记"营业外收入"科目。

（2）因出售、转让等原因产生的固定资产处置利得或损失应计入资产处置损益。产生处置净损失的，借记"资产处置损益"科目，贷记"固定资产清理"科目；产生处置净收益的，借记"固定资产清理"科目，贷记"资产处置损益"科目。

◆ 思考与练习题 ◆

1.【单选题】甲公司为增值税（本章提到的税负）一般纳税人，2×20年11月20日，甲公司购进一台需要安装的A设备，取得的增值税专用发票上注明的设备价款为950万元，可抵扣增值税进项税额为123.5万元，款项已通过银行存款支付。安装A设备时，甲公司领用原材料36万元（不含增值税额），支付安装人员工资14万元。2×20年12月30日，A设备达到预定可使用状态。A设备预计使用年限为5年，预计净残值率为5%，甲公司采用双倍余额递减法计提折旧。甲公司2×23年度对A设备计提的折旧是（　　）万元。

A. 136.8　　　　B. 144　　　　C. 187.34　　　　D. 190

2.【单选题】某企业自行建造的一条生产线于2×21年9月30日达到预定可使用状态并投入使用，该生产线建造成本为740万元，预计使用年限为5年，预计净残值为20万元。在采用年数总和法计提折旧的情况下，2×22年该生产线应计提的折旧额是（　　）万元。

A. 240　　　　B. 228　　　　C. 192　　　　D. 246.67

3.【多选题】下列各项关于甲公司处置固定资产的会计处理表述中，正确的有（　　）。

A. 因台风毁损产生的厂房净损失60万元计入营业外支出

B. 报废生产使用设备的净收益10万元计入营业外收入

C. 出售办公楼的净损失20万元计入营业外支出

D. 正常报废行政管理使用汽车的净损失5万元计入管理费用

第七章　无形资产

【学习目标】

　　通过本章的学习，学生要了解无形资产的定义，掌握无形资产的确认条件、计量以及披露。

【学习重点】

　　国际会计准则和中国企业会计准则对固定资产的初始计量和后续计量的差异。

【学习难点】

　　寿命有限的无形资产摊销以及无形资产处置的会计处理。

一、无形资产的定义及确认条件

（一）国际会计准则对无形资产的定义及确认条件

1. 无形资产的定义

　　《国际会计准则第38号——无形资产》对无形资产定义如下：无形资产是指可辨认、无实物形态的非货币性资产。这个宽泛的定义确保了每项潜在非实物形态的资产在确认时都要经过核查。此处存在一个例外，即在《国际会计准则第38号——无形资产》中意义上的非实物形态的货币性资产，适用于《国际财务报告准则第9号——金融工具》的规定。通常每一项无形资产都与一项有形资产相关联，例如计算机软件要有实物数据载体才能销售。另外，研发工作的成果通常不只有无形资产，还有有形资产，如样品。要决定这样的资产到底是属于无形资产还是有形资产，关键在于哪部分对整体价值更为重要（《国际会计准则第38号——无形资产》）。

　　要符合无形资产的定义，特别要满足以下三个条件：①可辨认性。②企业对其有控制权。③未来有经济利益。

可辨认性是在《国际会计准则第 38 号——无形资产》中对无形资产的定义中明确要求的，而其他两个条件由资产的相关定义得出，因此适用于所有资产。资产的可分性是可辨认性的一个充分非必要条件，另一个充分非必要条件是存在可以辨认资产的合同或其他具体权利，即使这种权利不可分或不可转让。例如，一些许可证不可以单独转让。尽管如此，在《国际会计准则第 38 号——无形资产》中规定了具体的权利，体现了可辨认性。

如果企业能从一项资产中获得预期的经济利益，则意味着企业对其拥有控制权，这通常是法律上可强制执行的索取权。值得注意的是，公司不能对雇员的专业技能或客户关系等某些无形资产拥有控制权，因此雇员的专业技能或客户关系等不能被视为无形资产。未来的经济效用将由更多的收入或未来预期的更少支出来实现。

如果无形资产不符合其中一个或多个标准，那么就不是《国际会计准则第 38 号——无形资产》中所指的无形资产，因此不可能借记。与此值相关的支出将被确认为支出，直接对损益表产生影响。

2. 无形资产的确认条件

无形资产的确认条件，如图 7-1 所示。

(二) 中国企业会计准则对无形资产的定义及确认条件

1. 无形资产的定义

无形资产，是指企业拥有或者控制地没有实物形态的可辨认非货币性资产。相对于其他资产，无形资产具有下列特征：

(1) 无形资产不具有实物形态。无形资产通常表现为某种权利、某项技术或是某种获取超额利润的综合能力，它们不具有实物形态，比如，土地使用权、非专利技术等。企业的有形资产（例如固定资产）虽然也能为企业带来经济利益，但其为企业带来经济利益的方式与无形资产不同，固定资产是指通过实物价值的磨损和转移来为企业带来的未来经济利益，而无形资产很大程度上是指通过自身所具有的技术等优势为企业带来的未来经济利益。

(2) 无形资产具有可辨认性。符合下列条件之一的，应当认定为其具有可辨认性：

（i）能够从企业中分离或者划分出来，并能单独用于出售或转让等，而不需要同时处置在同一获利活动中的其他资产，则表明无形资产可以辨认。某

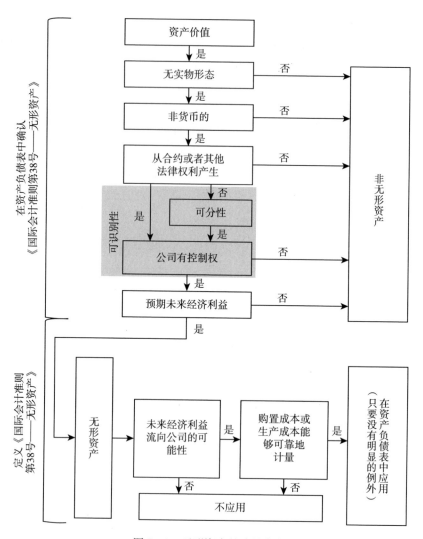

图 7-1　无形资产的确认条件

些情况下无形资产可能需要与有关的合同一起用于出售、转让等，这种情况下也视为可辨认无形资产。

（ⅱ）产生于合同性权利或其他法定权利，无论这些权利是否可以从企业或其他权利和义务中转移或者分离。如一方通过与另一方签订特许权合同而获得的特许使用权、通过法律程序申请获得的商标权等。

如果企业有权获得一项无形资产产生的未来经济利益，并能约束其他方获取这些利益，则表明企业控制了该项无形资产。例如，对于会产生经济利益的技术知识，如果企业通过版权、贸易协议等法定权利或雇员的保密法定职责来保护其经济利益，那么说明该企业控制了相关经济利益。

客户关系、人力资源等，由于企业无法控制其带来的未来经济利益，所以其不符合无形资产的定义，不应将其确认为无形资产。

内部产生的品牌、报刊名、刊头、客户名单和实质上类似的项目支出，由于不能与整个业务开发成本区分开，所以，这类项目不应确认为无形资产。商誉的存在无法与企业自身分离，不具有可辨认性，因此，不能作为无形资产。

（3）无形资产属于非货币性资产。非货币性资产，是指企业持有的货币资金和将以固定或可确定的金额收取的资产以外的其他资产。无形资产由于没有发达的交易市场，一般不容易转化成现金，在持有过程中为企业带来未来经济利益的情况不确定，所以其不属于以固定或可确定的金额收取的资产，属于非货币性资产。

2. 无形资产的确认条件

企业在确认无形资产时，其需要符合上述对无形资产的定义，同时还需要同时满足下列确认条件：

（1）与该无形资产有关的经济利益很可能流入企业。

（2）该无形资产的成本能够可靠地计量。

其中，企业在判断无形资产产生的经济利益是否很可能流入时，应当对无形资产在预计使用寿命内可能存在的各种经济因素作出合理估计，并且应当有明确的证据支持。

二、初始计量

（一）国际会计准则对无形资产的初始计量

根据《国际会计准则第 38 号——无形资产》，可知所有符合无形资产定义且满足在《国际会计准则第 38 号——无形资产》中对无形资产规定的计量条件的资产都须进行确认。根据抽象的确认条件，无形资产只有在满足以下条件时才可以进行确认：①未来经济利益很可能流入会计核算企业；②实际购置成本或生产成本能够可靠地计量。

未来经济效用流入的可能性，必须基于理性和合理的假设进行判断，判断时特别要考虑证明无形资产价值的外部证据，它们可能比内部估计更为重要。根据取得方式的不同，抽象确认条件可进一步具体化。根据《国际会计准则第

38 号——无形资产》，可知初始计量是在购置成本或生产成本的基础上进行的。

1. 以支付对价的形式单独购买

在购买无形资产的情况下，《国际会计准则第 38 号——无形资产》假定其通常满足确认标准。不过，并非所有与该资产有关的费用都可以得到确认。《国际会计准则第 38 号——无形资产》具体规定了购置费用，包括购买价格和其他所有使资产达到可使用状态的必要支出（如进口税、不能退还的消费税）。

一旦资产处于可使用状态，则无需再借记任何费用，这尤其适用于使用或转让费用。《国际会计准则第 38 号——无形资产》指出了一些不能计入费用的例子，包括管理和间接成本以及产品发布的成本（特别是广告费）。如果无形资产价款的延期支付超过了正常清偿期限，那么它的购置成本应按买价的现金价格计量，该金额与实际支付总额的差额应按《国际会计准则第 23 号——借款费用》进行处理，借记资产的借款费用。

2. 通过交换而获得

无形资产也可以通过对其他非货币资产的交换来获取。在这种情况下，公允价值将被确认为购置费用。只有当交换缺乏经济实质或两个易货项目的公允价值都难以衡量时，才必须放弃这种做法。在这种情况下，所提供资产的账面价值可作为购置费用。

3. 通过企业合并而获得

如果无形资产是按照《国际财务报告准则第 3 号——企业合并》通过企业合并而取得的，那么该无形资产的购置成本应以其购买日的公允价值来计量。根据《国际会计准则第 38 号——无形资产》，可知该无形资产的确认前提是：未来经济利益很可能流入企业，而问题在于购置成本的计量如何才可以认为是可靠的，该无形资产是否已在被收购企业的资产负债表中得到确认。

《国际会计准则第 38 号——无形资产》认为，只要资产可辨认，即要么可分，要么符合某项合同或者其他具体法规，那么其资产价值就是可以可靠计量的。如果只有在属于一个整体时，某项无形资产才与其他无形资产可分且这个整体中单项无形资产的公允价值都无法可靠计量，那么根据《国际会计准则第 38 号——无形资产》的规定，需对这个整体进行计量。当单个资产的公允价值无法可靠计量时，也是适用这种方法的。

只要通过企业合并取得的无形资产在获得时点无法辨认，就不能够单独确认，而是计入企业合并商誉（参见《国际财务报告准则第 3 号——企业合并》）。

（二）中国企业会计准则对无形资产的初始计量

无形资产通常是按实际成本计量，即以取得无形资产并使之达到预定用途而发生的全部支出作为无形资产的成本。对于通过不同来源而取得的无形资产，其成本构成不尽相同。

1. 外购的无形资产成本

外购的无形资产，其成本包括购买价款、相关税费以及直接归属于使该项资产达到预定用途所发生的其他支出。其中，直接归属于使该项资产达到预定用途所发生的其他支出包括使无形资产达到预定用途所发生的专业服务费用，测试无形资产是否能够正常发挥作用的费用等，但不包括为引入新产品进行宣传发生的广告费、管理费用及其他间接费用，也不包括在无形资产已经达到预定用途以后发生的费用。

采用分期付款方式购买无形资产。购买无形资产的价款超过正常信用条件而延期支付的，实际上具有融资性质的，无形资产的成本为购买价款的现值。购入无形资产时，按购买价款的现值，借记"无形资产"科目；按应支付的金额贷记"长期应付款"科目；按其差额，借记"未确认融资费用"科目。无形资产购买价款的现值，应当按照各期支付的购买价款通过选择恰当的折现率进行折现后的金额加以确定。各期实际支付的价款与购买价款的现值之间的差额，符合借款费用中规定的资本化条件的，应当计入无形资产成本，其余部分应当在信用期间确认为财务费用，计入当期损益。

2. 自行研发的无形资产成本

内部开发阶段活动形成的无形资产，其成本由可直接归属于该资产的创造、生产并使该资产能够以管理层预定的方式运作的所有必要支出组成。可直接归属于该资产的成本包括：开发该无形资产时耗费的材料、劳务成本、注册费。在开发该无形资产过程中使用的其他专利权和特许权的摊销，按照《企业会计准则第 17 号——借款费用》所规定的资本化的利息支出，以及为了使该无形资产达到预定用途前所发生的其他费用进行会计处理。在开发无形资产过程中发生的除上述外可直接归属于无形资产开发活动的其他销售费用、管理费用等间接费用、无形资产达到预定用途前发生的可辨认的无效和初始运作损失、为运行该无形资产发生的培训支出等，不构成无形资产的开发成本。

需要强调的是，内部开发无形资产的成本仅包括在满足资本化条件的时点至无形资产达到预定用途前发生的支出总额。对于同一项无形资产在开发过程中达到资本化条件之前已经费用化计入损益的支出不再进行调整。

3. 投资者投入的无形资产成本

投资者投入的无形资产，其成本应当按照投资合同或协议约定的价值确定。在投资合同或协议约定价值不公允的情况下，应按无形资产的公允价值入账。无形资产的公允价值与投资合同或协议约定的价值之间的差额计入资本公积。

4. 通过非货币性资产交换、债务重组或政府补助取得的无形资产成本

通过非货币性资产交换、债务重组或政府补助取得的无形资产，其成本的确定及具体处理见《企业会计准则第7号——非货币性资产交换》《企业会计准则第12号——债务重组》或《企业会计准则第16号——政府补助》的相关内容。

5. 在企业合并中取得的无形资产成本

（1）在非同一控制下的企业合并中，购买方取得的无形资产应以其在购买日的公允价值进行计量，而且合并中确认的无形资产并不仅限于被购买方原已确认的无形资产，只要该无形资产的公允价值能够可靠计量，购买方就应在购买日将其独立于商誉确认为一项资产。

（ⅰ）在非同一控制下的企业合并中，购买方在对企业合并中取得的被购买方资产进行初始确认时，应当对被购买方拥有的但在其财务报表中未确认的无形资产进行充分辨认和合理判断，满足下列条件之一的，应确认为无形资产：①源于合同性权利或其他法定权利；②能够从被购买方中分离或者划分出来并能单独或与相关合同、资产和负债一起，用于出售、转移、授予许可、租赁或交换。

（ⅱ）在非同一控制下的企业合并中，取得无形资产的公允价值能够可靠计量的，应单独确认为无形资产。公允价值的确定见《企业会计准则第39号——公允价值计量》的相关内容。

（ⅲ）在非同一控制下的企业合并中，取得的无形资产本身可能是可以单独辨认的，但其计量或处置与有形的或无形的资产一并作价，如由于天然矿泉水的商标可能与特定的泉眼有关，所以不能独立于该泉眼进行出售。在这种情况下，如果该无形资产及与其相关的资产各自的公允价值不能可靠计量，则应将该资产组合（即将无形资产与其相关的有形资产一并）独立于商誉确认为一项资产。

（2）在同一控制下的企业合并中，合并方取得的无形资产应按照被合并方的无形资产在最终控制方财务报表中的账面价值进行计量。

三、后续计量

（一）国际会计准则对无形资产的后续计量

在初始确认和初始计量后，无形资产的后续计量有以下两种不同的方法：

（1）基于购置成本或生产成本的历史成本模式：以成本减去累计折旧额和累计减值损失后的余额为账面金额。

（2）基于重估价金额的重估价模式：这种方法以重估日的公允价值减去随后发生的累计折旧和随后发生的累计减值损失后的金额为账面金额，重估价金额应参考活跃市场确定。

1. 历史成本模式

对无形资产而言，极少存在活跃市场，因此成本法有重要的实践意义。因为在使用这一方法时，无形资产的购置成本或生产成本要在使用寿命内按计划折旧。所以，首先必须确定使用寿命和折旧方法。

根据《国际会计准则第 38 号——无形资产》，可知首先我们应评估一项资产的使用寿命到底是有限的还是无限的。在该准则中明确指出，无限使用寿命并不代表无限的使用期，只要无法评估无形资产从某一确定时刻起不再为主体带来正现金流，资产的使用寿命就是无限的。在此情况下，该无形资产是否需要经常性的费用支出并不重要，只要这些费用支出不影响现状且企业打算将来承担这些费用即可。未来打算支付的且能明显改善无形资产现有状况的费用，不能用来评估资产的使用寿命是否是无限的。

如果某项无形资产的使用寿命无限，根据《国际会计准则第 38 号——无形资产》，可知不对其进行计划折旧，但每年要对其进行减值测试。另外，如果有迹象显示该无形资产将减值，也要进行减值测试。此外，在每个会计年度结束时都必须审核该资产的使用寿命是否已变成有限的。如果发生了这种改变，那么从无限变成有限使用期限的变化，应按《国际会计准则第 8 号——会计政策、会计估计变更和差错》进行会计处理，这意味着剩余账面价值将分摊给有限的使用期限。

如果某项无形资产的使用寿命是有限的，就对它进行计划折旧。根据《国际会计准则第 38 号——无形资产》，折旧应从无形资产可使用之日起开始。

如果无形资产是依据合同或法定权利取得的,那么其使用寿命不应超过合同或其法定期限,除非该法定权利是可以重续的。即使可以重续,该无形资产的使用寿命也不应包括重续期间,除非有证据表明,重续不会产生重大成本。

折旧方法与无形资产未来经济效用的实现方式有关。折旧方法包括绩效法、直线法和递减法。①如果未来经济效用的实现方式不能可靠地确定,那么应采用直线法。②无形资产的残值应假定为零,除非在无形资产的使用寿命结束时,有第三方承诺购买该无形资产;或者该无形资产存在活跃市场且这种活跃市场在该无形资产使用寿命末期很可能仍然存在。

购置成本或生产成本和预期残值的差额应在使用寿命内折旧完毕。年折旧额应确认为损益相关费用,除非该折旧额在其他财务报告准则中(例如生产过程框架内)允许其借记。在使用寿命内,如果有证据显示,折旧期或折旧方法明显被错估,根据《国际会计准则第 38 号——无形资产》和《国际会计准则第 8 号——会计政策、会计估计变更和差错》,可知应改用现在或将来适用的折旧期或折旧方法。

2. 重估价模式

无形资产的一个特点是没有实体的损坏或用尽。因此,随着时间的推移,价值可能或多或少地与原始购置或生产成本脱钩。如果资产负债表的受众对无形资产当前的公允价值感兴趣,则按计划折旧的购置或生产成本并未包含足够的信息量。因此,《国际会计准则第 38 号——无形资产》描述了购置成本模型的一种替代方法——重估模型。作为对计划折旧的补充,它还包括对重估金额的后续估价。

为了运用重估价模式,资产的重估价金额必须是参照活跃市场确定的。《国际会计准则第 38 号——无形资产》认为,对于无形资产而言,可参照的活跃市场只在例外情况下存在,例如,一些可交易的经营许可证(如捕捞经营许可证、发行经营许可证)存在活跃市场。而商标、报刊刊头、音像和电影出版权、专利权或商标名称等无形资产不存在活跃市场。

无形资产的重估价模式基本上与《国际会计准则第 16 号——不动产、厂房和设备》的设备重估价模式相类似。①当公允价值和账面价值有明显偏差时,需要进行重估价,公允价值波动巨大的资产需要每年进行重估。②当一项无形资产被重估时,只要活跃市场存在,其他所有类似的资产都需要重估。因此,选择重估价模式必须是对一组类似资产同时做出的决定。只有当这一组中的某项无形资产不存在活跃市场时，才能选用以成本价减累计折旧额和累计减值损失的方法进行计量。

无形资产可以按总值法或净值法列示。总值法列示即借方为历史购置成本、贷方为相应的累计折旧金额（不常用）；净值法列示不把两者分在两边列示。虽然重估价模式的列示方法有所区分，但不会导致损益差别：①如果无形资产按总值法列示，那么在重估价时，累计折旧金额和总资产价值要作相应地调整，以使公允价值符合系统折旧后的新价值。②如果无形资产按净值法列示，那么要直接对它的账面净额进行重估。

3. 无形资产减值

根据《国际会计准则第 38 号——无形资产》，可知当不存在活跃市场时，需要检查无形资产是否需要减值。除了一般的初始确认后的计量，《国际会计准则第 36 号——资产减值》的相关规定也适用于无形资产。《国际会计准则第 36 号——资产减值》列举了必须进行减值测试情况下的内部指标和外部指标。除了这些指标以外，根据《国际会计准则第 36 号——资产减值》，可知还有一些无形资产需要在每个财务年度末通过减值测试确定是否已发生减值：①还不能利用的无形资产，其计划折旧尚未开始。②无限使用寿命的无形资产。

原则上资产减值应该计入损益。但在重估价模式的框架下，如果之前产生过重估价盈余，就应该首先冲销其他综合损益。如果资产减值的诱因在接下来几年不存在了，则应该将资产减值转回计入损益。与此相关的、与成本价减累计折旧和累计减值损失不同的重估价不计入损益。

4. 无形资产处置

当一项无形资产发生如下情况时，应确认终止（从资产负债表内剔除）：①无形资产被转让或通过其他方式处置。②预期没有未来经济利益从其使用或处置过程中流入企业。

由无形资产处置性的净收入和账面金额之间的差额形成的损益应计入损益表。该损益不得与收入合并，正如重估价模式所指出的，可能存在的重估价盈余只能转入盈余公积，不得在损益表中进行确认。

（二）中国企业会计准则对无形资产的后续计量

1. 无形资产后续计量的原则

对无形资产进行初始确认和计量后，在其后使用该项无形资产的期间应以成本减去累计摊销额和累计减值损失后的余额进行计量。需要强调的是，当确定无形资产在使用过程中的累计摊销额时，其基础是估计其使用寿命，只有使用寿命有限的无形资产才需要在估计的使用寿命内采用系统合理的方法进行摊销，对于使用寿命不确定的无形资产，至少每年要进行减值测试。

（1）估计无形资产使用寿命应考虑的因素。企业应当在取得无形资产时分析判断其使用寿命。无形资产的使用寿命有限的，应当估计该使用寿命的年限或者构成使用寿命的产量等类似计量单位的数量；无法预见无形资产为企业带来未来经济利益期限的，应当视为使用寿命不确定的无形资产。

无形资产的后续计量是以其使用寿命为基础的。无形资产的使用寿命包括法定寿命和经济寿命两个方面，有些无形资产的使用寿命受法律、规章或合同的限制，称为法定寿命。例如我国法律规定发明专利权的有效期为20年，商标权的有效期为10年。有些无形资产如永久性特许经营权、非专利技术等的寿命则不受法律或合同的限制。经济寿命是无形资产可以为企业带来经济利益的年限。由于受技术进步、市场竞争等因素的影响，无形资产的经济寿命往往短于法定寿命，所以，在估计无形资产的使用寿命时，应当综合考虑各方面相关因素的影响，合理确定无形资产的使用寿命。

（2）无形资产使用寿命的确定。某些无形资产的取得源自合同性权利或其他法定权利，其使用寿命不应超过合同性权利或其他法定权利的期限。但如果企业使用资产的预期的期限短于合同性权利或其他法定权利规定的期限的，则应当按照企业预期使用的期限来确定其使用寿命。

合同性权利或其他法定权利如果能够在到期时因续约等延续，则仅当有证据表明企业续约无须付出重大成本时，续约期才能够计入使用寿命。

企业在对确认为无形资产的数据资源的使用寿命进行估计时，应当考虑无形资产估计使用寿命的因素，并重点关注数据资源相关业务模式、权利限制、更新频率和时效性、有关产品或技术迭代、同类竞品等因素。

（3）无形资产使用寿命的复核。①企业应当至少在每年年度末，对使用寿命有限的无形资产的使用寿命及摊销方法进行复核。如果有证据表明无形资产的使用寿命及摊销方法不同于以前的估计，应改变其摊销年限及摊销方法，并按照会计估计变更进行处理。②对于使用寿命不确定的无形资产，如果有证据表明其使用寿命是有限的，则应视为会计估计变更，估计其使用寿命并按照使用寿命有限的无形资产的处理原则进行处理。

2. 使用寿命有限的无形资产

使用寿命有限的无形资产，应在其预计的使用寿命内采用系统合理的方法对应摊销金额进行摊销。其中应摊销金额是指无形资产的成本扣除残值后的金额。已计提减值准备的无形资产，还应扣除已计提的无形资产减值准备累计金额。使用寿命不确定的无形资产不应进行摊销。

（1）摊销期和摊销方法。无形资产的摊销期自其可供使用时（即其达到预定用途时）开始至终止确认时停止。在无形资产的使用寿命内系统合理地分摊其应摊销金额，存在多种方法。这些方法包括直线法、生产总量法等。选择无形资产摊销方法时，应根据与无形资产有关的经济利益的预期消耗方式做出决定。例如，受技术陈旧因素影响较大的专利权和专有技术等无形资产，可采用类似固定资产加速折旧的方法进行摊销；有特定产量限制的特许经营权或专利权，可采用产量法进行摊销。无法可靠确定预期消耗方式的，应当采用直线法进行摊销。

需要注意的是，使用无形资产产生的收入可能受到投入、生产过程和销售等因素的影响，这些因素与无形资产有关经济利益的预期消耗方式无关。因此，企业通常不应以包括使用无形资产在内的经济活动所产生的收入为基础进行摊销。但是，下列极其有限的情况除外：①企业根据合同约定确定无形资产固有的根本性限制条款（如无形资产的使用时间、使用无形资产生产产品的数量或因使用无形资产而应取得固定的收入总额）的，当该条款为因使用无形资产而应取得的固定的收入总额时，其取得的收入可以成为摊销的合理基础，如企业获得勘探开采黄金的特许权，且合同明确规定该特许权在销售黄金的收入总额达到某固定的金额时失效。②有确凿的证据表明收入的金额与无形资产经济利益的消耗是高度相关的。企业采用车流量法对高速公路经营权进行摊销的方法，不属于以包括使用无形资产在内的经济活动产生的收入为基础的摊销方法。

（2）残值的确定。除下列情况外，无形资产的残值一般为零：①有第三方承诺在无形资产使用寿命结束时购买该项无形资产；②可以根据活跃市场得到无形资产预计残值信息，并且该活跃市场在该项无形资产使用寿命结束时还可能存在。

残值确定以后，在持有无形资产期间，至少应于每年年末进行复核，预计其残值与原估计金额不同的，应按照会计估计变更进行处理。如果无形资产的残值重新估计以后高于其账面价值的，则无形资产不再摊销，直至残值降至低于账面价值时再恢复摊销。

持有待售的无形资产不进行摊销的，按照账面价值与公允价值减去出售费用后的净额相比后的低值进行计量。

3. 无形资产的减值

企业应当在资产负债表日判断无形资产是否存在可能发生减值的迹象。使用寿命有限的无形资产，在出现减值迹象时进行减值测试；使用寿命不确定的无形资产，在持有期间内如果期末重新复核后仍为不确定的，无论是否存在减值迹象，每年都应当进行减值测试。

无形资产的可收回金额低于账面价值的，按其差额确认资产减值损失，并计提无形资产减值准备。资产减值损失确认后，无形资产的摊销费用应当在未来期间作相应调整，以使该资产在剩余使用寿命内，系统合理地分摊调整后的账面价值。无形资产减值准备一经计提，不得转回。

4. 无形资产的处置

无形资产的处置，主要是指无形资产的出售、报废等，此时无形资产无法为企业带来未来经济利益，应予转销并终止确认。

（1）无形资产的出售。企业将无形资产进行出售，表明企业放弃无形资产的所有权。企业出售无形资产，应当将取得的价款与该无形资产账面价值的差额作为资产处置利得或损失计入当期损益。已计提减值准备的，还应同时结转减值准备。

借：银行存款

　　无形资产减值准备

　　累计摊销

　　贷：无形资产

　　　　应交税费——应交增值税（销项税额）

　　　　资产处置损益（也可放在借方，具体看卖赚卖亏）

（2）无形资产的报废。无形资产预期不能为企业带来未来经济利益的，应当将该无形资产的账面价值予以转销，即将其账面价值转作当期损益（营业外支出）。

借：营业外支出

　　累计摊销

　　无形资产减值准备

　　贷：无形资产

四、披露义务

（一）国际会计准则对无形资产的披露

由于无形资产的特殊性，受众很难仅仅依靠财务报表获得他们所需的信息。所以，附录中列出的信息就尤为重要。

同类无形资产的信息披露应归为一组，《国际会计准则第 38 号——无形资产》以列举的方式，给出了一些分组的建议，如商标、计算机软件、经营许可证和特许经营合同等。对于每一组，应按《国际会计准则第 38 号——无形资产》先给出基本信息：①使用寿命和折旧方法；②在损益表中单独列示的无形资产折旧额；③有关无形资产的减值信息；④根据《国际会计准则第 8 号——会计政策、会计估计变更和差错》，可知有关会计估计变更的信息，如折旧期和折旧方法的变更（《国际会计准则第 38 号——无形资产》）。

为了说明无形资产在整个会计期间的价值变动，《国际会计准则第 38 号——无形资产》要求企业给出从期初到期末账面金额的调整表。每组无形资产的金额应分开列示，这些数字可在一个无形资产清单中给出。

（二）中国企业会计准则对无形资产的披露

企业应当按照无形资产的类别在会计报表附注中披露与无形资产有关的下列信息：①无形资产的期初和期末账面余额、累计摊销额及减值准备累计金额；②使用寿命有限的无形资产，其使用寿命的估计情况；使用寿命不确定的无形资产，其使用寿命不确定的判断依据；③无形资产的摊销方法；④用于担保的无形资产账面价值、当期摊销额等情况；⑤计入当期损益和确认为无形资产的研究开发支出金额。

◆ **思考与练习题** ◆

1.【单选题】下列各项中，制造企业应确认为无形资产的是（　　）

A. 自创的商誉

B. 企业合并产生的商誉

C. 内部研究开发项目在研究阶段所发生的支出

D. 以缴纳土地出让金的方式取得的土地使用权

2.【单选题】甲公司为增值税一般纳税人。2×22 年 2 月 5 日，甲公司以

1 060 万元的价格（含增值税进项税额 60 万元）从产权交易中心竞价获得一项商标权，另支付其他相关税费 12 万元。为推广该商标，甲公司发生广告宣传费用 10 万元、展览费 5 万元，上述款项均用银行存款支付。甲公司取得该项无形资产的入账价值是（　　）万元。

 A. 1 000   B. 1 012   C. 1 027   D. 1 072

3. 【多选题】下列各项关于企业无形资产摊销的表述中，正确的有（　　）

 A. 分类为持有待售类别的无形资产不应摊销

 B. 无形资产不能采用类似固定资产加速折旧的方法进行摊销

 C. 用于生产产品的专利技术摊销应计入管理费用

 D. 无法可靠确定与无形资产有关的经济利益的预期消耗方式的，应当采用直线法进行摊销

4. 【计算题】乙公司将拥有的一项非专利技术进行出售，取得收入 8 000 000 元，该非专利技术的账面余额为 7 000 000 元，累计摊销额为 3 500 000 元，已计提的减值准备为 2 000 000 元。不考虑相关税费，编制其账务处理。

第八章 持有待售的非流动资产、处置组和终止经营

【学习目标】

通过本章的学习，学生要掌握终止经营的定义，理解持有待售类别分类的基本要求、适用范围、计量以及披露的要求。

【学习重点】

持有待售的长期股权投资的会计处理。

【学习难点】

国际会计准则和中国企业会计准则对持有待售的非流动资产、处置组和终止经营计量的差异。

一、适用范围及定义

（一）国际会计准则规定的适用范围及定义

1. 适用范围

由于企业集团结构的不断变化，所以对于投资者来说，给出有关出售和停工措施以及影响停产企业部门财务的信息是比较重要的。应当告知投资者和分析师，在什么程度上，单个项目或者整个业务单位未来就不会对收益或者盈利作出贡献。为了避免资产负债表分析和企业估值的混乱，《国际财务报告准则第5号——持有待售的非流动资产和终止经营》旨在通过特殊的确认和计量规则来处理年度财务报表和合并财务报表中终止经营的项目。

如图8-1所示，《国际财务报告准则第5号——持有待售的非流动资产和终止经营》包含了分类、估价、处理持有待售的非流动资产或者处置组以及终止经营业务范围的条例。由于要依据分类的不同运用不同的估价和处置方法，

所以首先要对一些概念进行定义和界定。

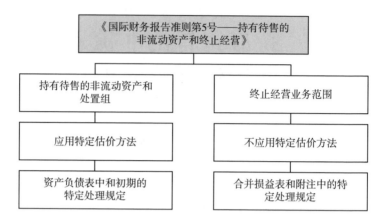

图 8-1　《国际财务报告准则第 5 号——持有待售的
非流动资产和终止经营》规定的适用范围

2. 定义

（1）非流动资产。首先要确定，处理的是持有待售的非流动资产还是含有非流动资产的处置组。在《国际会计准则第 1 号——财务报表列报》中，非流动资产的概念是相对于流动资产的概念来定义的。如果不满足以下任意一条规定，则属于非流动资产：①预计在一个正常经营周期中变现或者在其间持有到出售或耗用。②预期在自资产负债表日起 1 年内变现的。③主要为交易目的而持有的。④《国际会计准则第 7 号——现金流量表》定义的现金或者现金等价物。

（2）处置组。处置组是指，在一项交易过程中，共同出售或以其他方式交易的资产及相关的负债。一个处置组可以包括企业的任何长短期资产和负债，虽然它们不适用于《国际财务报告准则第 5 号——持有待售的非流动资产和终止经营》中的估价规定。根据《国际财务报告准则第 5 号——持有待售的非流动资产和终止经营》的规定，可知对非流动资产进行互换时，如果其互换过程符合《国际会计准则第 16 号——不动产、厂房和设备》的实物定义，则该项交换业务可以归入非流动资产的处置业务。将处置组定义为能够产生现金流的单元，根据《国际会计准则第 36 号——资产减值》的规定，可知该单元可以计入商誉。这样在企业合并时，处置组也同样包含了商誉。根据《国际财务报告准则第 5 号——持有待售的非流动资产和终止经营》，可知处置组可以分为：①单个现金产出单元；②现金产出单元组；③部分现金产出单元。

（3）企业组成部分。为了能够更好地理解终止经营业务范围的含义，首先应进一步详细了解企业的组成部分。根据《国际财务报告准则第5号——持有待售的非流动资产和终止经营》，可知企业的组成部分是指包括相关现金流量在内的公司经营领域，在经营层面和会计层面上，它们能和其他企业明显区分，相关的资产、负债、收益、费用以及现金流可以直接计入经营业务领域。因此，企业经营业务至少由一个现金产出单元或者由现金产出单元组合构成。

（4）终止经营业务。首先，终止经营业务范围必须是指企业组成部分才能对其进行界定。其次，根据《国际财务报告准则第5号——持有待售的非流动资产和终止经营》，可知只有当公司组成部分已经出售或者准备出售时，才能归入终止经营业务范围。为此该企业组成部分必须是：①单独的、主要的经营分支或者按地区划分的经营业务；②单独的、主要的经营分支或者按地区划分经营业务时确认的处置计划的一部分；③为了以后出售而持有的子公司。

（二）中国企业会计准则规定的适用范围及定义

1. 适用范围

《企业会计准则第42号——持有待售的非流动资产、处置组和终止经营》（以下简称持有待售准则）规范了持有待售的非流动资产或处置组的分类、计量和列报，以及终止经营的列报。持有待售类别的基本划分原则为，如果企业主要通过出售而非持续使用一项非流动资产或处置组收回其账面价值，应当将其划分为持有待售类别。持有待售的非流动资产或处置组的账面价值高于公允价值减去出售费用后的净额的，应当将账面价值减记至公允价值减去出售费用后的净额，同时确认资产减值损失和计提持有待售资产减值准备。公允价值减去出售费用后的净额后续增加的，以前减记的金额应当予以恢复，但已抵减的商誉账面价值和适用本章有关规定进行计量的非流动资产在划分为持有待售类别前确认的资产减值损失不得转回。持有待售的非流动资产或处置组中的非流动资产不应计提折旧或摊销。

本章规范了持有待售的非流动资产或处置组的分类、计量和列报，以及终止经营的列报。除特别说明外，本章有关持有待售非流动资产或处置组分类计量和列报的规定同样适用于持有待分配给所有者的非流动资产或处置组。

2. 定义

（1）非流动资产。非流动资产是指流动资产以外的资产。按照财务报表列报的规定，可知流动资产是指满足下列条件之一的资产：①预计在一个正常营业周期中变现、出售或耗用；②主要为交易目的而持有；③预计在资产负债表日起一年内变现；④自资产负债表日起一年内，交换其他资产或清偿负债的能力不受限制的现金或现金等价物。

（2）处置组。处置组是指在一项交易中作为整体，通过出售或其他方式一并处置的一组资产，以及在该交易中转让的与这些资产直接相关的负债。处置组中可能包含企业的任何资产和负债，如流动资产、流动负债，适用本章计量规定的固定资产、无形资产等非流动资产，不适用本章计量规定的采用公允价值法进行后续计量的投资性房地产、采用公允价值减去出售费用后的净额计量的生物资产、金融工具等非流动资产，以及非流动负债。按照本书第九章资产减值的规定，可知企业合并中取得的商誉应当按照合理的方法分摊至相关的资产组或资产组组合，如果处置组即为该资产组或者包括在该资产组或资产组组合中，处置组也应当包含分摊的商誉。

（3）终止经营。终止经营是指企业满足下列条件之一的、能够单独区分的组成部分，且该组成部分已经处置或划分为持有待售类别：①该组成部分代表一项独立的主要业务或一个单独的主要经营地区；②该组成部分是拟对一项独立的主要业务或一个单独的主要经营地区进行处置的一项相关联计划的一部分；③该组成部分是专为转售而取得的子公司。终止经营的定义包含下列三方面含义：

（ⅰ）终止经营应当是企业能够单独区分的组成部分。该组成部分的经营和现金流量在企业经营和编制财务报表时是能够与企业的其他部分清楚区分的。企业组成部分可能是一个资产组，也可能是一组资产组组合，通常是企业的一个子公司、一个事业部或事业群。

（ⅱ）终止经营应当具有一定的规模。终止经营应当代表一项独立的主要业务或一个单独的主要经营地区，或者是指拟对一项独立的主要业务或一个单独的主要经营地区进行处置的一项相关联计划的一部分。并非所有处置组都符合终止经营定义中的规模条件，企业需要运用职业判断加以确定。当然，如果企业主要经营一项业务或主要在一个地理区域内开展经营，企业的一个主要产品或服务线就可能满足终止经营定义中的规模条件。对于专为转售而取得的子公司，本章对其规模不作要求，只要是单独区分的组成部分且满足时点要求，即构成终止经营。有些专为转售而取得的重要的合营企业或联营企业，也可能因为符合终止经营定义中的规模等条件而构成终止经营。

（ⅲ）终止经营应当满足一定的时点要求。符合终止经营定义的组成部分应当属于下列两种情况之一：①该组成部分在资产负债表日之前已经处置，包括已经出售和结束使用（如关停或报废等）的部分。多数情况下，如果组成部分的所有资产和负债均已处置，产生收入和发生成本的来源均消失，这时确定组成部分处置的时点是较为容易的。但在有些情况下，组成部分的资产仍处于出售或报废过程中，仍可能发生清理费用，企业需要根据实际情况判断组成部分是否已经处置，从而符合终止经营的定义。②该组成部分在资产负债表日之前已经划分为持有待售类别。有些情况下，企业对一项独立的主要业务或一个单独的主要经营地区进行处置的一项相关联计划持续数年，组成部分中的资产组或资产组组合无法同时满足持有待售类别的划分条件。随着处置计划的进行，组成部分中的一些资产组或资产组组合可能先满足持有待售类别的划分条件且构成企业的终止经营，其他资产组或资产组组合可能在未来满足持有待售类别的划分条件，应当适时将其作为终止经营进行处理。

二、分类差异

（一）国际会计准则规定的分类

《国际财务报告准则第 5 号——持有待售的非流动资产和终止经营》规定，当一项非流动资产或者处置组的账面价值不是通过未来的使用价值而是通过交易实现时，就要将该项资产归入持有待售类别。这只适用于相关非流动资产或处置组能够按照一般市场条件立即出售且交易过程非常有可能发生的情况。

《国际财务报告准则第 5 号——持有待售的非流动资产和终止经营》规定了以下相关指标，必须同时满足每项指标，该项交易才能被认定为非常有可能发生：①管理层已经通过交易计划，同时积极寻找购买者；②交易价格与资产或者处置组的市场公允价值相当；③交易过程预计归类为一年内销售完成；④采取必要的措施以保证顺利完成交易过程，不会出现重大变动或放弃该项计划；⑤出售成功的可能性比较大，同时股东批准（或法律规定如此）的概率要与其相一致。

一项有义务的出售计划，如果导致对子公司失去控制权，且满足《国际财务报告准则第 5 号——持有待售的非流动资产和终止经营》的标准，则将该子公司的资产和负债完全归入持有待售，这项规定与出售后是否还持有非控制性股权无关。

若一项交易直到一年之后才进行，则可以根据《国际财务报告准则第 5

号——持有待售的非流动资产和终止经营》保留现有的分类，当：①不是由于公司自身的原因而导致逾期；②有其他充分的实质性证据表明，该公司继续保留该交易计划。

根据《国际会计准则第 1 号——财务报表列报》以及《国际财务报告准则第 5 号——持有待售的非流动资产和终止经营》，可知两个准则对一年出售期限的划分标准存在分歧，这里在一年内处置的一项资产将按照规定归入短期资产而不是长期资产，更准确地说，根据《国际财务报告准则第 5 号——持有待售的非流动资产和终止经营》，可知按照《国际会计准则第 1 号——财务报表列报》，如果只满足一年出售期限的标准，非流动资产则不允许重新分类归入短期资产。只有当满足所有标准时，才能进行重新分类。相反，根据《国际财务报告准则第 5 号——持有待售的非流动资产和终止经营》，可知以出售为目的持有的非流动资产或者处置组，只有预计在一段较短期间（3 个月）内能够满足上述标准的，才能归入持有待售。

（二）中国企业会计准则规定的分类

1. 持有待售类别分类的基本要求

（1）分类原则。非流动资产或处置组划分为持有待售类别，应当同时满足下列条件：

（ⅰ）在当前状况下即可立即出售。根据类似交易中出售此类资产或处置组的惯例，在当前状况下即可立即出售为满足该条件，企业应当具有在当前状态下出售该非流动资产或处置组的意图和能力。

（ⅱ）出售极可能发生，即企业已经就一项出售计划作出决议且获得确定的购买承诺，预计出售将在一年内完成。①企业出售非流动资产或处置组的决议一般需要由企业相应级别的管理层作出，如果有关规定要求企业相关权力机构或者监管部门批准后方可出售，应当已经获得批准。②企业已经获得确定的购买承诺，确定的购买承诺是企业与其他方签订的具有法律约束力的购买协议，该协议包含交易价格、时间和足够严厉的违约惩罚等重要条款，这使协议出现重大调整或者撤销的可能性极小。③预计自划分为持有待售类别起一年内，出售交易能够完成。

（2）延长一年期限的例外条款。有些情况下，可能由于发生一些企业无法控制的原因而导致出售未能在一年内完成。如果涉及的出售是关联方交易，本章不允许放松一年期限条件。如果涉及的出售不是关联方交易，且有充分证据表明企业仍然承诺出售非流动资产或处置组，本章允许放松一年期限条件，企业可以继续将非流动资产或处置组划分为持有待售类别。企业无法控制的原因包括：

（ⅰ）意外设定条件。买方或其他方意外设定导致出售延期的条件，企业针对这些条件已经及时采取行动，且预计能够自设定导致出售延期的条件起一年内顺利化解延期因素。即企业在初始对非流动资产或处置组进行分类时，能够满足划分为持有待售类别的所有条件，但此后买方或其他方提出一些意料之外的条件，且企业已经采取措施加以应对，预计能够自设定这些条件起一年内满足条件并完成出售，那么即使出售无法在最初一年内完成，企业仍然可以维持原持有待售类别的分类。

（ⅱ）发生罕见情况。因发生罕见情况，导致持有待售的非流动资产或处置组未能在一年内完成出售，企业在最初一年内已经针对这些新情况采取必要措施且重新满足了持有待售类别的划分条件。即非流动资产或处置组在初始分类时满足了持有待售类别的所有条件，但在最初一年内，由于出现罕见情况导致出售将被延迟至一年之后。如果企业针对这些新情况在最初一年内已经采取必要措施，而且该非流动资产或处置组重新满足了持有待售类别的划分条件，也就是在当前状况下可立即出售且出售极可能发生，那么即使原定的出售计划无法在最初一年内完成，企业仍然可以维持原持有待售类别的分类。这里的罕见情况主要指因不可抗力引发的情况、宏观经济形势发生急剧变化等不可控情况。

（3）不再继续满足划分条件的处理。持有待售的非流动资产或处置组不再继续满足持有待售类别划分条件的，企业不应当继续将其划分为持有待售类别。部分资产或负债从持有待售的处置组中移除后，如果处置组中剩余资产或负债新组成的处置组仍然满足持有待售类别划分条件，企业应当将新组成的处置组划分为持有待售类别，否则应当将满足持有待售类别划分条件的非流动资产单独划分为持有待售类别。

2. 某些特定持有待售类别分类的具体应用

（1）企业专为转售而取得的非流动资产或处置组在取得日满足"预计出售将在一年内完成"的规定条件，且短期（通常为3个月）内很可能满足持有待售类别的其他划分条件（如签订具有法律约束力的购买协议等其他条件）的，企业应当在取得日将其划分为持有待售类别。

（2）持有待售的长期股权投资。企业因出售对子公司的投资等原因导致其丧失对子公司控制权的，无论出售后企业是否保留部分权益性投资，均应当在拟出售对子公司的投资满足持有待售类别划分条件时，在母公司个别财务报表中将对子公司的投资整体划分为持有待售类别，在合并财务报表中将子公司的所有资产和负债划分为持有待售类别。

企业出售对子公司的投资但并不丧失对其的控制权，企业不应当将拟出售的部分对子公司的投资或对子公司的投资整体划分为持有待售类别。

对联营企业或合营企业的权益性投资全部或部分分类为持有待售资产的，应当停止权益法核算；对于未划分为持有待售类别的剩余权益性投资，应当在划分为持有待售的那部分权益性投资出售前继续采用权益法进行会计处理。原权益法核算的相关其他综合收益等应当在持有待售资产终止确认时，按照有关处置长期股权投资的规定进行会计处理。

（3）拟结束使用而非出售的非流动资产或处置组。企业不应当将拟结束使用而非出售的非流动资产或处置组划分为持有待售类别。

三、持有待售类别的计量

（一）国际会计准则

1. 初始计量

对终止经营业务中所包含的资产和负债的计量，应遵循持有待售的非流动资产或处置组的相应规定。如果终止经营业务已经停工，则其资产和处置组的计量应按照国际财务报告准则的相应规定进行处理。

持有待售资产或者处置组的账面价值，要在初始分类之前根据相关的国际财务报告准则进行计量（《国际财务报告准则第 5 号——持有待售的非流动资产和终止经营》）。处置组的账面价值由处置组中资产的账面价值减去负债的账面价值得出。此时需要停止对相应资产的计划折旧，要对其以账面价值和公允价值减去处置费用的差额两者之间的较低值进行计量。这同样适用于在合并中收购的资产或者处置组。处置费用包括所有与资产和处置组相关并能够直接计入的费用，不包括融资费用和所得税费用，但包括能够直接计入负债和处置组的利息和其他费用。从满足分类标准的日期开始使用上述计量规定。

若一项资产或者处置组，其交易行为发生在出售计划作出决议且获得确定的购买承诺一年之后，则处置费用按照现值确认入账。由于时间因素而导致的处置费用现值上升，则计入融资成本，从而影响损益。

在资产减值的情况下，根据《国际财务报告准则第 5 号——持有待售的非流动资产和终止经营》，可知持有出售的非流动资产或处置组应按照公允价值减去处置费用之后的价值入账，而资产减值费用则按照《国际会计准则第 36号——资产减值》规定的商誉进行计量。这意味着，减值费用首先在现有的商誉中计量，如果还有余额，则在非流动产中进行分摊。

2. 后续计量

如果在决算日出售没有完成，需要对持有待售资产或者处置组进行重估价。原则上，重估价遵循初始计量的规则。持有待售资产或者处置组根据账面价值和公允价值减去处置费用的差额两者之间的较低值进行计量。在计划外折旧中产生的减值费用，如果根据《国际财务报告准则第 5 号——持有待售的非流动资产和终止经营》，就不需要考虑其他因素，计入合并损益表。

如果公允价值减去处置费用的差额在以后又重新上升，则必须作为收入冲减资产减值费用，根据《国际财务报告准则第 5 号——持有待售的非流动资产和终止经营》或者《国际会计准则第 36 号——资产减值》，直到减值费用为零。

（二）中国企业会计准则

1. 初始计量

企业将非流动资产或处置组首次划分为持有待售类别前，应当按照相关会计准则规定计量非流动资产或处置组中各项资产和负债的账面价值。例如，按照本书第六章固定资产的规定，对固定资产计提折旧；按照本书第七章无形资产的规定，对无形资产进行摊销。按照本书第九章资产减值的规定，企业应当判断资产是否存在可能发生减值的迹象，如果资产已经或者将被闲置、终止使用或者计划提前处置，表明资产可能发生了减值。对于拟出售的非流动资产或处置组，企业应当在划分为持有待售类别前考虑对其进行减值测试。

企业初始计量持有待售的非流动资产或处置组时，如果其账面价值低于其公允价值减去出售费用后的净额，则企业不需要对账面价值进行调整；如果账面价值高于其公允价值减去出售费用后的净额，则企业应当将账面价值减记至公允价值减去出售费用后的净额，减记的金额确认为资产减值损失，计入当期损益，同时计提持有待售资产减值准备，但不应当重复确认不适用本章计量规定的资产和负债按照相关准则规定已经确认的损失。

对于取得日划分为持有待售类别的非流动资产或处置组，企业应当在初始计量时，比较假定其不划分为持有待售类别情况下的初始计量金额和公允价值减去出售费用后的净额，以两者之间的较低值进行计量。按照上述原则，在合并报表中，在非同一控制下的企业合并中新取得的非流动资产或处置组划分为持有待售类别的，应当按照公允价值减去出售费用后的净额进行初始计量；在同一控制下的企业合并中非流动资产或处置组划分为持有待售类别的，应当按照合并日在被合并方的账面价值与公允价值减去出售费用后的净额之间的较低值进行初始计量。除企业合并中取得的非流动资产或处置组外，由以公允价值减去出售费用后的净额作为非流动资产或处置组初始计量金额而产生的差额，应当计入当期损益。

2. 后续计量

（1）持有待售的非流动资产的后续计量。企业在资产负债表日重新计量持有待售的非流动资产时，如果其账面价值高于公允价值减去出售费用后的净额，应当将账面价值减记至公允价值减去出售费用后的净额，减记的金额确认为资产减值损失，计入当期损益，同时计提持有待售资产减值准备。

如果在资产负债表日之后持有待售的非流动资产的公允价值减去出售费用后的净额增加，以前减记的金额应当予以恢复，并在划分为持有待售类别后确认的资产减值损失金额内转回，转回金额计入当期损益，划分为持有待售类别前确认的资产减值损失不得转回。

持有待售的非流动资产不应计提折旧或摊销。

（2）持有待售的处置组的后续计量。企业在资产负债表日重新计量持有待售的处置组时，应当首先按照相关会计准则规定计量处置组中不适用本章计量规定的资产和负债的账面价值，这些资产和负债可能包括采用公允价值法进行后续计量的投资性房地产、采用公允价值减去出售费用后的净额计量的生物资产、金融工具等不适用本章计量规定的非流动资产，也可能包括流动资产、流动负债和非流动负债。例如，处置组中的金融工具，应当按照《企业会计准则第22号——金融工具确认和计量》的规定计量。

在进行上述计量后，企业应当比较持有待售的处置组整体账面价值与公允价值减去出售费用后的净额，如果账面价值高于其公允价值减去出售费用后的净额，应当将账面价值减记至公允价值减去出售费用后的净额，减记的金额确认为资产减值损失，计入当期损益，同时计提持有待售资产减值准备，但不应当重复确认不适用本章计量规定的资产和负债按照相关准则规定已经确认的损失。

对于持有待售的处置组确认的资产减值损失金额，如果该处置组包含商誉，应当先抵减商誉的账面价值，再根据处置组中适用本章计量规定的各项非流动资产账面价值所占比重，按比例抵减其账面价值。确认的资产减值损失金额应当以适用本章计量规定的各项资产的账面价值为限，不应分摊至处置组中不适用本章计量规定的其他资产。

如果在资产负债表日之后持有待售的处置组的公允价值减去出售费用后的净额增加，以前减记的金额应当予以恢复，并在划分为持有待售类别后适用本章计量规定的非流动资产确认的资产减值损失金额内转回，转回金额计入当期损益，且不应当重复确认不适用本章计量规定的资产和负债按照相关准则规定已经确认的利得。已抵减的商誉账面价值，以及适用本章计量规定的非流动资产，在划分为持有待售类别前确认的资产减值损失不得转回。对于持有待售的处置组确认的资产减值损失后续转回金额，应当根据处置组中除商誉外适用本章计量规定的各项非流动资产账面价值所占比重，按比例增加其账面价值。

四、终止经营列报差异

（一）国际会计准则

对于已终止经营的业务和出售的非流动资产，公司要进行列报，以利于信息需求者更好地评价其经济影响。一方面，需要对仅适用于持有待售资产或者处置组的一些特殊规定进行列报，另一方面，需要将不满足待售条件的终止经营业务区分出来，因为这些业务有单独的报告义务和准则。如果持有待售资产或者处置组是终止经营的一部分，就需要考虑所有的列报规定。

根据《国际财务报告准则第 5 号——持有待售的非流动资产和终止经营》，可知持有待售的非流动资产应该在资产负债表中单独列示，已终止经营业务产生的经济影响也要在综合损益表中单独列示。

（二）中国企业会计准则

终止经营，是指企业满足下列条件之一的、能够单独区分的组成部分，且该组成部分已经处置或划分为持有待售类别：①该组成部分代表一项独立的主要业务或一个单独的主要经营地区；②该组成部分是拟对一项独立的主要业务或一个单独的主要经营地区进行处置的一项相关联计划的一部分；③该组成部分是专为转售而取得的子公司。

企业应当在利润表中分别列示持续经营损益和终止经营损益。不符合终止经营定义的持有待售的非流动资产或处置组，其减值损失、转回金额及处置损益应当作为持续经营损益进行列报。终止经营的减值损失和转回金额等经营损益及处置损益应当作为终止经营损益进行列报。

企业在处置终止经营的过程中可能附带产生一些增量费用，即如果不进行该项处置就不会产生这些费用，企业应当将这些增量费用作为终止经营损益进行列报。

拟结束使用而非出售的处置组满足终止经营定义中有关组成部分的条件的，应当自停止使用日起作为终止经营进行列报。列报的终止经营损益应当包含整个报告期间，而不仅包含认定为终止经营之后的报告期间。如果因出售对子公司的投资等导致企业丧失对子公司的控制权，且该子公司符合终止经营定义的，应当在合并利润表中列报相关终止经营损益。

从财务报表可比性出发，对于当期列报的终止经营，企业应当在当期财务报表中将原来作为持续经营损益列报的信息重新作为可比会计期间的终止经营损益进行列报。这意味着对于可比会计期间的利润表，作为终止经营列报的，不仅包括在可比会计期间，即符合终止经营定义的处置组，还包括在当期首次符合终止经营定义的处置组。由于后者的存在，处置组在可比会计期间销售商品、提供服务的收入和相关成本、费用，以及相关资产按照《企业会计准则第8号——资产减值》的规定确认的资产减值损失等也应当作为终止经营损益进行列报。

◆ **思考与练习题** ◆

1. 【多选题】甲公司持有乙公司80%的股权，能够控制乙公司。2×20年10月10日，甲公司与丙公司签订有关出售乙公司50%股权的协议约定，双方应于2×21年3月31日办理完成股权过户登记手续。合同签订日，丙公司预付了购买价款的20%。甲公司出售上述50%股权后，将丧失对乙公司的控制权，但会继续长期持有乙公司剩余30%的股权，并能够对乙公司施加重大影响。上述出售安排满足持有待售的条件，下列各项关于甲公司2×20年度财务报表列报的表述中，正确的有（　　　）。

A. 个别资产负债表中将所持乙公司80%的股权在持有待售资产项目中进行列示

B. 个别资产负债表中将拟出售乙公司50%的股权对应的长期股权投资在

持有待售资产项目中进行列示

C. 合并资产负债表中将乙公司的资产总额在持有待售资产项目中进行列示，负债总额在持有待售负债项目中进行列示

D. 合并资产负债表中将乙公司的资产总额与负债总额相抵后的净额在持有待售资产或持有待售负债项目中进行列示

2.【多选题】2×16 年 9 月末，甲公司董事会通过一项决议，拟将持有的一项闲置管理用设备对外出售。甲公司于 2×16 年 10 月 3 日与独立第三方签订出售协议。拟将该设备以 4 100 万元的价格出售给独立第三方，预计出售过程中将发生的出售费用为 100 万元。该设备为甲公司于 2×14 年 7 月购入，原价为 6 000 万元，预计使用 10 年，预计净残值为零，采用年限平均法计提折旧，至签订协议时已计提折旧 1 350 万元，未计提减值准备。至 2×16 年 12 月 31 日，该设备出售尚未完成，但甲公司预计将于 2×17 年第一季度完成。不考虑其他因素，下列各项关于甲公司因该设备对其财务报表影响的表述中，正确的有（　　）。

A. 甲公司 2×16 年年末因持有该设备应计提 650 万元减值准备

B. 该设备在 2×16 年年末资产负债表中应以 4 000 万元的价值列报为流动资产

C. 甲公司 2×16 年对该设备计提的折旧 600 万元计入当期损益

D. 甲公司 2×16 年年末资产负债表中因该交易应确认 4 100 万元应收款

3.【多选题】甲企业决定出售其专门从事酒店管理的下属子公司乙公司，酒店管理构成甲企业的一项主要业务。乙公司管理一个酒店和一个连锁健身中心。为获取最大收益，甲企业决定允许将酒店集团和连锁健身中心出售给不同买家，但酒店集团和连锁健身中心的转让是相互关联的，即两者均出售，或者均不出售。甲企业于 2×23 年 12 月 6 日与丙公司就转让连锁健身中心正式签订了协议，假设此时连锁健身中心符合了持有待售类别的划分条件，但酒店集团尚不符合持有待售类别的划分条件。下列说法正确的有（　　）。

A. 连锁健身中心与酒店集团均属于终止经营

B. 连锁健身中心属于终止经营

C. 酒店集团属于终止经营

D. 酒店集团不属于终止经营

4.【多选题】下列各项关于终止经营列报的表述中，错误的有（　　）。

A. 终止经营的相关损益作为持续经营损益进行列报

B. 终止经营的处置损益以及调整金额作为终止经营损益进行列报

C. 拟结束使用而非出售的处置组满足终止经营定义中有关组成部分条件的，自停止使用日起作为终止经营进行列报

D. 对于当期列报的终止经营，在当期财务报表中将处置日前原来作为持续经营损益列报的信息重新作为终止经营损益进行列报，但不调整可比会计期间的利润表

第九章　资产减值

【学习目标】

　　通过本章的学习，学生要了解资产减值的定义，了解其发展和演进过程，明确中国企业会计准则和国际会计准则在资产减值的概念、确认及计量方面的差异。

【学习重点】

　　中国企业会计准则与国际会计准则对资产减值概述的异同；中国企业会计准则与国际会计准则对资产减值损失确认的异同；中国企业会计准则与国际会计准则对资产减值损失计量的异同。

【学习难点】

　　资产减值的发展历程；中国企业会计准则与国际会计准则对资产减值的定义、确认及计量比较。

一、资产减值的概述

(一) 资产的概念

　　会计六大要素包括资产、负债、所有者权益、收入、费用及利润。资产是会计的六大要素之一，不仅如此，其重要性更表现在其他五要素都是以资产为基础的，与资产直接相关的。鉴于资产的重要性，及其作为计提资产减值的本因，对其概念作一定的剖析是正确理解资产减值计提前因后果的关键。

　　美国财务会计准则委员会（以下简称FASB）提出资产的"未来经济利益观"。其在1980年发布的第3号财务会计概念公告《企业财务报表要素》中，把资产定义为：资产是会计主体在过去的交易或事项中获得的或可以控制的，能为主体在未来带来经济利益的流入。

国际会计准则委员会也对资产作出了相似的界定，在 1989 年 7 月发布的《编报财务报表的框架》中认为：资产是由于过去事项而由企业控制的、预期会导致未来经济利益流入企业的资源。

我国较早的会计准则对资产的定义与前述两个机构的定义有重大分歧，随后作了较大的调整，我国财政部在 2006 年发布的《企业会计准则——基本准则》中将资产的定义与国际接轨，即资产是指企业过去的交易或者事项形成的、由企业拥有或者控制的、预期会给企业带来经济利益的资源。从理论上与 FASB 和国际会计准则委员会对资产的定义保持一致，即资产必须体现出其能为企业产生经济利益这一要件，否则不能称之为资产。2014 年的新基本准则也标志着我国会计界已经从静态角度考察资产的狭窄视野中解放出来，而是从企业资金周转的静态与动态的结合中辩证地认识资产。

（二）中国企业会计准则对资产减值的概述

我国资产减值方面的会计产生于 20 世纪 90 年代初期，在 30 多年的运用中，按运用范围和规定内容的不同，其发展过程可以分为四个阶段：

（1）1992—1997 年，引进阶段。1992 年，财政部颁布《企业会计准则》（已失效）、《企业财务通则》，同年财政部、国家体改委发布《股份制试点企业会计制度》，这三项会计规制引入了资产减值的概念，规定允许企业对应收账款使用余额百分比法计提坏账准备，并将其作为应收账款的备抵。这项授权性的规定是我国采用资产减值会计的开端，为以后的发展开辟了先例。

（2）1998—2000 年，发展阶段。1998 年发布了《财政部关于印发〈股份有限公司会计制度——会计科目和会计报表〉的通知》（目前已废止）、1999 年发布了《财政部关于〈股份有限公司会计制度有关会计处理问题的补充规定〉问题解答》（目前已废止）、1999 年发布了《中国证券监督管理委员会关于上市公司做好各项资产减值准备等有关事项的通知》。这些文件把原来仅计提坏账准备扩大到四项，对上市公司的规定也从授权变为强制，要求上市公司必须在每个会计年度末对应收账款、存货、短期投资和长期投资四项资产采用可收回金额进行减值测试。

（3）2001—2006 年，全面运用阶段。2000 年发布的《企业会计制度（——会计科目和会计报表)》，在原有的四项资产减值会计政策基础上又增加了固定资产、无形资产、在建工程和委托贷款四项。强制要求从 2001 年起率先在股份有限公司实施，2002 年起在外商投资企业实施。

与之前的准则和制度相比较，其主要变化为扩大了资产减值会计的适用范围，扩展了坏账准备的计提项目，进一步明确了全额确认资产减值损失的判别条件，规范了资产减值损失列支的项目，使会计制度内部一致，提高了资产减值的披露质量。

（4）2006 年至今，成熟阶段。2006 年颁布的《企业会计准则——基本准则》是我国首次以完整的会计准则框架体系规范会计，它引进了诸多新理念和会计概念，其被认为与国际会计准则达到了实质上的趋同，在我国会计发展史上是一座里程碑。就资产减值会计而言，与之前的准则和制度相比，存在两个重大差异：一是该会计准则引进了资产组的概念；二是该准则规定，除存货、消耗性生物资产之外，企业对已经确认的资产减值损失，不得在后续会计年度转回。

根据《企业会计准则第 8 号——资产减值》，可知资产减值表示资产的可收回金额低于其账面价值。这里的资产，除了特别规定外，包括单项资产和资产组。当资产的可收回金额低于其账面价值时，企业应当将该资产的账面价值减记至可收回金额，减记的金额确认为资产减值损失，计入当期损益，并同时计提相应的资产减值准备。

（三）国际会计准则对资产减值的概述

从文艺复兴时期的思想萌芽阶段，到 20 世纪 90 年代的全面推行阶段，资产减值大致经历了以下五个阶段：

（1）1494 年（文艺复兴时期），思想萌芽阶段。标志事件是 1949 年意大利数学家卢卡·帕乔利在其著作《算术、几何、比及比例概要》中率先提出不得高估存货，应按低于成本的市价估价存货。

（2）20 世纪 40 年代，经验运用阶段。标志事件是资产减值被应用于存货，并未涉及其他资产。

（3）20 世纪 40—80 年代，受到关注阶段。标志事件是 FASB 提出以永久性标准来确定短期投资减值，规范了应收账款的减值处理。

（4）20 世纪 80 年代，快速发展阶段。标志事件是 1980 年 7 月，美国注册会计师协会（AICPA）的会计准则执行委员会要求 FASB 为资产减值提供明确的会计指南。同年，财务会计准则咨询理事会（FASAC）也对长期资产减值会计提出了讨论。英国是最早把资产减值提高到法律层面的国家。

（5）20 世纪 90 年代，全面推行阶段。标志事件是 1993 年发布的美国银行特定会计准则第 114 号《债权人贷款减值的会计处理》，1994 年发布的美国财务会计准则公告第 118 号《债权人贷款减值的会计处理——收入确认和披露》和 1995 年发布的美国财务会计准则公告第 121 号《长期资产的减值、处置的会计处理》三项公告，分别从债权人贷款、长期资产、特定可辨认的无形资产等的减值确认与计量进行了规范。

国际会计准则对资产减值的处理主要依据国际财务报告准则中的相关规定。与中国企业会计准则类似，国际财务报告准则也强调当资产的可收回金额低于其账面价值时，应计提资产减值。然而，在具体规定上，国际财务报告准则可能更加详细和具体，例如对资产可收回金额的计量方法、减值测试的频率等方面可能有更明确的要求。

（四）两者之间的主要差异

中国企业会计准则对资产减值的概述与国际会计准则对资产减值的概述在核心原则上是一致的，即都依据资产的可收回金额是否低于其账面价值来判断是否需要计提资产减值。然而，在具体规定和解释上，两者确实存在一些差异：

（1）详细程度：在某些方面，国际财务报告准则对资产减值的处理可能更加详细和具体，例如对资产可收回金额的计量方法、减值测试的频率等方面的规定可能更加明确。

（2）适用范围：由于国际财务报告准则是针对全球范围内的企业制定的会计准则，所以在某些特定领域（如金融行业）可能有与中国企业会计准则不同的规定。

二、资产减值损失的确认

1. 中国企业会计准则对资产减值损失的确认

直接比较法：中国企业会计准则主要依据《企业会计准则第 8 号——资产减值》来处理资产减值损失。根据这一准则，当资产的可收回金额低于其账面价值时，企业应将该资产的账面价值减记至可收回金额，减记的金额确认为资产减值损失，计入当期损益。

2. 国际会计准则对资产减值损失的确认

（1）预期损失模型

IFRS 在资产减值损失的确认上，有时采用预期损失模型。这种方法要求企业在评估资产的可收回金额时，不仅要考虑已经发生的损失，还要考虑未来可能发生的损失。当资产的预期信用损失超过其账面价值时，企业应确认资产减值损失。

（2）重估价模式

对于采用《国际会计准则第 16 号——不动产、厂场和设备》或《国际会计准则第 38 号——无形资产》中的重估价模式入账的资产，减值损失的处理方式与按照这些准则进行的重估价的减少处理相同。减值损失在其他综合收益中确认，但以不超过之前的重估盈余为限，超出的部分在损益中确认。

3. 两者之间的比较

（1）确认标准：中国企业会计准则主要采用直接比较法来确认资产减值损失，即直接比较资产的可收回金额与其账面价值。而国际财务报告准则在某些情况下采用预期损失模型或重估价模式来处理资产减值损失，这些方法可能需要更复杂的评估和分析。

（2）处理方式：对于采用重估价模式入账的资产，国际财务报告准则和国内会计准则在减值损失的处理上存在差异。国际财务报告准则将减值损失在其他综合收益中确认，而国内会计准则则将减值损失直接计入当期损益。

三、资产减值损失的计量

1. 中国企业会计准则对资产减值损失的计量

备抵法：资产减值损失的计量主要依据《企业会计准则第 8 号——资产减值》。该准则规定，当资产的可收回金额低于其账面价值时，企业应当将该资产的账面价值减记至可收回金额，减记的金额确认为资产减值损失，计入当期损益。同时，企业应当计提相应的资产减值准备，作为长期资产的减项。

备抵法体现了谨慎性原则、配比原则和权责发生制原则等优点，但相对烦琐。在计提资产减值准备时，企业需要充分考虑各种因素，如资产的市场价格、未来现金流量等，并进行合理的估计和判断。

2. 国际会计准则对资产减值损失的计量

（1）现值法

在国际会计准则下，资产减值损失的计量有时采用现值法。这种方法要求企业根据资产的预计未来现金流量（不包括尚未确认的利得）和适当的折现率，计算资产的现值。如果资产的现值低于其账面价值，则表明资产发生了减值，企业应确认资产减值损失。

现值法考虑了资产未来现金流量的不确定性，并采用了适当的折现率进行调整，因此更能反映资产的真实价值。然而，现值法的应用需要企业具有较高的预测能力和技术水平。

（2）公允价值法

对于某些资产（如金融资产），国际财务报告准则可能要求企业采用公允价值法来计量资产减值损失。公允价值法要求企业根据活跃市场上相同或类似资产的报价，或者采用其他估值技术来确定资产的公允价值。如果资产的公允价值低于其账面价值，则表明资产发生了减值，企业应确认资产减值损失。

公允价值法能够直接反映资产在市场上的真实价值，但要求市场具有足够的活跃度和透明度。

3. 两者之间的比较

（1）计量方法：中国企业会计准则主要采用备抵法来计量资产减值损失，而国际财务报告准则则可能采用现值法或公允价值法等方法。这些不同的方法反映了不同会计准则对资产价值计量和评估的不同理解和要求。

（2）确认标准：中国企业会计准则强调当资产的可收回金额低于其账面价值时确认资产减值损失，而国际财务报告准则可能更注重资产的未来现金流量和公允价值等因素。这些不同的确认标准反映了不同会计准则对资产减值风险的不同关注和防范措施。

◆ **思考与练习题** ◆

1.【单选题】国内会计准则对资产减值的概述产生于 20 世纪 90 年代初期，按运用范围和规定内容的不同，其发展过程可以分为四个阶段，其中 2001—2006 年属于（　　）。

A. 引进阶段　　B. 发展阶段　　C. 全面运用阶段　D. 成熟阶段

2.【多选题】国际会计准则对资产减值损失的计量方法包括（　　）。

A. 现值法　　　B. 公允价值法　　C. 备抵法　　　　D. 直接比较法

第十章　职工薪酬和企业年金

【学习目标】

通过本章的学习，学生要明晰职工薪酬的范围分类，掌握中国企业会计准则及国际会计准则对职工薪酬确认、计量的处理差异，了解企业年金的相关内容。

【学习重点】

薪酬范围分类；中国企业会计准则与国际会计准则对职工薪酬确认、计量规定的异同；中国企业会计准则与国际会计准则对企业年金会计处理的异同。

【学习难点】

职工薪酬具体分类类别；职工薪酬的计量方法。

一、职工薪酬差异

（一）中国企业会计准则与国际会计准则对职工薪酬范围的分类

1. 中国企业会计准则对职工薪酬范围的分类

根据《企业会计准则第9号——职工薪酬》，可知职工薪酬包括：

（1）职工工资、奖金、津贴和补贴是构成工资总额的主要组成部分，直接支付给职工作为劳动报酬。

（2）职工福利费是指企业为职工提供的各种福利待遇，如节日福利、生日福利等。

（3）社会保险费。其包括医疗保险费、养老保险费、失业保险费、工伤保险费和生育保险费等，由企业根据国家规定向社会保险经办机构缴纳。

（4）住房公积金是指企业为职工缴纳的长期住房储金，用于职工购房、租房等住房相关支出。

（5）工会经费和职工教育经费是指企业按照国家规定提取的用于工会活动和职工教育培训的经费。

（6）非货币性福利包括企业以自产产品发放给职工作为福利、将企业拥有的资产无偿提供给职工使用、为职工无偿提供医疗保健服务等。

（7）因解除与职工的劳动关系给予的补偿是指企业在与职工解除劳动合同关系时，给予职工的经济补偿。

（8）其他与获得职工提供的服务相关的支出是指除上述各项外，其他与职工薪酬相关的支出。

2. 国际会计准则对职工薪酬范围的分类

国际会计准则对职工薪酬的范围分类根据《国际会计准则第 19 号——雇员福利》，雇员福利包括短期雇员福利、离职后福利、其他长期雇员福利、辞退福利和权益计酬福利五种，具体如下：

（1）短期雇员福利，是指企业在职工提供相关服务的年度报告期间结束后 12 个月内需要全部予以支付的福利，如工资、奖金、津贴、社会保险费等。

（2）离职后福利，是指企业为获得职工提供的服务而在职工退休或与企业解除劳动关系后，提供的各种形式的报酬和福利，如退休金、医疗保险等。

（3）其他长期雇员福利，是指除短期雇员福利或离职后福利和辞退福利之外的其他长期福利，如长期带薪缺勤、长期残疾人福利等。

（4）辞退福利，是指企业在职工劳动合同到期之前解除与职工的劳动关系，或者为鼓励职工自愿接受裁减而给予职工的补偿。

（5）权益计酬福利，是指企业以股份或其他权益工具为基础计算的福利，如股票期权等。

3. 比较与差异

（1）分类方式。中国企业会计准则对职工薪酬的分类规定更加具体和详细，将社会保险费、住房公积金等单独列出，而国际会计准则则更侧重于福利的性质和支付时间，将福利分为短期、长期和离职后等几类。

（2）覆盖范围。中国企业会计准则规定职工薪酬包括职工在职期间和离职后的全部货币性薪酬和非货币性福利，以及提供给职工配偶、子女或其他被赡养人的福利，而国际会计准则规定的职工薪酬则更侧重于雇主对雇员的福利的会计核算，包括短期福利、长期福利等。

（二）中国企业会计准则与国际会计准则对职工薪酬的确认

1. 中国企业会计准则对职工薪酬的确认

职工薪酬是指企业为获得职工提供的服务或解除劳动关系而给予的各种形式的报酬或补偿。

计量和确认：根据上月或本月考勤记录计算应付工资，并根据应付工资总额计提职工福利费。除辞退福利外，职工薪酬的确认时间均在职工为企业提供服务的会计期间。国家有规定计提基础和计提比例的，如社会保险费等，应当按照国家规定的标准计提；国家没有规定的，企业应当根据历史经验数据和实际情况合理预计。

2. 国际会计准则对职工薪酬的确认

职工薪酬是指企业为获得职工提供的服务而支付的报酬。

计量和确认：具体方法可能因国家或地区而异，但通常也遵循权责发生制原则，即薪酬应在职工提供服务或发生相关费用的会计期间确认。

3. 比较与差异

定义：中国企业会计准则和国际会计准则对在职工薪酬的定义大致相似，但可能因具体规定和解释而有所不同。

计量和确认：在计量和确认方面，中国企业会计准则要求企业根据国家规定或历史经验数据合理预计应付职工薪酬，并区分国家有无规定计提基础和计提比例的情况。而国际会计准则可能更注重企业的自主性和灵活性，要求企业根据具体情况合理估计和确认薪酬。

（三）中国企业会计准则与国际会计准则对职工薪酬的计量

1. 中国企业会计准则对职工薪酬的计量

（1）对于有明确计提基础和计提比例的职工薪酬（如社会保险费、住房公积金等），企业应按照国家规定的标准计提。

（2）对于没有明确规定计提基础和计提比例的职工薪酬，企业应根据历史经验数据和自身实际情况，合理预计当期应付职工薪酬。

（3）非货币性福利的计量：对于以自产产品或外购商品发放给职工作为福利的，应按照该商品的公允价值和相关税费，计量应计入成本费用的职工薪酬金额。

2. 国际财务报告准则对职工薪酬的计量

（1）应计法。根据工作已经完成的程度，将薪酬费用分配到相应的会计期间。

（2）现金法。按照实际支付的现金金额计量职工薪酬。

（3）权责发生法。根据职工在会计期间内对公司产生的经济利益，计量相应的薪酬费用。

（4）非货币性福利的计量。也可能涉及公允价值和其他相关因素的考虑。

3. 比较与差异

中国企业会计准则对于职工薪酬的计量方法更具体和详细，特别是对有明确计提基础和计提比例的职工薪酬以及非货币性福利的计量均给出了具体规定。而国际会计准则在计量方法上可能更注重企业的自主性和灵活性，允许企业根据具体情况选择适合的计量方法。

（四）中国企业会计准则与国际会计准则对职工薪酬的披露

中国企业会计准则规定，企业应当在财务报表附注中披露下列薪酬项目金额：①支付给职工的工资、奖金、津贴和补贴；②为职工缴纳的养老、医疗、失业、工伤和生育等社会保险费；③为职工缴存的住房公积金；④支付的因解除劳动关系给予的补偿；⑤其他职工薪酬。并规定，因接受企业解除劳动关系补偿计划建议的职工数量不确定而产生的或有负债，应当按照《企业会计准则第 13 号——或有事项》的规定进行披露。

《国际会计准则第 19 号——雇员福利》不要求对短期雇员福利和其他长期雇员福利作出特定披露。但对离职后福利、辞退福利和权益计酬福利的披露分别作出如下规定：

1. 离职后福利

企业应披露为设定提存计划确认的费用金额，《国际会计准则第 24 号——关联方披露》要求，企业应当披露为关键管理人员设定的提存计划支付的提存金信息。

2. 辞退福利

当接受辞退福利提议的雇员数量不确定时，就存在一项或有负债，根据《国际会计准则第 37 号——准备、或有资产和或有负债》，可知企业应披露有关或有负债的信息，除非由于清偿负债导致的现金流出的可能性非常小。《国际会计准则第 8 号——会计政策、会计估计变更和差错》要求，如果披露有关费用的金额、性质和发生的频率对解释企业当期经营业绩具有相关性时，企业应披露费用的性质和金额。《国际会计准则第 24 号——关联方披露》要求企业应披露关键管理人员的辞退福利。

3. 权益计酬福利

为了使财务报表的使用者能够估计权益计酬福利对企业的财务状况、经营业绩和现金流量的影响。《国际会计准则第 19 号——雇员福利》要求企业应披露：①权益计酬计划的性质和条款；②权益计酬计划的会计政策；③财务报表中确认的权益计酬计划的金额；④期初和期末由权益计酬计划持有的、企业自己的权益性金融工具的金额和条款，并特别指明雇员在期初和期末对这些工具享有的既定权利；⑤企业当期发行给权益计酬计划或雇员的权益性金融工具的金额和条款及从权益计酬计划或雇员处得到的任何对价的公允价值；⑥按照期内权益计酬计划行使的认股期权的数量、行使日期和行使价格；⑦期内终止的由权益计酬计划持有的或在该计划下由雇员所持有的认股期权的数量；⑧报告企业给予权益计酬计划的或代表权益计酬计划给予的贷款和担保的金额和主要条款。

也应当披露：①期初和期末由权益计酬计划持有的、企业自己的权益性金融工具的公允价值；②企业当期发行给权益计酬计划或雇员，或是由权益计酬计划发行给雇员的企业自己的权益性金融工具在发行日的公允价值。另外规定，如果无法确定权益性金融工具的公允价值，这一事实应予披露。

可见，由于《国际会计准则第 19 号——雇员福利》只对离职后福利、辞退福利和权益计酬福利的披露作了规定，所以相对来说，中国企业会计准则披露的范围要比《国际会计准则第 19 号——雇员福利》披露的范围更广一些，但是不够详细。

二、企业年金差异

（一）中国企业会计准则与国际会计准则对企业年金的定义

1. 中国企业会计准则对企业年金的定义

根据《企业会计准则第 10 号——企业年金基金》，可知企业年金是指企业及其职工在依法参加基本养老保险的基础上，自愿建立的补充养老保险制度。它是企业福利制度的重要组成部分，旨在提高职工退休后的生活水平，增强企业的凝聚力和竞争力。企业年金基金由企业缴费、职工个人缴费和企业年金基金投资运营收益组成，实行完全积累，为每个参加企业年金的职工建立个人账户，按照国家有关规定投资运营。

2. 国际会计准则对企业年金的定义

在国际会计准则上，企业年金通常被称为雇主提供的养老金计划或职业年金。它是指由雇主为了员工的退休生活而建立的一种养老金计划，旨在为员工在其退休后提供额外的经济保障。这种计划通常由雇主和员工共同出资，并由专业的投资机构进行管理和投资，以确保资金的长期增值。

（二）中国企业会计准则与国际会计准则对企业年金的会计处理

1. 计量与确认

中国企业会计准则：企业年金基金缴费每年不超过上年度工资总额的1/12，企业和职工个人缴费合计一般不超过上年度工资总额的1/6。企业可根据自身的实际情况，自主决定缴费比例，定期缴费。在会计处理上，计提时借记"管理费用——养老保险（企业年金）"，贷记"其他应付款——企业年金"；付款时借记"其他应付款——企业年金"，贷记"现金或银行存款"。

国际会计准则：国际财务报告准则对企业年金的计量和确认可能更注重与职工薪酬和其他相关费用相匹配的原则，确保在会计期间内正确反映企业年金的经济实质。具体的会计处理方法可能因国家而异，但通常会遵循国际财务报告准则的一般原则和规定。

2. 投资核算

中国企业会计准则：企业年金基金必须遵循谨慎、分散风险的原则，确保企业年金基金的安全和保值增值。在投资核算上，企业年金基金的投资在初始和后续计量时均采用公允价值计量。

国际会计准则：国际财务报告准则对企业年金基金的投资核算也有类似的要求，即确保投资的谨慎性和分散风险原则。但具体的投资核算方法可能因国家而异，且可能涉及更复杂的金融工具和计量方法。

3. 信息披露

中国企业会计准则：在企业年金的信息披露方面，国内会计准则要求企业披露企业年金基金的基本情况、缴费情况、投资情况、收益分配情况等相关信息。

国际会计准则：国际财务报告准则也要求企业披露有关企业年金基金的信息，但具体的披露要求和内容可能因国家而异。一般来说，国际财务报告准则更注重信息的透明度和可比性，以促进国际的财务报告交流。

◆ **思考与练习题** ◆

1.【单选题】关于职工薪酬，下列选项中《国际会计准则第 19 号——雇员福利》不要求作出特定披露的是（　　）。

A. 短期雇员福利　　　　　　　B. 离职后福利

C. 辞退福利　　　　　　　　　D. 权益计酬福利

2.【多选题】中国企业会计准则对职工薪酬规定的范围分类内容包括（　　）。

A. 职工工资、奖金、津贴和补贴　B. 职工福利费

C. 社会保险费　　　　　　　　D. 住房公积金

第十一章 或有事项

【学习目标】

　　通过本章的学习，学生要了解或有事项的概念，掌握中国企业会计准则及国际会计准则或有事项对会计处理上的差异，增强对《国际会计准则第 37 号——准备、或有资产和或有负债》的理解。

【学习重点】

　　或有事项的性质；中国企业会计准则和国际会计准则对或有事项确认与计量的处理差异。

【学习难点】

　　或有事项的不确定性；中国企业会计准则和国际会计准则对或有事项确认与计量的处理差异。

　　随着经济的发展，或有事项作为特殊的不确定事项，已越来越多地存在于企业的经营活动中，并对企业的财务状况和经营成果产生不可忽视的影响。为了充分地披露或有事项对企业财务状况的潜在影响，规范或有事项的会计核算，各国都制定了有关或有事项的会计准则。国际会计准则理事会也发布了《国际会计准则第 37 号——准备、或有资产和或有负债》。中国财政部也于2006 年 3 月发布《企业会计准则第 13 号——或有事项》，该准则在概念和确认条件上与国际会计准则趋同，基本一致，但小部分略有区别。

一、名称差异

中国企业会计准则：《企业会计准则第 13 号——或有事项》

国际会计准则：《国际会计准则第 37 号——准备、或有资产和或有负债》

1978 年 6 月首次发布并于 1994 年重新编排的《国际会计准则第 10 号——

或有事项和资产负债表日后发生的事项》在本章简称为原 IAS10。1998 年 9 月，国际会计准则委员会（IASC）在发布《国际会计准则第 37 号——准备、或有资产和或有负债》时，取消了"或有事项"这一概念的使用，将能够确认为负债的或有事项称为"准备"，将不能确认的或有事项区分为"或有负债"和"或有资产"，这种划分既具体又直观。而《企业会计准则第 13 号——或有事项》仍然采用了与原 IAS10 中对或有事项类似的定义，这与在美国发布的《财务会计准则公告第 5 号——或有事项的会计处理》中对或有事项的定义比较接近。

二、定义差异

（一）中国企业会计准则的定义

《企业会计准则第 13 号——或有事项》认为，或有事项是指过去交易或者事项形成的，其结果须由某些未来事项的发生或不发生才能决定的不确定事项。企业在经营活动中有时会面临诉讼、仲裁、产品质量保证、重组等具有较大不确定性的经济事项。这些不确定的经济事项对企业的财务状况和经营成果可能会产生较大的影响。或有事项的结果可能会产生预计负债、或有负债或者或有资产等。其中，预计负债属于负债的范畴，通常符合负债的确认条件而应予以确认。企业不应确认或有负债和或有资产。随着未来事项的发生或者不发生，或有负债可能转化为企业的预计负债。或有资产只有在企业基本确定能够收到的情况下才能转化为企业的资产，从而应予以确认。

（二）国际会计准则的定义

在《国际会计准则第 37 号——准备、或有资产和或有负债》中使用的术语，其定义为：

（1）准备，是指时间或金额不确定的负债。

（2）或有负债，指以下二者之一：

①因过去事项而产生的潜在义务，其存在仅通过不完全由企业控制的一个或数个不确定未来事项的发生或不发生予以证实。

②因过去事项而产生、但因下列原因而未予确认的现时义务。结算该义务不是很可能要求含经济利益的资源流出企业；或该义务的金额不可以足够可靠地计量。

或有资产，是指因过去事项而形成的潜在资产，其存在仅通过不完全由企业控制的一个或数个不确定未来事项的发生或不发生予以证实。

三、适用范围差异

（一）中国企业会计准则的适用范围

《企业会计准则第 13 号——或有事项》指出，本准则适用于所有或有事项，但由职工薪酬、收入、所得税、企业合并、租赁以及保险合同、原保险合同和再保险合同等规范的或有事项，分别适用相应的准则。

企业提供的、不能作为收入准则规定的单项履约义务的质量保证（以下简称保证类质量保证），适用本准则的规定。

社会资本方与政府方依法依规就关于 PPP 模式（政府和社会资本合作模式）的项目合作订立合同（以下简称 PPP 项目合同）。为使 PPP 项目资产保持一定的服务能力或在移交给政府方之前保持一定的使用状态，社会资本方根据 PPP 项目合同而提供的服务不构成单项履约义务的，应当将预计发生的支出，按照本准则的规定进行会计处理。

财务担保合同、待执行合同不适用本准则，但待执行合同变成亏损合同的，应当适用本准则有关亏损合同的规定。

（二）国际会计准则的适用范围

《国际会计准则第 37 号——准备、或有资产和或有负债》指出，本准则适用于所有企业对以下各项之外的准备、或有负债和或有资产的会计核算。

（1）以公允价值计量的金融工具形成的准备、或有负债和或有资产。

（2）执行中的合同（除了亏损的执行中的合同）形成的准备、或有负债和或有资产。

（3）保险公司与保单持有人之间签订的合同形成的准备、或有负债和或有资产，以及由其他国际会计准则规范的准备、或有负债和或有资产。

《国际会计准则第 37 号——准备、或有资产和或有负债》也明确排除了一些特定类型的准备和负债，如工程合约、递延所得税、租赁会计相关准备、员工退休金相关准备、金融工具、股份基础合约、企业并购和保险合同义务之负债等。然而，对于保险人虽不属于《国际财务报告准则第 4 号——保险合同》的准备、或有负债、或有资产，以及待履行之合约（亏损性合约），但仍适用本准则规范。

四、确认条件差异

(一) 中国企业会计准则的确认条件

《企业会计准则第13号——或有事项》认为，与或有事项相关的义务同时满足下列条件的，应当确认为预计负债：①该义务是企业承担的现时义务；②履行该义务很可能导致经济利益流出企业；③该义务的金额能够可靠地计量。

1. 该义务是企业承担的现时义务

该义务是企业承担的现时义务，是指与或有事项相关的义务，是在企业当前条件下已承担的义务，企业没有其他现实的选择，只能履行该现时义务。通常情况下，过去的事项导致现时义务是比较明确的，但也存在极少情况，如法律诉讼，特定事项是否已发生或这些事项是否已产生一项现时义务可能难以确定，企业应当考虑包括资产负债表日后所有可获得的证据、专家意见等，以此确定资产负债表日是否存在现时义务。如果据此判断，资产负债表日很可能存在现时义务，且符合预计负债确认条件的，应当确认为一项预计负债；如果资产负债表日现时义务很可能不存在的，企业应披露一项或有负债，除非因其导致经济利益流出企业的可能性极小。

法定义务，是指因合同、法规或其他司法解释等产生的义务，通常是指企业在经济管理和经济协调中，依照经济法律、法规的规定必须履行的责任。比如，企业与其他方签订购货合同产生的义务，就属于法定义务。

推定义务是因企业以往的习惯做法、已公开的承诺或声明、已公开宣布的政策等而承担的义务。由于以往的习惯做法或通过公开的承诺或声明，企业向外界表明了它将承担特定的责任，从而使受影响的各方形成了其将履行那些责任的合理预期（那些责任指的是企业将会承担的责任）。义务通常涉及指向的一方，该另一方可能是具体身份并不明确的公众。通常情况下，义务总是涉及对另一方的承诺，但是，管理层或董事会的决定在资产负债表日并不一定形成推定义务，除非该决定在资产负债表日之前已经以一种相当具体的方式传达给受影响的各方，使各方形成了企业将履行其责任的合理预期。

2. 履行该义务很可能导致经济利益流出企业

履行该义务很可能导致经济利益流出企业，是指在履行与或有事项相关的现时义务时，会导致经济利益流出企业的可能性超过50%但小于或等于 95%。

由于履行或有事项相关义务而导致经济利益流出的可能性，通常按照下列情况加以判断（表 11-1）：

表 11-1 结果的可能性及对应概率区间

结果的可能性	对应的概率区间
基本确定	大于 95%但小于 100%
很可能	大于 50%但小于或等于 95%
可能	大于 5%但小于或等于 50%
极小可能	大于 0 但小于或等于 5%

企业存在很多类似义务，如保证类质量保证或类似合同，履行时要求的经济利益流出的可能性应通过总体考虑才能确定。对于某个项目而言，虽然经济利益流出的可能性较小，但包括该项目的该类义务很可能导致经济利益流出的，应当视同该项目义务很可能导致经济利益流出企业。

3. 该义务的金额能够可靠地计量

该义务的金额能够可靠地计量，是指与或有事项相关的现时义务的金额能够合理地估计。由于或有事项具有不确定性，所以因或有事项产生的现时义务的金额也具有不确定性，需要估计。对或有事项确认一项预计负债，相关现时义务的金额应当能够可靠估计。例如，甲企业因合同纠纷被起诉，法院一审已判决其败诉并确定其赔偿金额，这表明该义务已经满足预计负债的确认条件，乙企业应确认相应的预计负债，不能仅因一审判决将上诉或二审仍在进行等原因而不确认预计负债。

（二）国际会计准则的确认条件

《国际会计准则第 37 号——准备、或有资产和或有负债》规定以下条件均满足时应确认为准备：①企业因过去事项而承担现时的法定或推定义务；②结算该义务很可能要求含经济利益的资源流出企业；③该义务的金额可以可靠地估计。

通过以上内容可以看到，国际会计准则和国内会计准则对或有事项的确认原则基本相同。但是需要注意的是，《企业会计准则第 13 号——或有事项》没有采用《国际会计准则第 37 号——准备、或有资产和或有负债》中"准备"的概念，而是用"预计负债"来替代。

五、计量差异

（一）中国企业会计准则的计量规定

《企业会计准则第 13 号——或有事项》认为或有事项的计量通常是指与或有事项相关的义务形成的预计负债的计量。当与或有事项相关的义务符合确认为负债的条件时，应当将其确认为预计负债。预计负债应当按照履行相关现时义务所需支付金额的最佳估计数进行初始计量。此外，企业清偿预计负债所需支出还可能从第三方或其他方获得补偿。因此，预计负债的计量主要涉及两个问题：一是最佳估计数的确定；二是预期可获得补偿的处理。

1. 最佳估计数的确定

预计负债应当按照履行相关现时义务所需支出的最佳估计数进行初始计量。最佳估计数的确定应当以下列两种情况进行处理：

（1）所需支出存在一个连续范围（或区间，下同），且该范围内各种结果发生的可能性相同，则最佳估计数应当按照该范围内的中间值，即上下限金额的平均数确定。

需要注意的是，企业在估计诉讼相关的预计负债时，如判断原告起诉的赔偿金额将通过企业聘请律师为其辩护后有所下降，则预计负债不仅要考虑律师辩护后预期赔偿给原告的较低金额，还需考虑预计支付给律师的费用。

（2）所需支出不存在一个连续范围，或者虽然存在一个连续范围但该范围内各种结果发生的可能性不相同。在这种情况下，最佳估计数按照如下方法进行确定：①或有事项涉及单个项目的，按照最可能发生金额进行确定。涉及单个项目是指或有事项涉及的项目只有一个，如一项未决诉讼、一项未决仲裁等。②或有事项涉及多个项目的，按照各种可能结果及相关概率计算确定。涉及多个项目是指或有事项涉及的项目不止一个，如在保证类质量保证中，提出产品保修要求的可能有许多客户。相应地，企业对这些客户负有保修义务。

【例 11-1】 2×22 年 11 月 2 日，甲公司因合同纠纷被起诉。截至 2×22 年 12 月 31 日，诉讼尚未判决。甲公司认为其存在过错，很可能需要承担赔偿责任。据预计，甲公司承担还款金额 200 万元责任的可能性为 60%，承担还款金额 100 万元责任的可能性为 40%（假定不考虑诉讼费）。

本例中，甲公司因在交易过程中存在过错而承担了现时义务，该现时义务的履行很可能导致经济利益流出企业，且该现时义务的金额能够可靠地计量。甲公司应在 2×22 年 12 月 31 日确认一项预计负债 200 万元（最可能发生金额），并在附注中作相关披露。有关账务处理如下：

借：营业外支出——赔偿支出   2 000 000

    贷：预计负债——未决诉讼   2 000 000

【例 11-2】2×22 年，乙企业销售产品 3 万件，销售额 1.2 亿元。乙企业的保证类质量保证条款规定：产品售出后一年内，如发生正常质量问题，乙企业将免费负责修理。根据以往的经验，如果出现较小的质量问题，则须发生的修理费为销售额的 1‰；而如果出现较大的质量问题，则须发生的修理费为销售额的 2‰。据预测，在本年度已售产品中，有 80％不会发生质量问题，有 15％将发生较小质量问题，有 5％将发生较大质量问题。

本例中，2×22 年末乙企业应确认的预计负债金额（最佳估计数）＝(1.2×1‰)×15％＋(1.2×2‰)×5％＝0.003（亿元）。

2. 预期可获得的补偿

企业清偿预计负债所需支出全部或部分预期由第三方补偿的，补偿金额只有在基本确定能够收到时才能作为资产单独确认。确认的补偿金额不应当超过预计负债的账面价值。

企业预期从第三方获得的补偿，是一种潜在资产，其最终是否真的会转化为企业真正的资产（即企业是否能够收到这项补偿）具有较大的不确定性，企业只能在基本确定能够收到补偿时才能对其进行确认。根据资产和负债不能随意抵销的原则，预期可获得的补偿在基本确定能够收到时应当确认为一项资产，而不能作为预计负债金额的扣减。

补偿金额的确认涉及两个问题：一是确认时间，补偿只有在基本确定能够收到时予以确认；二是确认金额，确认的金额是基本确定能够收到的金额，而且不能超过相关预计负债的账面价值。

3. 预计负债计量需要考虑的因素

企业在确定最佳估计数时，应当综合考虑与或有事项有关的风险、不确定性和货币时间价值等因素。

（1）风险和不确定性

风险是对过去的交易或事项结果的变化可能性的一种描述。风险的变动可能增加预计负债的金额。企业在不确定的情况下进行判断需要谨慎，使收益或资产不会被高估，费用或负债不会被低估。

企业需要谨慎从事，充分考虑与或有事项有关的风险和不确定性，既不能忽略风险和不确定性对或有事项计量的影响，也要避免对风险和不确定性进行重复调整，从而在低估和高估预计负债金额之间寻找平衡点。

（2）货币时间价值

预计负债的金额通常应当等于未来应支付的金额，但未来应支付金额与其现值相差较大的，如油气井及相关设施的弃置费用等，应当按照未来应支付金额的现值确定。因为货币时间价值的影响，资产负债表日后不久发生的现金流出，要比一段时间之后发生的同样金额的现金流出负有更大的义务。所以，如果预计负债的确认时点距离实际清偿有较长的时间跨度，货币时间价值的影响重大，那么在确定预计负债的金额时，应考虑采用现值计量，即通过对相关未来现金流出进行折现后确定最佳估计数。

将未来现金流出折算为现值时，需要注意下列三点：①用来计算现值的折现率，应当是反映货币时间价值的当前市场估计和相关负债特有风险的税前利率。②风险和不确定性既可以在计量未来现金流出时作为调整因素，也可以在确定折现率时予以考虑，但不能重复反映。③随着时间的推移，即使在未来现金流出和折现率均不改变的情况下，预计负债的现值也将逐渐增长。企业应当在资产负债表日，对预计负债的现值进行重新计量。

（3）未来事项

在确定预计负债金额时，企业应当考虑可能影响履行现时义务所需金额的相关未来事项。也就是说，如果有足够的客观证据表明相关未来事项将发生，则应当在预计负债计量中考虑相关未来事项的影响，但不应考虑预期处置相关资产形成的利得。

预期的未来事项可能对预计负债的计量较为重要。例如，某核电企业预计在生产结束时清理核废料的费用将因未来技术的变化而显著降低。那么，该企业确认的预计负债金额应当反映有关专家对技术发展以及清理费用减少作出的合理预测。但是，这种预计需要得到相当客观的证据予以支持。

（二）国际会计准则的计量规定

《国际会计准则第 37 号——准备、或有资产和或有负债》规定，确认为准备的金额应是资产负债表日结算现时义务所要求支出的最好估计。结算现时义务所要求支出的最好估计，应是企业在资产负债表日结算该现时义务，或在此时将该现时义务转让给第三方而合理支付的金额。

计量一项单项义务时，单个最可能的结果可能是该负债的最好估计。但是，即使在这种情况下，企业也应考虑其他可能的结果，如果其他可能的结果大部分均比最可能的结果的金额高或低，则最好估计将是一项较高或较低的金额。例如，如果企业不得不纠正在其为客户建造的主要厂房中存在的严重失误，则单个最可能金额可能是一次补救成功须花费的费用 1 000 万元，但是，如果存在重大的可能性，有必要作进一步的补救，则应提取一项较大金额的准备。

如果予以计量的准备涉及大量的项目，则应基于其相关的可能性，对各种可能结果进行加权来对义务进行估计，这种估计的统计方法称为预期价值法。因此，给定金额的损失的可能性不同（如 60% 或 90%）时，准备的金额也是不同的，如果存在可能结果的连续范围，且该范围中每一点和其他各点的可能性一样，则在范围内的各点均可采用预期价值法。

同时，在确定准备的最佳估计时，不可避免地围绕很多事项和情况的风险和不确定性。因此，应在计算准备的最好估计时予以考虑。

如果货币时间价值的影响重大，准备的金额应是结算义务预期所要求支出的现值。因货币时间价值的影响，与资产负债表日后不久发生的现金流出有关的准备，比与较后发生的同样金额的现金流出有关的准备更加负有义务。因此，影响重大时，准备应予折现。折现率应是反映货币时间价值的当前市场评价及该负债特有风险的税前折现率。

对于可能影响结算业务所需金额的未来事项，如果有足够的客观证据表明它们将发生，则应在准备金额中予以反映。

资产预期处置形成的利得不应在计量准备时予以考虑，即使该预期处置与形成准备的事项密切联系。企业应在涉及相关资产的国际会计准则规定的时点确认资产预期处置形成的利得。

针对准备（或预计负债）的初始计量，《企业会计准则第 13 号——或有事项》和《国际会计准则第 37 号——准备、或有资产和或有负债》都要求按照履行相关现时义务所需支出的最佳估计数来进行计量。但是，《国际会计准则第 37 号——准备、或有资产和或有负债》还要求在计量准备时不应考虑资产预期处置形成的利得。同时对于可能影响履行义务所需金额的未来事项，如果有足够的客观证据表明它们将发生，则应在准备金额中予以反映。这些规定在《企业会计准则第 13 号——或有事项》中都没有明确。

◆ **思考与练习题** ◆

一、思考题

1. 请简述《企业会计准则第 13 号——或有事项》与《国际会计准则第 37 号——准备、或有资产和或有负债》在对或有事项的定义上的差异，并举例说明。

2. 请分析《企业会计准则第 13 号——或有事项》与《国际会计准则第 37 号——准备、或有资产和或有负债》在适用范围上的差异，并讨论这种差异对企业会计核算的影响。

3. 或有事项对企业财务状况和经营成果可能产生哪些影响？企业应如何披露这些影响？

二、单选题

1. 关于或有事项的定义，（　　）描述最准确。

A. 或有事项是指当前已经确定但结果未知的事项

B. 或有事项是指过去的交易或事项形成的，其结果须由某些未来事项的发生或不发生才能决定的不确定事项

C. 或有事项仅指可能产生负债的不确定事项

D. 或有事项是指企业未来的计划或目标

2. 在《国际会计准则第 37 号——准备、或有资产和或有负债》中，对准备的定义是（　　）。

A. 时间或金额不确定的资产　　　B. 时间或金额确定的负债

C. 时间或金额不确定的负债　　　D. 时间或金额确定的资产

3.《国际会计准则第 37 号——准备、或有资产和或有负债》不适用于（　　）。

A. 以公允价值计量的金融工具形成的准备

B. 在亏损的执行中的合同形成的准备

C. 员工退休金的相关准备

D. 待履行的合同形成的准备

三、多选题

1. 关于或有事项的确认和计量，（　　）是正确的。

A. 预计负债的确认需要满足很可能导致经济利益流出企业的条件

B. 预计负债的计量应基于最佳估计数，无需考虑货币时间价值

C. 当清偿预计负债所需支出全部或部分由第三方补偿时，补偿金额只有在基本确定能够收到时才能作为资产单独确认

D. 企业应当对所有或有事项都进行详细的披露，包括可能性极小的事项

2. 关于或有事项的确认和计量，（　　）是正确的。

A. 预计负债的确认应基于管理层的主观判断

B. 预计负债的计量应反映清偿该负债所需支出的最佳估计数

C. 预计负债的计量通常不应考虑与预计负债有关的未来事项

D. 所有的或有事项都应被确认为预计负债

3. 关于或有事项的确认和计量，（　　）是正确的。

A. 预计负债的确认和计量仅取决于财务人员的专业判断

B. 预计负债的确认应基于客观事实和可靠证据

C. 预计负债的计量应基于企业过去的经验和历史数据

D. 预计负债的确认和计量应反映最有利于企业的估计

第十二章　股份支付

【学习目标】

　　通过本章的学习，学生要明确股份支付的定义和分类；掌握股份支付信息的披露要求。

【学习重点】

　　股份支付的会计处理；股份支付信息的披露要求。

【学习难点】

　　计量以股份为基础的支付；在附录中披露以股份为基础的支付。

《企业会计准则第 11 号——股份支付》是在《国际财务报告准则第 2 号——以股份为基础的支付》的基础上制定的。二者的基本结构和内容大部分一致，但考虑到中国的特殊国情，《企业会计准则第 11 号——股份支付》在某些项目上还是与《国际财务报告准则第 2 号——以股份为基础的支付》有所不同。主要表现在以下几点：

一、名称差异

国际会计准则：《国际财务报告准则第 2 号——以股份为基础的支付》

中国企业会计准则：《企业会计准则第 11 号——股份支付》

严格地讲，"以股份为基础的支付"与"股份支付"的含义并不相同，后者容易被误解为股份本身的支付。

二、适用范围差异

（一）企业会计准则的适用范围

《企业会计准则第 11 号——股份支付》规范了股份支付的确认、计量和相关信息的披露。

股份支付，是指企业为获取职工和其他方提供服务而授予权益工具或者承担以权益工具为基础确定的负债的交易。本章所指的权益工具是指企业自身权益工具，包括企业自身、企业的母公司或同集团其他会计主体的权益工具。股份支付分为以权益结算的股份支付和以现金结算的股份支付。

以权益结算的股份支付，是指企业为获取服务以股份或其他权益工具作为对价进行结算的交易。以现金结算的股份支付，是指企业为获取服务承担以股份或其他权益工具为基础计算确定的交付现金或其他资产义务的交易。

以权益结算的股份支付换取职工提供服务的，应当以授予职工权益工具的公允价值计量。以权益结算的股份支付换取其他方服务的，如果其他方服务的公允价值能够可靠计量的，应当按照其他方服务在取得日的公允价值，计入相关成本或费用，相应增加所有者权益；如果其他方服务的公允价值不能可靠计量但权益工具公允价值能够可靠计量的，应当按照权益工具在服务取得日的公允价值，计入相关成本或费用，相应地增加其所有者权益。

以现金结算的股份支付，应当按照企业承担的以股份或其他权益工具为基础计算确定的负债的公允价值计量。

企业合并中发行权益工具取得其他企业净资产的交易，适用《企业会计准则第 20 号——企业合并》。以权益工具作为对价取得其他金融工具的交易，适用《企业会计准则第 22 号——金融工具确认和计量》。

（二）国际财务报告准则的适用范围

《国际财务报告准则第 2 号——以股份为基础的支付》的适用范围就是以股票或股票期权作为支付的形式。但该准则的适用范围并不仅仅局限于职工工资或者是股份公司的法律形式。根据《国际财务报告准则第 2 号——以股份为基础的支付》，可知它还包括以权益会计处理、以股份为基础的支付交易，在这类交易中，主体以其权益工具（包括股票或股票期权）作为接受商品或服务的对价。例如，该准则能够运用在下列范围：①在建立股份公司时，投资人把自有的卡车作为公务车投入公司，相应地得到股份权益；②公司将股份或股票期权支付给咨询顾问作为薪酬；③有限责任公司以股票形式支付管理层红利。

《国际财务报告准则第 2 号——以股份为基础的支付》规定，由公司股东而不是公司自身（例如由母公司的股东）提供的权益工具，属于以股份为基础的支付。此外，子公司的职工获得母公司的权益工具作为其为子公司工作的报酬，这种交易也算作以股份为基础的支付。

根据《国际财务报告准则第 2 号——以股份为基础的支付》，可知即便从企业那里得到的对价不能很清晰地识别，也算以股份为基础的支付。但是，如果在没有可清晰识别对价的情况下，金融交易仅在所有者的参与下单独进行时，例如在增资时免费保留相关权利的情况下，根据该准则，不存在以股份为基础的支付。在不能清晰识别对价的其他情况下，要考虑是否真的发生了以股份为基础的支付。例如，在该准则中提及的，继承规则是指将股份不以获得报酬为目的地转交给其他家庭成员的规则。

根据《国际财务报告准则第 2 号——以股份为基础的支付》，可知该范围不包括其他具体国际财务报告准则中规定的事项。例如，根据《国际财务报告准则第 3 号——企业合并》和《国际财务报告准则第 11 号——合营安排》，可知企业合并中为取得对被收购方的控制权而发行的权益工具，不在《国际财务报告准则第 2 号——以股份为基础的支付》规范的范围内。另一个例子是，在《国际会计准则第 32 号——金融工具：披露和列报》与《国际会计准则第 39 号——金融工具：确认与计量》规范范围内的合同在取得或接受商品或服务过程中，发生的是以股份为基础的支付交易。

根据《国际财务报告准则第 2 号——以股份为基础的支付》，可知以股份为基础的支付的概念并不仅仅局限于权益工具，它还包括某些以现金会计处理的、以股份为基础的支付交易。在这类交易中，对于获得的一方而言，使用股票、股票期权或其他所有者权益（例如股份有限公司股权）都是差不多的，因此它们也被称为虚拟权益工具。以股份为基础的支付形式如表 12 - 1 所示。

表 12 - 1　以股份为基础的支付形式

	股票特性	期权特性
真实权益工具	限制股	对于公司股票的期权
虚拟权益工具	虚拟的公司股票	虚拟的对于公司股票的期权

表 12 - 1 描述了以股份为基础支付的不同形式。从激励理论的角度来看，股票和期权在特性上的差异显得更为重要，这是因为经理的薪酬风险将受到其决定性的影响。而在会计处理方面，对真实和虚拟的权益工具进行分类也很重要。由此可以确定，相对于公司来说，薪酬获得者是否具有股权或者债权。

除了对于真实和虚拟权益工具的规定之外，《国际财务报告准则第 2 号——以股份为基础的支付》还规范了综合实施两种工具的规定。在此，公司或者薪酬获得者可以在权益类工具和等值现金支付中自由选择。

另外，《企业会计准则第 11 号——股份支付》从 2007 年 1 月 1 日开始在中国所有上市公司施行，而小企业单独执行小企业会计制度，可以豁免。《国际财务报告准则第 2 号——以股份为基础的支付》则没有规定豁免的对象。

三、核算内容差异

（一）用权益结算的以股份为基础的支付

1. 中国企业会计准则的核算内容

《企业会计准则第 11 号——股份支付》指出，以权益结算的股份支付，是指企业为获取服务以股份或其他权益工具作为对价进行结算的交易。

（1）以权益结算的股份支付内容

（ⅰ）换取职工服务的以权益结算的股份支付。对于换取职工服务的以权益结算的股份支付，企业应当以授予职工的权益工具的公允价值进行计量。企业应在等待期内的每个资产负债表日，以对可行权权益工具数量的最佳估计为基础，按照权益工具在授予日的公允价值，将当期取得的服务计入相关资产成本或当期费用，同时计入资本公积（其他资本公积）。授予后立即可行权的换取职工服务或其他方类似服务的以权益结算的股份支付（如授予限制性股票的股份支付），应在授予日按权益工具的公允价值计入相关成本或费用，相应增加资本公积（其他资本公积）。

（ⅱ）换取其他方服务的以权益结算的股份支付。换取其他方服务，是指企业以自身权益工具换取职工以外的其他方为企业提供的服务。在某些情况下，这些服务可能难以辨认，但仍会有迹象表明企业是否取得了该服务。

对于换取其他方服务的股份支付，企业应当以股份支付所换取服务的公允价值进行计量。一般而言，职工以外的其他方所提供的服务能够可靠计量的，应当优先采用其他方提供服务在取得日的公允价值进行计量；如果其他方服务的公允价值不能可靠计量，但权益工具的公允价值能够可靠计量，应当按照权益工具在服务取得日的公允价值进行计量。企业应当根据所确定的公允价值计入相关资产成本或费用。

（ⅲ）权益工具公允价值无法可靠确定时的处理。在极少情况下，授予权益工具的公允价值无法可靠计量。在这种情况下，企业应当在获取对方提供服务的时点、后续的每个报告日以及结算日以内在价值计量该权益工具，内在价值变动计入当期损益。同时，企业应当以最终可行权或实际行权的权益工具数量为基础，确认取得服务的金额。内在价值，是指交易对方有权认购或取得的股份的公允价值与按照股份支付协议应当支付的价格间的差额。企业对上述以内在价值计量的已授予权益工具进行结算。应当遵循下列要求：

结算发生在等待期内的，企业应当将结算作为加速可行权处理，即立即确认本应于剩余等待期内确认的服务金额。

结算时支付的款项应当作为回购该权益工具处理，即减少所有者权益。结算支付的款项高于该权益工具在回购日内在价值的部分，计入当期损益。

（2）权益工具公允价值的确定

本部分关于权益工具公允价值确定的规定，既适用于接受职工服务并授予股份或期权的情况，也适用于从职工之外的其他方取得服务的情况。

（ⅰ）股份。对于授予职工的股份，其公允价值应按企业股份的市场价格计量，同时考虑授予股份所依据的条款和条件（不包括市场条件之外的可行权条件）并对其进行调整。如果企业股份未公开交易，则应按估计的市场价格计量，并考虑授予股份所依据的条款和条件对其进行调整。

授予条款和条件规定职工无权在等待期内取得股利的，则在估计所授予股份的公允价值时应考虑此因素。授予条款和条件规定股份的转让在可行权日后受到限制的，则在估计所授予股份的公允价值时，也应考虑此因素，但不应超出相互独立、熟悉的情况。有能力并自愿进行交易的市场参与者愿意为该股份支付的价格会受到可行权限制的影响；在估计所授予股份在授予日的公允价值时，不应考虑在等待期内转让的限制或其他限制，因为这些限制是可行权条件中的非市场条件规定的。

（ⅱ）股票期权。对于授予的存在相同或类似可观察市场报价的股票期权等权益工具，应当按照市场报价确定其公允价值。对于授予的不存在相同或类似可观察市场报价的股票期权等权益工具，应当采用期权定价模型等确定其公允价值。

对于授予职工的股票期权，因其通常受到一些不同于在市场交易的期权的条款和条件的限制，在许多情况下难以获得其市场价格，所以需通过期权定价模型来估计其公允价值。用于估计授予职工期权的定价模型至少应考虑下列因素：①期权的行权价格；②期权的期限；③基础股份的现行价格；④股价的预计波动率；⑤股份的预计股利；⑥期权期限内的无风险利率。

此外，企业选择的期权定价模型还应当考虑相互独立、熟悉情况、有能力并自愿进行交易的市场参与者在确定期权价格时会考虑的其他因素（如提前行权的可能性等），但不包括那些在确定期权公允价值时不考虑的可行权条件和具有再授予特征的因素。例如，因期权不能自由转让或因职工须在终止劳动合同关系前行使所有可行权期权的，在确定授予职工的股票期权的公允价值时应当考虑预计提前行权的影响。再授予特征，是指只要期权持有人用企业的股份而不是现金来支付行权价格以行使原先授予的期权的一种特征。就自动授予额外股票期权而言，对于具有再授予特征的股票期权，在确定其公允价值时，不考虑再授予特征，而应在发生后续授予时，将其作为一项新授予的股票期权进行处理。

另需说明的是，在估计授予职工的股票期权（或其他权益工具）的公允价值时，不应考虑相互独立、熟悉情况、有能力并自愿进行交易的市场参与者在确定股票期权（或其他权益工具）价格时不会考虑的其他因素。例如，对于授予职工的股票期权而言，那些仅从单个职工的角度考虑影响期权价值的因素，并不影响相互独立、熟悉情况、有能力并自愿进行交易的市场参与者确定期权的价格，因此，在确定相关期权的公允价值时不应考虑此类因素。

（3）股份支付的会计处理

（i）授予日。除授予后立即可行权的股份支付外，无论是以权益结算的股份支付还是以现金结算的股份支付，企业在授予日均不做会计处理。

对于授予后立即可行权的换取职工服务的以权益结算的股份支付，企业应在授予日按照权益工具的公允价值，将取得的服务计入相关成本费用，相应增加资本公积。以权益结算的股份支付换取其他方服务的，如果其他方服务的公允价值能够可靠计量，企业应当按照其他方服务在取得日的公允价值，计入相关成本费用，相应增加资本公积；如果其他方服务的公允价值不能可靠计量但权益工具公允价值能够可靠计量，企业应当按照权益工具在服务取得日的公允价值，计入相关成本费用，相应增加资本公积。

对于授予后立即可行权的以现金结算的股份支付，企业应当在授予日按照企业承担负债的公允价值确认相关成本费用，相应增加应付职工薪酬。

（ii）等待期内每个资产负债表日。

a.可行权条件

可行权条件，是指能够确定企业是否得到职工或其他方提供的服务且该服务使职工或其他方具有获取股份支付协议规定的权益工具或现金等权利的条件；反之，为非可行权条件。

可行权条件包括服务期限条件或业绩条件。服务期限条件，是指职工或其他方完成规定服务期限才可行权的条件。业绩条件，是指职工或其他方完成规定服务期限且企业已经达到特定业绩目标才可行权的条件，具体包括市场条件和非市场条件。市场条件，是指行权价格、可行权条件以及行权可能性与权益工具的市场价格相关的业绩条件，如在股份支付协议中关于股价至少上升至何种水平，职工可相应取得多少股份的规定。企业在确定权益工具在授予日的公允价值时，应考虑股份支付协议规定的可行权条件中的市场条件和非可行权条件的影响。但市场条件是否得到满足，不影响企业对预计可行权情况的估计。非市场条件，是指除市场条件之外的其他业绩条件，如股份支付协议中关于达到最低盈利目标或销售目标才可行权的规定。企业在确定权益工具在授予日的公允价值时，不考虑非市场条件的影响。但非市场条件是否得到满足的情况，将会影响企业对预计可行权情况的估计。

对于可行权条件为业绩条件的股份支付，只要职工满足了其他所有非市场条件（如利润增长率、服务期限等），企业就应当确认已取得的服务。股份支付存在非可行权条件的，只要职工或其他方满足了所有可行权条件中的非市场条件（如服务期限等），企业应当确认已得到服务相对应的成本费用。职工或其他方能够选择满足非可行权条件但在等待期未满足非可行权条件的，企业应当将其作为授予权益工具的取消处理。

【例 12-1】 2×21 年 1 月，为奖励并激励高管，甲上市公司与其管理层成员签署股份支付协议，约定如果管理层成员未来 3 年都在公司任职服务，并且公司股价每年均提高 10％以上，管理层成员即可以低于市价的价格购买一定数量的本公司股票。同时，作为协议的补充，甲公司把全体管理层成员的年薪提高了 50 000 元，但这部分年薪将按月存入公司专门建立的内部基金，3 年后，管理层成员可用属于其个人的部分抵减未来行权时的股票购买价款。如果管理层成员决定退出这项基金，可随时全额提取。

甲公司以期权定价模型估计授予的此项期权在授予日的公允价值为 3 000 000 元。

在授予日，甲公司估计 3 年内每年管理层离职的比例为 10％；第二年年末，甲公司调整其管理层估计离职率为 5％；到第三年末，甲公司管理层实际离职率为 6％。

甲公司股价第一年提高了 10.5％，第二年提高了 11％，第三年提高了 6％。甲公司在第一年、第二年末预计下年能实现股价增长 10％以上的目标。

本例中，如果不能同时满足服务 3 年和公司股价年增长 10％以上的要求，管理层成员就无权行使其股票期权，因此，二者都属于可行权条件，其中：服务满 3 年是一项服务期限条件，股价每年增长 10％以上是一项市场业绩条件。

虽然公司要求管理层成员将部分薪金存入统一账户保管，但不影响其是否可行权，因此，统一账户条款不属于可行权条件。甲公司各年应确认的服务费用计算如下：

第一年末应确认的服务费用＝3 000 000×1/3×90％＝900 000（元）

第二年末累计应确认的服务费用＝3 000 000×2/3×95％＝1 900 000（元）

第二年应确认的服务费用＝1 900 000－900 000＝1 000 000（元）

第三年末累计应确认的服务费用＝3 000 000×94％＝2 820 000（元）

第三年应确认的服务费用＝2 820 000－1 900 000＝920 000（元）

最后，94％的管理层成员满足了市场条件之外的全部可行权条件。尽管股价每年增长 10％以上的市场条件未得到满足，但甲公司在第 3 年末仍应确认已取得的管理层成员服务对应的费用。

股份支付以首次公开募股成功为可行权条件的，企业应当合理估计未来成功完成首次公开募股的可能性及完成时点，将授予日至该时点的期间作为等待期，并在等待期内每个资产负债表日对预计可行权数量做出估计，确认相应的股权激励费用。等待期内企业估计其成功完成首次公开募股的时点发生变化的，应当根据重估时点，确定等待期，截至当期累计应确认的股权激励费用扣减前期累计已确认的金额，作为当期应确认的股权激励费用。

b. 会计处理

企业应当在等待期内的每个资产负债表日，将取得职工提供的服务计入成本费用，同时确认所有者权益或负债。对于附有市场条件的股份支付，只要职工满足了其他所有非市场条件，企业就应当确认已取得的服务。等待期确定后，业绩条件为非市场条件的，如果后续信息表明需要调整对可行权情况的估计的，应对前期估计进行修改。对于完成等待期内的服务或达到规定业绩条件以后才可行权的换取职工服务的以权益结算的股份支付，在等待期内每个资产负债表日，企业应当以对可行权权益工具数量的最佳估计为基础，按照授予日权益工具的公允价值，将当期取得的服务计入相关成本费用和资本公积（其他资本公积），不确认其后续公允价值变动。以权益结算的股份支付换取其他方服务的，应当按照其他方服务在取得日的公允价值（如果其他方服务的公允价值能够可靠计量）或权益工具在服务取得日的公允价值（如果其他方服务的公允价值不能可靠计量但权益工具公允价值能够可靠计量）计入相关成本费用和资本公积。

在等待期内每个资产负债表日，企业应当根据最新取得的可行权职工人数变动等后续信息做出最佳估计，修正预计可行权的权益工具数量。在可行权日，最终预计可行权权益工具的数量应当与实际可行权工具的数量一致。

根据上述权益工具的公允价值和预计可行权的权益工具数量，计算截至当期累计应确认的成本费用金额，再减去前期累计已确认金额，作为当期应确认的成本费用金额。

（ⅲ）可行权日之后

a. 对于以权益结算的股份支付，企业在可行权日之后不再对已确认的成本费用和所有者权益总额进行调整。企业应在可行权日根据行权情况，确认股本和股本溢价，同时结转等待期内确认的资本公积（其他资本公积）。

b. 对于以现金结算的股份支付，企业在可行权日之后不再确认成本费用，负债（应付职工薪酬）公允价值的变动应当计入当期损益（公允价值变动损益）。

【例12-2】2×21年1月1日，甲公司向其200名管理人员每人授予100股股票期权，这些管理人员从2×21年1月1日起在该公司连续服务3年，即可以每股4元的价格购买100股甲公司股票（面值为1元）。甲公司估计该期权在授予日的公允价值为15元。

在被授予股票期权的200名管理人员中，第一年有20人离开甲公司，甲公司估计三年中离职的比例将达到20%；第二年有10人离开公司，甲公司将估计的离职比例修正为15%；第三年有15人离开。

1. 甲公司该股份支付相关费用计算如表12-2所示。

表12-2　甲公司该股份支付相关费用计算

单位：元

年份	计算	当期费用	累计费用
2×21	$200 \times 100 \times (1-20\%) \times 15 \times 1/3$	80 000	80 000
2×22	$200 \times 100 \times (1-15\%) \times 15 \times 2/3 - 80\ 000$	90 000	170 000
2×23	$155 \times 100 \times 15 - 170\ 000$	62 500	232 500

2. 甲公司的账务处理如下：

（1）2×21年1月1日，授予日不做处理。

（2）2×21 年 12 月 31 日，确认当期服务费用。

借：管理费用   80 000

   贷：资本公积——其他资本公积   80 000

（3）2×22 年 12 月 31 日，确认当期服务费用。

借：管理费用   90 000

   贷：资本公积——其他资本公积   90 000

（4）2×23 年 12 月 31 日，确认当期服务费用。

借：管理费用   62 500

   贷：资本公积——其他资本公积   62 500

（5）假设 155 名管理人员均于 2×23 年 12 月 31 日行权。

借：银行存款   62 000

   资本公积——其他资本公积   232 500

   贷：股本   15 500

     资本公积——股本溢价   279 000

（ⅳ）回购股份进行职工期权激励。企业以回购股份形式奖励本企业职工的，属于以权益结算的股份支付，应当进行下列处理：

a. 回购股份

企业回购股份时，应当按照回购股份的全部支出作为库存股处理，同时进行备查登记。

b. 确认成本费用

企业应当在等待期内每个资产负债表日，按照权益工具在授予日的公允价值，将取得的职工服务计入成本费用，同时增加资本公积（其他资本公积）。

c. 职工行权

企业应于职工行权购买本企业股份时，转销交付职工的库存股成本和等待期内资本公积（其他资本公积）的累计金额，同时，按照其差额调整资本公积（股本溢价）。

2. 国际财务报告准则的核算内容

根据《国际财务报告准则第 2 号——以股份为基础的支付》，可知对以真实权益工具作为薪酬的支付，主体应当直接以取得商品或接受劳务的公允价值计量。但是，在使用股票期权和股票作为业绩的支付时，会产生只有在特殊情况下，才可以直接定价的情况。因此，根据《国际财务报告准则第 2 号——以股份为基础的支付》，可知可使用将授予日权益工具的公允价值作为已取得业绩支付进行计量。在将股票和股票期权作为第三方提供商品和服务的支付时，该准则提出了一个可推翻的假设，即所取得的商品或服务的公允价值是能够直接可靠计量的，计量的时点是获得商品或服务的时间。即便假设是可以推翻的，后者的计量时间点也是不变的。作为补充，要确认在获取时点权益工具的价值。

如果根据该规定确定权益工具的公允价值，主体应尽可能参照市场价值进行确定，例如上市公司向其职工提供职工股，就很可能产生这种情况。如果无法取得市场价格，则需使用普遍认可的计量模型。在设计用于奖励员工的股票期权时，使用计量模型的定价方法尤为常用。在计量股票期权时，要注意区分期权的内在价值和公允价值。内在价值衡量了现行股价高于行权价格的金额，即反映了立即可行权可能获得的利润。公允价值或者总价值既包括了内在价值，也包括了所谓的时间价值。这意味着，期权持有人在股价上涨时肯定能够获利，而在股价下跌时也能够保证避免损失。在到期前的任何时点，时间价值都是正值，因而即使内在价值已为零，这个期权还是有价值的。只有在到期日，期权价值才由其内在价值确定。图 12-1 说明了各种价值组成部分发展与股票价格变化之间的关系。

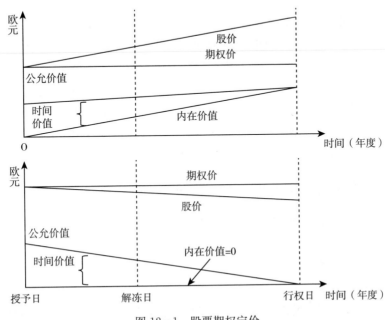

图 12-1　股票期权定价

由于期权定价理论的快速发展，为了能正确对期权定价，国际会计准则理事会并没有给定一个具体的定价模型，但给出了一些必须考虑的参数，其中包括《国际财务报告准则第 2 号——以股份为基础的支付》列出的期权行权价格、期权有效时间、股票的市场价格、股价的波动率、期望的红利收益率和无风险利率。这些参数应结合以股票期权支付薪酬的特点进行期权估价。另外，根据《国际财务报告准则第 2 号——以股份为基础的支付》，可知与资本市场相关的业绩指标，例如绝对或相对的目标股价，应在估计所授予权益工具的公允价值时予以考虑。其他上述提及的给予条件，应该根据实际授予的权益工具的数量和价值作出相应的调整。

只有在特殊情况下，才可以不考虑股票期权的公允价值。根据《国际财务报告准则第 2 号——以股份为基础的支付》，可知这里的前提条件是，该公司认为自身无法可靠地确定公允价值。此时，必须用内在价值来确定股票期权的价值。与公允价值计量不同，用内在价值在授予日当天的估价并不是确定不变的。必须考虑影响损益的各个会计期间内在价值的变动，直到期权执行日或失效日。一旦采用内在价值计量，就不能再改用公允价值计量。因此，股票期权的实际价值，应以期权持有者执行期权所获利润额进行会计计量。

《国际财务报告准则第 2 号——以股份为基础的支付》的规定是否真的减轻了企业的负担，还有待考量。一方面，定期调整估价会导致较高的盈利波动率；另一方面，由于相关企业在大部分情况下都不是上市公司，所以估价问题常常会转变成别的问题。在每个资产负债表日估计基于股份的期权价值，而不是通过一次性地估计期权价值来确定其内在价值。就这点而言，可以把这项规则看作是国际会计准则理事会的一次尝试，尽管在授予日用公允价值来计量存在许多困难，但企业仍然会遵循这项规则。

（二）用现金结算的以股份为基础的支付

1. 中国企业会计准则的核算内容

《企业会计准则第 11 号——股份支付》指出，以现金结算的股份支付，是指企业为获取服务承担以股份或其他权益工具为基础计算确定的交付现金或其他资产义务的交易。

企业应当在等待期内的每个资产负债表日，以对可行权情况的最佳估计为基础，按照企业承担负债的公允价值，将当期取得的服务计入相关资产成本或当期费用，同时计入负债，并在结算前的每个资产负债表日和结算日对负债的公允价值重新计量，将其变动计入损益。

对于授予后立即可行权的以现金结算的股份支付（例如授予虚拟股票或业绩股票的股份支付），企业应当在授予日按照企业承担负债的公允价值计入相关资产成本或费用，同时计入负债，并在结算前的每个资产负债表日和结算日对负债的公允价值重新计量，将其变动计入损益。

2. 国际财务报告准则的核算内容

《国际财务报告准则第 2 号——以股份为基础的支付》指出，虚拟权益工具的会计处理并不复杂，因为获得者并不属于实际或潜在股东，所以，不计入所有者权益。根据《国际财务报告准则第 2 号——以股份为基础的支付》，可知公司应将可能支付的金额确认为准备金。如果虚拟权益工具是作为商品或者已经实现的服务和工作业绩的补偿，应在授予时全额确认准备金。如果公司得到一笔应确认的资产，应按其公允价值确认为一项资产；反之，应全额确认为费用。根据《国际财务报告准则第 2 号——以股份为基础的支付》，可知如果虚拟权益工具是作为对未来服务或工作业绩的奖励，则应该先确认准备金，之后在达到工作业绩时再进行全额确认。在这种情况下，应像使用真实权益工具一样确定业绩期间。

根据《国际财务报告准则第 2 号——以股份为基础的支付》，可知实施虚拟权益工具不需要对公司接收到的商品或者服务进行直接计量，它们的价值应通过不确定支付业务的公允价值进行间接计量。由于公司的期望支付由公司股价决定，所以计量时应采用与真实权益工具相同的方法。根据《国际财务报告准则第 2 号——以股份为基础的支付》，可知执行条件也应与真实股票期权一样。其特点是，计量不是在授予时一次性完成的，其价值应在整个有效期的每个决算日不断更新。由此产生的准备金变动应确认为当期损益，并根据变动的定价以及实际支付金额进行调整。

四、披露差异

（一）中国企业会计准则的披露要求

《企业会计准则第 11 号——股份支付》对于披露的有关规定如下：

（1）企业应当在附注中披露与股份支付有关的信息。具体包括：①当期授予、行权和失效的各项权益工具总额。②期末发行在外的股份期权或其他权益工具行权价格的范围和合同剩余期限。③当期行权的股份期权或其他权益工具以其行权日价格计算的加权平均价格。④权益工具公允价值的确定方法。企业对性质相似的股份支付信息可以合并披露。

（2）企业应当在附录中披露股份支付交易对当期财务状况和经营成果的影响。其至少包括下列信息：①当期因以权益结算的股份支付而确认的费用总额。②当期因以现金结算的股份支付而确认的费用总额。③当期以股份支付换取的职工服务总额及其他方服务总额。

（二）国际财务报告准则的披露要求

《国际财务报告准则第2号——以股份为基础的支付》指出，附录中详细的披露是用来补充资产负债表和损益表的，适用于下面三种原则：

（1）主体应披露能够使财务报表的使用者理解当期存在、以股份为基础支付安排的性质和范围信息。

（2）主体还应披露与这种支付有关的商品或服务的价值或者所授予的权益工具价值如何确定的信息。

（3）主体还应披露以股份为基础的支付交易，对主体当期财务状况和经营成果有何影响的信息。

国际会计准则理事会对于公司披露最低要求细化了这三条原则。对于第一条原则，《国际财务报告准则第2号——以股份为基础的支付》要求作以下披露：

（1）对当期任一时点存在的每一种以股份为基础的支付协议进行描述，包括每一笔协议的所有主要特征（如认购价格经营目标、冻结期、所授予期权的最长期间和结算方式）。

（2）对下列每一组期权，其股票期权的数量和加权平均行权价格为：①期初发行在外的；②当期授予的；③当期没有满足执行条件而失效的；④当期行权的；⑤当期到期的；⑥期末发行在外的；⑦期末可行权的。

（3）对于当期行权的股票期权，在行权日的加权平均价格。

（4）对于期末发行在外的股票期权，披露行权价格的范围以及合同剩余期限。

对于第二条原则，《国际财务报告准则第2号——以股份为基础的支付》要求作下列披露：

（1）所有在会计期内代替接收到的商品或服务而被定价的权益工具的平均

公允价值，并对其分为股票和股票期权进行披露。

（2）所采用的定价模型和该模型所采用输入变量的详细信息。

（3）本期主体基于以股份为基础的支付交易所获得的商品或者服务的直接定价方式。

（4）如果接收到的商品或服务是通过权益工具价值间接定价的，应给出价格并说明不能直接定价的原因。

为了说明第三条原则，《国际财务报告准则第 2 号——以股份为基础的支付》要求作如下披露：

（1）由于在当期以股份为基础的交易中取得的商品或服务不符合确认为资产的条件，所以立即确认为当期费用总额，单独披露按权益结算并以股份为基础的支付交易核算部分所产生的费用总额。

（2）期末确认为准备金的以股份为基础支付交易所产生的总金额。

（3）与已实施虚拟股票期权的内在价值相符合的准备金份额。

如果国际财务报告准则要求披露的信息不能满足《国际财务报告准则第 2 号——以股份为基础的支付》的原则要求，主体应按照该准则披露的额外信息来满足这些原则要求。

◆ 思考与练习题 ◆

一、思考题

1. 简述在《企业会计准则第 11 号——股份支付》中股份支付的定义，并说明以权益结算的股份支付与以现金结算的股份支付的主要区别。

2. 请比较《企业会计准则第 11 号——股份支付》与《国际财务报告准则第 2 号——以股份为基础的支付》在适用范围上的主要差异，并举例说明。

二、单选题

1. 在《企业会计准则第 11 号——股份支付》中，股份支付主要指的是（　　）。

A. 企业为获取服务以现金作为对价的交易

B. 企业为获取服务以股份或其他权益工具作为对价的交易

C. 企业为获取商品以股份或其他权益工具作为对价的交易

D. 企业为获取服务而承担的负债

2. （　　）属于《国际财务报告准则第 2 号——以股份为基础的支付》的

适用范围。

  A. 母公司股东向子公司投资

  B. 子公司向母公司股东发行股份

  C. 股东之间的股份交换

  D. 继承人继承公司股份

  3. 根据《企业会计准则第 11 号——股份支付》，以权益结算的股份支付换取职工提供服务的，应当（ ）。

  A. 以股份的账面价值计量

  B. 以股份的市场价值计量

  C. 以授予职工权益工具的公允价值计量

  D. 以企业净资产的价值计量

三、多选题

1. 关于以现金结算的股份支付，（ ）是正确的。

A. 以现金结算的股份支付，是指企业为获取服务承担以股份或其他权益工具为基础计算确定的交付现金或其他资产义务的交易

B. 企业在等待期内的每个资产负债表日，应当按照企业承担负债的公允价值，将当期取得的服务计入相关资产成本或当期费用

C. 授予后立即可行权的以现金结算的股份支付，在授予日不进行会计处理

D. 企业在结算前的每个资产负债表日和结算日对负债的公允价值重新计量，并将其变动计入所有者权益

2. 关于股份支付的会计处理，（ ）是正确的。

A. 在授予日，无论以权益结算的股份支付还是以现金结算的股份支付，企业都需要进行会计处理

B. 对于授予后立即可行权的以权益结算的股份支付，企业应在授予日按照权益工具的公允价值，将取得的服务计入相关成本费用

C. 对于以权益结算的股份支付换取其他方服务的，如果其他方服务的公允价值能够可靠计量，企业应按照该公允价值计入相关成本费用

D. 对于授予后立即可行权的以现金结算的股份支付，企业应在授予日按照企业承担负债的公允价值计入相关资产成本

四、计算题

  甲上市公司 2006 年 7 月 1 日向其 50 名高级管理人员每人授予 1 000 份认

购权证，期限为 4 年 6 个月，即该认购权证将于 2010 年末期满时行权，行权时高级管理人员将以 3 元/股购入该公司股票，该公司股票在授予日的公允价值为 5 元，2006 年和 2007 年 12 月 31 日该股票公允价值均为 6 元，2008 年和 2009 年 12 月 31 日该股票公允价值均为 8 元，股票面值 1 元，2010 年 12 月 31 日股票公允价值为 10 元，假设预计有 10% 的高级管理人员离职，那么甲公司因该项股份支付计入 2006 年管理费用的金额是多少？

第十三章　每股收益

【学习目标】

　　通过本章的学习，学生要理解每股收益的基本概念，熟练掌握每股收益的计算方法，理解中国企业会计准则和国际会计准则在种类划分、计算和披露等方面的差异。

【学习重点】

　　基本每股收益的计算；中国企业会计准则和国际会计准则的差异。

【学习难点】

　　稀释性潜在普通股；稀释每股收益的计算。

一、每股收益的基本概念

　　每股收益是指普通股股东每持有一股普通股所能享有的企业净利润或需承担的企业净亏损。每股收益包括基本每股收益和稀释每股收益两类。

二、基本每股收益

　　基本每股收益的计算公式如下：

$$\text{基本每股收益} = \frac{\text{归属于普通股股东的当期净利润}}{\text{当期实际发行在外普通股的加权平均数}}$$

（一）分子的确定

　　计算基本每股收益时，分子为归属于普通股股东的当期净利润，即企业当期实现的可供普通股股东分配的净利润或应由普通股股东分担的净亏损金额。

　　以合并财务报表为基础计算的每股收益，分子应当是归属于母公司普通股股东的当期净利润，即扣减少数股东损益后的余额。

（二）分母的确定

计算基本每股收益时，分母为当期实际发行在外普通股的加权平均数，即期初发行在外普通股股数根据当期新发行或回购的普通股股数与相应时间权数的乘积进行调整后的股数。公司库存股不属于发行在外的普通股，且无权参与利润分配，应当在计算分母时扣除。

1. 发行在外普通股的加权平均数的计算

发行在外普通股的加权平均数的计算公式如下：

发行在外普通股的加权平均数＝期初发行在外普通股股数＋报告期间通过转增股本或分配股票股利等方式增加的股份数量＋报告期间发行新股或债转股等方式增加的股份数量×已发行月份/12－报告期股票回购等减少的股份数×已回购月份/12

【例13-1】某公司20×7年期初发行在外的普通股为30 000万股，5月1日新发行普通股16 200万股，12月1日回购普通股7 200万股，以备将来奖励职工之用。该公司当年度实现净利润为16 250万元。假定该公司按月数计算每股收益的时间权重。

解：20×7年度发行在外普通股的加权平均数和基本每股收益的计算如下：

$$发行在外普通股的加权平均数＝30\ 000×\frac{12}{12}+16\ 200×\frac{8}{12}-7\ 200×\frac{1}{12}=40\ 200（万股）$$

$$基本每股收益＝\frac{16\ 250}{40\ 200}≈0.4（元/股）$$

2. 新发行普通股股数发行日的确定

新发行普通股股数应当根据发行合同的具体条款，从应收对价之日起计算确定。通常包括下列情况：

（1）为收取现金而发行的普通股股数，从应收现金之日起计算。

（2）因债务转资本而发行的普通股股数，从停计债务利息之日或结算日起计算。

（3）企业合并中作为对价发行的普通股。

非同一控制下的企业合并，作为对价发行的普通股股数，从购买日起计算；

同一控制下的企业合并，作为对价发行的普通股股数，应当计入各列报期间普通股的加权平均数。

（4）为收购非现金资产而发行的普通股股数，从确认收购之日起计算。

三、基本计算原则

稀释每股收益是以基本每股收益为基础，假设企业所有发行在外的稀释性潜在普通股均已转换为普通股，从而分别调整归属于普通股股东的当期净利润以及发行在外普通股的加权平均数，以计算出稀释后的每股收益。

1. 稀释性潜在普通股

（1）潜在普通股。它主要包括可转换公司债券、认股权证、股份期权。

（2）稀释性潜在普通股。它是指假设当期转换为普通股会减少每股收益的潜在普通股。对于亏损企业而言，稀释性潜在普通股假定当期转换为普通股，将会增加每股亏损。

如果潜在普通股转换为普通股，将增加每股收益或降低每股亏损的金额，则表明该潜在普通股不具有稀释性，而是具有反稀释性，在计算稀释每股收益时不应予以考虑。

2. 分子的调整

计算稀释每股收益时，应当根据下列事项对归属于普通股股东的当期净利润进行调整：

（1）当期已确认为费用的稀释性潜在普通股的利息。

（2）稀释性潜在普通股转换时将产生的收益或费用。

【提示】上述调整应当考虑相关所得税的影响。

3. 分母的调整

（1）计算稀释每股收益时分母的确定。当期发行在外普通股的加权平均数的计算公式如下：

当期发行在外普通股的加权平均数＝计算基本每股收益时普通股的加权平均数＋假定稀释性潜在普通股转换为已发行普通股而增加的普通股股数的加权平均数

发行在外普通股的加权平均数的计算公式如下：

发行在外普通股的加权平均数＝期初发行在外普通股股数＋报告期以期初发行在外普通股股数为依据通过转增股本或股票股利分配等增加股份数＋报告期间通过发行新股或债转股等方式增加的股份数量×已发行月份/12－报告期

股票回购等减少的股份数×已回购月份/12＋假定稀释性潜在普通股转换为已发行普通股从而增加的普通股股数的加权平均数

（2）对于假定稀释性潜在普通股转换为已发行普通股从而增加的普通股股数的加权平均数的计算，应假定稀释性潜在普通股转换为已发行普通股而增加的普通股股数应当按照其发行在外时间进行加权平均。具体要求如下：

（ⅰ）以前期间发行的稀释性潜在普通股，应当假设在当期期初转换为普通股。

（ⅱ）当期发行的稀释性潜在普通股，应当假设在发行日转换为普通股。

（ⅲ）当期被注销或终止的稀释性潜在普通股，应当按照当期发行在外的时间加权平均计入稀释每股收益。

（ⅳ）当期被转换或行权的稀释性潜在普通股，应当从当期期初至转换日（或行权日）计入稀释每股收益；从转换日（或行权日）起所转换的普通股则计入基本每股收益。

四、潜在普通股种类划分的差异

国际会计准则：国际会计准则对潜在普通股的定义和识别更加宽泛，涵盖多种可能在未来转换为普通股的金融工具。《国际会计准则第 33 号——每股收益》认为潜在普通股涉及可用普通股、购入期权和卖出期权等。

中国企业会计准则：中国会计准则在潜在普通股的定义和识别上可能更为具体或有限，《企业会计准则第 34 号——每股收益》只提出了可转换债券、认股权证和股票期权等几种潜在普通股。

五、配股计算方法的差异

国际会计准则：依据《国际会计准则第 33 号——每股收益》，可知配股权包含送红股因素。该准则要求在配股前所有期间计算基本的和稀释的每股收益，以调整发行在外普通股股数的系数。

中国企业会计准则：在配股计算方面，《企业会计准则第 34 号——每股收益》采用了简化的计算方法，不计算配股后的理论除权价格及其调整系数，只将配股视为发行新股处理。该准则规定不考虑配股中内含的送红股因素，不计算配股后的理论除权价格及调整系数，而将配股视为新股发行处理。

六、反稀释影响的披露差异

(一) 披露要求与深度

国际会计准则：国际会计准则通常要求公司在财务报表中详细披露所有可能产生反稀释效应的因素，这包括可转换证券、股票期权和其他潜在的权益工具。如果它们在转换或行使时将增加公司的总股本，那么可以降低每股收益。国际会计准则强调充分、透明的信息披露，以帮助投资者和其他利益相关者评估公司的真实业绩和潜在风险。《国际会计准则第 33 号——每股收益》在计算稀释每股收益和披露每股收益时，都做了相应的详细说明和规定。

中国企业会计准则：中国企业会计准则更注重于传统的反稀释因素，如可转换债券的潜在影响，而在股票期权和其他新型权益工具方面的披露要求可能相对较少。《企业会计准则第 34 号——每股收益》未提及有关部门存在反稀释情况是否会对计算稀释性每股收益产生影响及披露。

(二) 计算方法与标准

国际会计准则：在计算和评估反稀释影响时，国际财务报告准则通常遵循一系列详细的规定和标准。这包括确定何时应考虑潜在权益工具的转换或行使，以及如何准确计算它们对每股收益的潜在影响。

中国企业会计准则：中国会计准则在计算反稀释影响时遵循类似的原理，但具体的计算方法和标准有所不同。中国企业会计准则更注重于国内市场的特点和需求，以及与中国企业的实际情况相结合。

七、每股收益计算的差异

(一) 计算公式的差异

中国企业会计准则：在中国会计准则下，每股收益通常为归属于普通股股东的当期净利润除以当期发行在外普通股的加权平均数的值。

国际会计准则：国际会计准则在计算每股收益时，虽然也基于净利润和总股本的概念，但更强调对净利润的某些特定调整，以及对总股本的特定定义。例如，国际财务报告准则要求企业在利润表上列示持续正常经营的每股收益、非常项目的每股收益、会计政策变更累计影响的每股收益、中断经营的每股收益和净收益的每股收益。其中，持续正常经营的每股收益是指排除非持续经营项目后的正常经营利润。

（二）对特殊项目的处理

在处理特殊项目，如非经常性损益、企业合并产生的收益或损失等方面，中国企业会计准则和国际会计准则存在差异。这些差异会影响净利润的计算，进而影响到每股收益的数值。

例如，国际会计准则要求分别计算和列报基本每股经常项目收益和基本每股净收益，而《企业会计准则第 34 号——每股收益》规定计算每股收益时应包含非经常性损益项目。

◆ 思考与练习题 ◆

一、思考题

每股收益指标的作用有哪些？

二、单选题

1. 下列各项关于每股收益的表述中，正确的是（　　）。

A. 在计算合并财务报表的每股收益时，其分子应包括少数股东损益

B. 在计算稀释每股收益时，股票期权应假设于发行当年 1 月 1 日转换为普通股

C. 新发行的普通股一般应当自发行日起计入发行在外普通股股数

D. 新发行的普通股应当自发行合同签订之日起计入发行在外普通股股数

2. 甲公司 2×22 年年初发行在外的普通股股数为 10 000 万股，5 月 1 日新发行普通股 7 200 万股，11 月 1 日回购普通股 1 200 万股。该公司当年度实现归属于普通股股东的净利润为 11 680 万元。不考虑其他因素，则甲公司 2×22 年度基本每股收益是（　　）。

　　A. 1.17 元/股　　B. 0.73 元/股　　C. 0.80 元/股　　D. 0.79 元/股

3. 丙公司 2×22 年度归属于普通股股东的净利润为 1 230 万元，发行在外普通股的加权平均数为 4 000 万股。2×22 年 7 月 1 日，丙公司与其股东签订了一份远期回购合同，承诺一年后以每股 6 元的价格回购其发行在外的 1 000 万股普通股。假设该普通股在 2×22 年 7 月至 12 月平均市场价格为每股 5 元。丙公司 2×22 年度稀释每股收益是（　　）。

　　A. 0.30 元/股　　B. 0.40 元/股　　C. 0.31 元/股　　D. 0.29 元/股

4. 甲股份有限公司 2×21 年和 2×22 年归属于普通股股东的净利润分别为 6 500 万元和 7 500 万元，2×21 年 1 月 1 日发行在外的普通股股数为 20 000 万股，2×21 年 3 月 1 日按市价新发行普通股 10 800 万股，12 月 1 日回购普通股 4 800 万股，以备将来奖励职工。2×22 年 10 月 1 日分派股票股利，以 2×21 年 12 月 31 日总股本为基数每 10 股送 5 股。假设不存在其他股数变动因素，2×22 年度比较利润表中列示的 2×21 年基本每股收益是（　　）。

A. 0.21 元/股　　B. 0.19 元/股　　　C. 0.23 元/股　　　D. 0.15 元/股

三、多选题

1. 企业存在发行在外的除普通股以外的权益工具的，在计算归属于普通股股东的净利润时，不应包含的项目有（　　）。

A. 其他权益工具的股利

B. 应付债券的利息

C. 不可累积优先股当期宣告发放的股利

D. 累积优先股当期未宣告发放的股利

2. 关于新发行普通股股数计算时间起点的确定，下列说法中正确的有（　　）。

A. 为收取现金而发行的普通股股数，从应收现金之日起计算

B. 因债务转为资本而发行的普通股股数，从停计债务利息之日或结算日起计算

C. 非同一控制下的企业合并，作为对价发行的普通股股数，从购买日起计算

D. 为收购非现金资产而发行的普通股股数，从签订合同之日起计算

3. 关于每股收益，下列各项表述中正确的有（　　）。

A. 计算每股收益时，对于累积优先股股利无论当期是否宣告发放，均应在计算归属于普通股股东的净利润时予以扣除

B. 对多项潜在普通股，稀释性潜在普通股应当按照其稀释程度从大到小的顺序计入稀释每股收益，直至稀释每股收益达到最小值

C. 新发行的普通股一般应当自发行日起计入发行在外普通股股数

D. 同一控制下的企业合并，作为对价发行的普通股股数，不应当计入各列报期间普通股的加权平均数

第十四章 租 赁

【学习目标】

    通过本章的学习，学生要学习租赁负债的初始计量方法，掌握使用权资产的初始计量，熟悉租赁负债和使用权资产的后续计量。

【学习重点】

    租赁付款额的确定；使用权资产的初始计量；折现率的选择和应用。

【学习难点】

    租赁负债的初始计量方法；租赁的定义；中国企业会计准则和国际会计准则的适用范围；出租人和承租人对租赁项目进行会计处理的区别。

    《企业会计准则第 21 号——租赁》是在借鉴《国际会计准则第 17 号——租赁》的基础上，结合中国具体国情制定的，内容总体上也与《国际会计准则第 17 号——租赁》类似，但是在一些细节上又与其有所区别。主要差异表现在以下几个方面：

一、适用范围差异

（一）中国企业会计准则的适用范围

    《企业会计准则第 21 号——租赁》认为，该准则适用于所有租赁，但下列各项除外：一是承租人通过许可使用协议取得的电影、录像、剧本、文稿等版权、专利等项目的权利，以及以出让、划拨或转让方式取得的土地使用权，适用《企业会计准则第 6 号——无形资产》；二是出租人授予的知识产权许可，适用《企业会计准则第 14 号——收入》；三是勘探或使用矿产、石油、天然气及类似不可再生资源的租赁，承租人承租生物资产，以及采用建设经营移交等方式参与公共基础设施建设、运营的特许经营权合同，均适用其他相关准则。

出租人出租持有的投资性房地产、固定资产等，租赁相关事项适用本准则，其他会计处理则适用其他相关准则。

按照本准则规定采用简化处理的短期租赁和低价值资产租赁合同，如果变成亏损合同的，同样，如果租赁合同在租赁期开始日前已是亏损合同的，也适用该规定。则适用《企业会计准则第13号——或有事项》中有关亏损合同的规定。

（二）国际会计准则的适用范围

《国际会计准则第17号——租赁》适用于所有租赁的会计核算，但不适用于开采或使用矿产、石油、天然气和类似非再生资源的租赁协议，以及诸如电影、录像、剧本、文稿、专利和版权等的许可使用协议。它也不适用于承租人在融资租赁下作为投资性房地产核算的房地产、出租人在经营租赁下出租的投资性房地产、承租人在融资租赁下持有的生物资产、出租人在经营租赁下出租的生物资产的计量。

一方面，该准则适用于转移资产使用权的协议，即使出租人需要提供大量与资产运行或维护相关的服务。另一方面，该准则不适用于不涉及把资产使用权从合约的一方转移给另一方的服务合约。

二、定义差异

（一）中国企业会计准则的定义

《企业会计准则第21号——租赁》认为，租赁是指在一定期间内，出租人将资产的使用权让渡给承租人以获取对价的合同。如果合同一方让渡了在一定期间内控制一项或多项已识别资产使用的权利以换取对价，则该合同为租赁，或者包含租赁内容。

根据上述定义，一项租赁应当包含下列要素：一是存在一定期间；二是存在已识别资产；三是出租人向承租人转移对已识别资产使用权的控制权。在合同中，"一定期间"也可以用已识别资产的使用量来表示，例如某项设备的产出量。如果承租人有权在部分合同期内控制已识别资产的使用，则合同包含一项在该部分期间的租赁。

企业应当在合同生效日，评估合同是否为租赁或者是否包含租赁。除非合同条款或条件发生变化，否则，企业无需在合同生效日后再次评估合同是否为租赁或者是否包含租赁。

同时符合下列条件的，使用已识别资产的权利构成一项单独租赁：①承租人能够从单独使用该资产或将其与易于获取的其他资源结合使用中获利；②该资产与合同中的其他资产不存在高度依赖或高度关联。

另外，接受商品或服务的合同可能由合营安排及其代表签订。在这种情况下，企业在评估合同是否包含租赁时，应将整个合营安排视为合同的客户，并评估该合营安排在使用期内是否对已识别资产的使用权拥有控制权。

（二）国际会计准则的定义

根据《国际会计准则第 17 号——租赁》，可知租赁是指在一个议定的期间内，出租人将某项资产的使用权让与承租人，以换取一项或一系列支付作为对价的协议。该定义涵盖了所有出租合同或涉及出租权利的合同。最为关键的是，该定义突出了对某项资产使用权的转移。例如，将租用资产与资产买入期权结合的租购协议，也被视作一项租赁。也就是说，协议的经济实质是判断租赁关系是否存在的基础。

《国际财务报告解释公告第 4 号——确定一项协议是否包含租赁》注重提供生产设备和服务间接使用权的长期供货和服务合同（所谓的运营模式）。

三、融资租赁和经营租赁的分类差异

（一）中国企业会计准则的分类

《企业会计准则第 21 号——租赁》认为，承租人和出租人应当在租赁开始日将租赁分为融资租赁和经营租赁，租赁类别如表 14-1 所示。

表 14-1　租赁类别

种类	内容
融资租赁	如果一项租赁实质上转移了与租赁资产所有权相关的几乎全部风险和报酬，出租人应将该项租赁分类为融资租赁
经营租赁	出租人应当将除融资租赁以外的其他租赁分类为经营租赁

注意：一项租赁属于融资租赁还是经营租赁取决于交易的实质，而不取决于合同的形式

一项租赁存在下列一种或多种情形的，通常分类为融资租赁：

（1）在租赁期届满时，租赁资产的所有权转移给承租人。

（2）承租人有购买租赁资产的选择权，且所订立的购买价预计将远低于行使选择权时租赁资产的公允价值。因此，在租赁开始日可以合理确定承租人将行使该选择权。

（3）资产的所有权虽然不转移，但租赁期占租赁资产使用寿命（尚可使用寿命）的大部分。通常指 75％以上，含 75％。如果租赁资产是旧资产，且在租赁前已使用年限超过其全新时起算可使用年限的 75％以上，则该条标准不适用，不能据此判断租赁的分类。

（4）出租人的租赁收款额的现值占租赁开始日租赁资产公允价值的比例大于 90％。

（5）租赁资产具有特殊性质，如果不进行较大改造，只有承租人能够使用。

融资租赁分类的特殊规定：

一项租赁存在下列一项或多项迹象的，也可能分类为融资租赁：

（1）若承租人撤销租赁，则由此给出租人造成的损失由承租人承担。

（2）因资产余值的公允价值波动而产生的利得或损失由承租人享有或承担。

（3）承租人有权以远低于市场价格的租金继续租赁至下一期间。

（二）国际会计准则分类

《国际会计准则第 17 号——租赁》将租赁项目分为：①融资租赁；②经营租赁。

在具体情况下，难以确定租赁资产的所有权。在这种情况下，应依据《国际会计准则第 17 号——租赁》的规定，以因租赁资产所有权相关的风险和收益的归属程度为依据。风险包括因生产能力闲置或技术陈旧等因素可能造成的损失；收益可以表现为用于业务经营或因资产增值可能产生的利得。这种评估应在租赁开始时和协议发生重大改变时进行。租赁开始生效是指签订协议的时点，应与开始使用租赁物的时点区分开，后者对租赁分类并不重要。

如果一项租赁在实质上将与资产所有权相关的全部风险和报酬转移到承租人，那么该项租赁应归类为融资租赁。如果承租人通过外部融资方式购买了该租赁资产，则成为租赁资产经济意义上的所有人。但租赁资产的购买价并非立即清偿，而是分摊至整个租赁期的租金中，并额外考虑融资费用（利息支出）。承租人拥有租赁资产经济寿命大部分期间的使用权，从而获得经济利益。与此对应的是，为换取租赁物的使用权，承租人有义务承担相应的利息费用，该数额与租赁资产的公允价值和融资成本相关。

租赁的一般分类似乎较为抽象，尤其是在实际管理中，几种租赁类型结合后会产生复杂的情况。《国际会计准则第 17 号——租赁》规定，在某一情形或几种情形的组合下，通常会导致将该项租赁归类为融资租赁。然而，这些规定并不总是无可置疑的，只是提供了示例，同时留有较大的操作空间。

《国际会计准则第 17 号——租赁》制定的融资租赁标准如下：①在租赁期满时，承租人获得资产的法定所有权；②租赁期占资产使用寿命的大部分；③承租人具有购买资产的选择权，且协定购买价预计将显著低于行使该选择权时资产的公允价值；④租赁开始日，租赁最低付款额的现值实际上大于或等于租赁资产的公允价值；⑤租赁资产性质特殊，若不作较大修改，只有承租人才能使用；⑥如果承租人提前撤销租赁，则由其承担由此给出租人造成的损失；⑦因资产残值的公允价值波动而形成的利得或损失由承租人享有或承担；⑧承租人有权以远低于市场租金的租金继续租赁至下一期间。

对不动产租赁进行分类较为复杂，土地和建筑物应当分别考虑。总体来说，土地地基和地面和建筑物租赁与其他租赁一样，可以分为经营租赁和融资租赁。但如果涉及土地和建筑物的组合合同，则应分别作为土地租赁和建筑物租赁处理。土地租赁有其独特之处：由于土地具有不确定的使用寿命，出租人在租赁期满后仍可继续使用该土地资源，所以土地租赁的所有风险和收益通常归属于出租人。如果风险和收益的转移不能通过其他方式进行计量，例如通过资产所有权转移或签订无限期协议，则无法将土地租赁归类为融资租赁。

租赁分类的重要原则：①如果所有风险和收益均归属于承租人，则该租赁应被归类为融资租赁；②如果不满足融资租赁的条件，则该租赁应被归类为经营租赁；③一项租赁是融资租赁还是经营租赁，应根据交易的实质而非合同的形式来确定；④《国际会计准则第 17 号——租赁》为会计人员提供了租赁分类的有效依据。

综上可见，关于经营租赁和融资租赁的分类，《企业会计准则第 21 号——租赁》与《国际会计准则第 17 号——租赁》一样都有 8 项判断标准，内容基本一致。另外，在《国际会计准则第 17 号——租赁》中涉及可归为融资租赁的其他情形，而《企业会计准则第 21 号——租赁》没有涉及；《国际会计准则第 17 号——租赁》包含对土地和建筑物租赁类别的判断，而在《企业会计准则第 21 号——租赁》中不涉及土地使用权的租赁协议。

四、承租人会计处理差异

（一）企业会计准则承租人会计处理

1. 租赁负债的初始计量

租赁负债应在租赁期开始日，根据尚未支付的租赁付款额的现值进行初始计量。识别应纳入租赁负债的相关付款项目是计量租赁负债的关键。

（1）租赁付款额。它是指承租人向出租人支付的、与租赁期内使用租赁资产权利相关的款项。包括下列五项内容：

一是，固定付款额及实质固定付款额，如果存在租赁激励，则应扣除租赁激励的相应金额。

实质固定付款额是指在形式上可能包含变量，但实质上无法避免的付款额。常见情形包括：①付款额被设定为可变租赁付款额，但该条款几乎不可能发生，缺乏真正的经济实质。②承租人有多套付款额方案，但仅有一套是可行的，应采用该可行方案作为租赁付款额。③承租人有多套可行的付款额方案，但必须从中选择一套，应采用总折现金额最低的方案作为租赁付款额。

租赁激励，是指出租人为达成租赁向承租人提供的优惠，包括出租人向承租人支付的与租赁有关的款项，以及出租人为承租人偿付或承担的相关成本等。存在租赁激励的，承租人在确定租赁付款额时应扣除租赁激励相关金额。

二是，取决于指数或比率的可变租赁付款额。

可变租赁付款额，是指承租人为了在租赁期内使用租赁资产而向出租人支付的款项，该款项因租赁期开始日后发生的事实或情况变化（而非时间推移）而变动。

可变租赁付款额可能与下列指标或情况挂钩：①市场比率或指数。②承租人源自租赁资产的绩效。③租赁资产的使用。

三是，购买选择权的行权价格，前提是承租人合理确定会行使该选择权。

在租赁期开始日，承租人应评估是否合理确定会行使购买租赁资产的选择权。在评估时，承租人应考虑所有相关事实和情况，这些因素可能对其行使或不行使购买选择权产生经济激励。如果承租人合理确定会行使购买租赁资产的选择权，则租赁付款额中应包含购买选择权的行权价格。

四是，行使终止租赁选择权需支付的款项，前提是承租人合理确定会行使终止租赁选择权。

在租赁期开始日，承租人应评估是否合理确定会行使终止租赁选择权。在评估时，承租人应考虑所有相关事实和情况，这些因素可能对其行使或不行使终止租赁选择权产生经济激励。如果承租人合理确定会行使终止租赁选择权，则租赁付款额中应包含行使该选择权需支付的款项，且租赁期不应包含终止租赁选择权涵盖的期间。

五是，预计应支付的担保余值款项。

担保余值，是指第三方为出租人提供担保，保证在租赁结束时租赁资产的价值至少为某指定金额。如果承租人提供了对余值的担保，则租赁付款额中应包含预计应支付的担保余值款项。该金额反映了承租人预计将支付的金额，而不是担保余值下的最大敞口。

（2）折现率。租赁负债应根据租赁期开始日尚未支付的租赁付款额的现值进行初始计量。在计算租赁付款额的现值时，承租人应采用租赁内含利率作为折现率。如果无法确定租赁内含利率，则应当采用承租人的增量借款利率作为折现率。

2. 使用权资产的初始计量

使用权资产，是指承租人在租赁期内使用租赁资产的权利。在租赁期开始日，承租人应按照成本对使用权资产进行初始计量。该成本包括以下内容：

（1）租赁负债的初始计量金额。

（2）在租赁期开始日或之前支付的租赁付款额。存在租赁激励的，应扣除已享受的租赁激励金额。

（3）承租人发生的初始直接费用。

（4）承租人预计为拆卸及移除租赁资产、复原租赁资产所在场地或将租赁资产恢复至租赁条款约定状态而发生的成本。

关于上述第四项成本，承租人应在有义务承担这些成本时，将其确认为使用权资产成本的一部分。但是，如果承租人在特定期间内将使用权资产用于生产存货而发生，则上述成本应按照存货的相关规定进行会计处理。承租人应当按照或有事项的相关准则对上述成本的支付义务进行确认和计量。

在某些情况下，承租人可能在租赁期开始前就发生了与租赁资产相关的经济业务或事项。例如，租赁合同双方经协商约定，租赁资产需经建造或重新设计后方可供承租人使用。根据合同条款与条件，可知承租人需支付与资产建造或设计相关的成本。承租人如发生与租赁资产建造或设计相关的成本，应适用其他相关准则进行会计处理。需要注意的是，与租赁资产建造或设计相关的成本不包括承租人为获取租赁资产使用权而支付的款项，此类款项无论在何时支付，均属于租赁付款额。

承租人发生的租赁资产改良支出不属于使用权资产，应当计入"长期待摊费用"科目。

3. 租赁负债的后续计量

（1）计量基础

在租赁期开始日后，承租人应当按照下列原则对租赁负债进行后续计量：①在确认租赁负债的利息时，增加租赁负债的账面金额；②在支付租赁付款额时，减少租赁负债的账面金额；③因重估或租赁变更等原因导致租赁付款额发生变动时，重新计量租赁负债的账面价值。

承租人应当按照固定的周期性利率计算租赁负债在租赁期内各期间的利息费用，并计入当期损益，但按照其他准则规定应当计入相关资产成本的，从其规定。此处的周期性利率，是指承租人对租赁负债进行初始计量时所采用的折现率，或者因租赁付款额发生变动或因租赁变更而需按照修订后的折现率对租赁负债进行重新计量时，承租人所采用的修订后的折现率。

（2）租赁负债的重新计量

在租赁期开始日后，当发生下列四种情形时，承租人应当按照变动后的租赁付款额的现值重新计量租赁负债，并相应调整使用权资产的账面价值。使用权资产的账面价值已调减至零，但租赁负债仍需进一步调减的，承租人应当将剩余金额计入当期损益。

（ⅰ）实质固定付款额发生变动。如果租赁付款额最初是可变的，但在租赁期开始日后的某一时点转为固定，那么，在潜在可变性消除时，该付款额成为实质固定付款额，应纳入租赁负债的计量。承租人应当按照变动后租赁付款额的现值重新计量租赁负债。在该情形下，承租人采用的折现率不变，即采用租赁期开始日确定的折现率。

（ⅱ）担保余值预计的应付金额发生变动。在租赁期开始日后，承租人应对其在担保余值下预计支付的金额进行估计。该金额发生变动的，承租人应当按照变动后租赁付款额的现值重新计量租赁负债。在该情形下，承租人采用的折现率不变。

（ⅲ）用于确定租赁付款额的指数或比率发生变动。在租赁期开始日后，因浮动利率的变动而导致未来租赁付款额发生变动的，承租人应当按照变动后租赁付款额的现值重新计量租赁负债。在该情形下，承租人应采用反映利率变动的修订后的折现率进行折现。

在租赁期开始日后，因用于确定租赁付款额的指数或比率（浮动利率除外）的变动而导致未来租赁付款额发生变动的，承租人应当按照变动后租赁付款额的现值重新计量租赁负债。在该情形下，承租人采用的折现率不变。

需要注意的是，仅当现金流量发生变动时，即租赁付款额的变动生效时，承租人才应重新计量租赁负债，以反映变动后的租赁付款额。承租人应基于变动后的合同付款额，确定剩余租赁期内的租赁付款额。

（ⅳ）购买选择权、续租选择权或终止租赁选择权的评估结果或实际行使情况发生变化。

4. 使用权资产的后续计量

（1）计量基础

（ⅰ）在租赁期开始日后，承租人应当采用成本法对使用权资产进行后续计量，即以成本减累计折旧及累计减值损失计量使用权资产。

（ⅱ）承租人按照新租赁准则有关规定重新计量租赁负债的，应当相应调整使用权资产的账面价值。

（2）使用权资产的折旧

（ⅰ）承租人应当参照《企业会计准则第 4 号——固定资产》有关折旧规定，自租赁期开始日起对使用权资产计提折旧。

（ⅱ）使用权资产通常应自租赁期开始的当月计提折旧，当月计提确有困难的，为便于实务操作，企业也可以选择自租赁期开始的下月计提折旧，但应对同类使用权资产采取相同的折旧政策。

（ⅲ）计提的折旧金额应根据使用权资产的用途，计入相关资产的成本或者当期损益。

（ⅳ）承租人在确定使用权资产的折旧方法时，应当根据与使用权资产有关的经济利益的预期消耗方式做出决定。

通常，承租人按直线法对使用权资产计提折旧，其他折旧方法更能反映使用权资产有关经济利益预期消耗方式的，应采用其他折旧方法。

（ⅴ）承租人在确定使用权资产的折旧年限时，应遵循以下原则：①承租人能够合理确定租赁期届满时取得租赁资产所有权的，应当在租赁资产剩余使用寿命内计提折旧；②承租人无法合理确定租赁期届满时能够取得租赁资产所有权的，应当在租赁期与租赁资产剩余使用寿命两者相比后较短的期间内计提折旧。③如果使用权资产的剩余使用寿命短于前两者，则应在使用权资产的剩余使用寿命内计提折旧。

（3）使用权资产的减值

在租赁期开始日后，承租人应当按照《企业会计准则第 8 号——资产减值》的规定，确定使用权资产是否发生减值，并对已识别的减值损失进行会计处理。

（二）国际会计准则对承租人的会计处理

1. 初始计量

《国际会计准则第 17 号——租赁》规定，承租人需在资产负债表里确认使用权资产和租赁负债。根据"使用权"原则，在租赁开始时，承租人要确认具有使用的确认权的租赁物作为资产，以及相应需要支付的租赁负债。

原则上，新的租赁会计遵循《国际会计准则第 17 号——租赁》有关融资租赁的规定，但是在《国际会计准则第 17 号——租赁》里，标的资产的使用权取代了具体的租赁物品。租赁债务反映了承租人在获得租赁物品使用的控制权时应履行支付的金额。短期租赁和低值租赁的承租人可以选择豁免资产负债表中列报使用权和相应的租赁义务。

一旦确认使用权，就必须在财务报表或附录中单独披露。同样，租赁负债也要区别于其他金融负债，在财务报表中单独列报或在附录中单独披露（《国际财务报告准则第 16 号——租赁》）。

按照《国际财务报告准则第 16 号——租赁》，可知承租人以尚未支付的租赁付款额的现值来进行租赁负债的初始计量。租赁付款额的计算与《国际会计准则第 17 号——租赁》不同，不仅包括固定付款额，还包括取决于一项指数（例如居民消费价格指数）或利率的可变租赁付款额。还要考虑到在残值担保下预计承租人应支付的金额，以及足够用于购买期权或支付解约赔偿的支付额。

在租赁期内，承租人应使用租赁的内部收益率计算租赁付款额的现值。这个内部收益率使租赁付款额现值和未担保残值的现值之和等于标的资产公允价值与初始直接费用之和。如果租赁中的内部收益率无法确定，则应使用边际借款利率，其边际借款利率可以通过在《国际会计准则第 17 号——租赁》中的类似方法获得。

根据《国际财务报告准则第 16 号——租赁》，可知使用权资产的价值以初始成本计量，包括初始租赁负债、预付租赁付款额和租赁激励的差额、合同产生的直接费用以及拆除、复原等费用。

2. 后续计量

根据《国际财务报告准则第 16 号——租赁》，可知承租人按成本法对使用权资产进行后续计量，并且根据《国际会计准则第 16 号——不动产、厂房和设备》的规定对使用权资产进行定期折旧。在通常情况下，企业按直线法计提折旧，计提期限为租赁物品的剩余经济寿命或租赁期中较短的那一个。租赁负债的后续计量采用实际利率法，因此，融资租赁负债的计量与现行处理方式一致，而经营租赁负债会有不同的结果分摊。如果在目前还保持线性不变，则未来会由于利息部分下降而降低（所谓的前置）。

按照《国际财务报告准则第 16 号——租赁》和《国际会计准则第 36 号——资产减值》的要求，承租人在资产负债表日对使用权进行减值测试。如果承租人按照《国际会计准则第 40 号——投资性房地产》，以公允价值计量投资性不动产，那么该计量也适用于相应的使用权。承租人参照《国际会计准则第 16 号——不动产、厂房和设备》里的重估价模式对资产重估时，应重估同类使用权资产。

对《国际会计准则第 17 号——租赁》来讲的一个重要改变是重新评估租赁负债。在后续计量中，需要检查是否有必要重新评估租赁负债。当购买选择权的评估、在残值担保下预计应付的金额和用来确定租赁付款额的指数或利率发生变化时，在可能需要修订折现率的情况下，承租人必须重新计量租赁负债。根据《国际财务报告准则第 16 号——租赁》，可知承租人将重新计量因租赁负债而导致的变动，调整使用权资产的计量。

五、出租人会计处理差异

在出租人的会计处理方面，《企业会计准则第 21 号——租赁》与《国际财务报告准则第 16 号——租赁》基本一致，现就《企业会计准则第 21 号——租赁》的具体内容进行阐述。

（一）融资租赁的处理

1. 初始计量

在租赁期开始日，出租人应当对融资租赁确认应收融资租赁款，并终止确认融资租赁资产。

出租人对应收融资租赁款进行初始计量时，应当以租赁投资净额作为应收融资租赁款的入账价值。租赁投资净额的计算公式如下：

租赁投资净额＝（未担保余值＋租赁期开始日未收到的租赁收款额）的现值。

（1）租赁收款额

租赁收款额的计算公式如下：

租赁收款额＝承租人需支付的固定付款额及实质固定付款额（扣除租赁激励）＋承租人需支付的取决于指数或比率的可变租赁付款额＋承租人行使购买选择权的行权价格（合理确定将行使）＋承租人行使终止租赁选择权需支付的款项（合理确定将行使）＋承租人提供的担保余值下预计应支付的款项

（2）折现率

租赁内含利率，是指使出租人的租赁收款额的现值与未担保余值的现值之和等于租赁资产公允价值与出租人的初始直接费用之和的利率。

（3）概念区分

租赁投资总额是指租赁收款额与未担保余值之和的数值

租赁投资净额（应收融资租赁款）是指尚未收到的租赁收款额的现值与未担保余值的现值之和的数值。

租赁收款额类似租赁付款额，其内容包含：

（1）承租人需支付的固定付款额及实质固定付款额。存在租赁激励的，应当扣除租赁激励相关金额。

（2）取决于指数或比率的可变租赁付款额。该款项在初始计量时根据租赁期开始日的指数或比率确定。

（3）购买选择权的行权价格，前提是合理确定承租人将行使该选择权。

（4）承租人行使终止租赁选择权需支付的款项，前提是租赁期反映出承租人将行使终止租赁选择权。

（5）由承租人、与承租人有关的一方以及有经济能力履行担保义务的独立第三方向出租人提供的担保余值。

【例 14-1】2×19 年 12 月 1 日，甲公司与乙公司签订了一份租赁合同，从乙公司租入塑钢机一台。租赁合同主要条款如下：

（1）租赁资产：全新塑钢机。

（2）租赁期开始日：2×20 年 1 月 1 日。

（3）租赁期：2×20 年 1 月 1 日至 2×25 年 12 月 31 日，共 72 个月。

（4）固定租金支付：自 2×20 年 1 月 1 日起，每年年末支付租金 160 000 元。如果甲公司能够在每年年末的最后一天及时付款，则给予减少租金 10 000 元的奖励。

（5）取决于指数或比率的可变租赁付款额：租赁期限内，如遇中国人民银行贷款基准利率调整时，出租人将对租赁利率作出同方向、同幅度的调整。基准利率调整日之前各期和调整日当期租金不变，从下一期租金开始按调整后的租金金额收取。

（6）租赁开始日租赁资产的公允价值：该机器在 2×19 年 12 月 31 日的公允价值为 700 000 元，账面价值为 600 000 元。

（7）初始直接费用：签订租赁合同过程中乙公司发生可归属于租赁项目的手续费、佣金 10 000 元。

（8）承租人的购买选择权：租赁期届满时，甲公司享有优惠购买该机器的选择权，购买价为 20 000 元，估计该日租赁资产的公允价值为 80 000 元。

（9）取决于租赁资产绩效的可变租赁付款额：2×21 年和 2×22 年两年，甲公司每年按该机器所生产的产品——塑钢窗户的年销售收入的 5% 向乙公司支付。

（10）承租人的终止租赁选择权：甲公司享有终止租赁选择权。在租赁期间，如果甲公司终止租赁，需支付的款项为剩余租赁期间的固定租金支付金额。

（11）担保余值和未担保余值均为 0。

（12）全新塑钢机的使用寿命为 7 年。

解：出租人乙公司的会计处理如下：

第一步，判断租赁类型。

本例存在优惠购买选择权，优惠购买价 20 000 元远低于行使选择权日租赁资产的公允价值 80 000 元，因此在 2×19 年 12 月 31 日就可合理确定甲公司将会行使这种选择权。另外，在本例中，租赁期 6 年，占租赁开始日租赁资产使用寿命的 86%（占租赁资产使用寿命的大部分）。

同时，乙公司综合考虑其他各种情形和迹象，认为该租赁实质上转移了与该项设备所有权有关的几乎全部风险和报酬，因此将这项租赁认定为融资租赁。

第二步，确定租赁收款额。

（1）承租人的固定付款额为考虑扣除租赁激励后的金额。

承租人的固定付款额＝（160 000－10 000）×6＝900 000（元）

（2）取决于指数或比率的可变租赁付款额。该款项在初始计量时根据租赁期开始日的指数或比率确定，因此本例题在租赁期开始日不作考虑。

（3）承租人购买选择权的行权价格。租赁期届满时，甲公司享有优惠购买该机器的选择权，购买价为 20 000 元，估计该日租赁资产的公允价值为 80 000 元。优惠购买价 20 000 元远低于行使选择权日租赁资产的公允价值，因此在 2×19 年 12 月 31 日就可合理确定甲公司将会行使这种选择权。

结论：租赁付款额中应包括承租人购买选择权的行权价格 20 000 元。

（4）终止租赁的罚款。虽然甲公司享有终止租赁选择权，但若终止租赁，甲公司需支付的款项为剩余租赁期间的固定租金支付金额。

结论：根据上述条款，可以合理确定甲公司不会行使终止租赁选择权。

（5）由承租人向出租人提供的担保余值：甲公司向乙公司提供的担保余值为 0。

综上所述，租赁收款额＝900 000＋20 000＝920 000（元）

第三步，确认租赁投资总额。

租赁投资总额＝在融资租赁下出租人应收的租赁收款额＋未担保余值＝920 000＋0＝920 000（元）

第四步，确认租赁投资净额的金额和未实现融资收益。

租赁投资净额＝租赁资产在租赁期开始日的公允价值＋出租人发生的租赁初始直接费用＝700 000＋10 000＝710 000（元）

未实现融资收益＝租赁投资总额－租赁投资净额＝920 000－710 000＝210 000（元）

第五步，计算租赁内含利率。

租赁内含利率是指租赁投资总额的现值（即租赁投资净额）等于租赁资产在租赁开始日的公允价值与出租人的初始直接费用之和的利率。

在本例中列出公式 150 000×(P/A，r，6)＋20 000×(P/F，r，6)＝710 000，使用内插法计算得到租赁的内含利率为 7.82%（P/A 表示年金现值，r 为内含利率，P/F 为复利现值）。

第六步，账务处理。

2×20 年 1 月 1 日：

借：应收融资租赁款——租赁收款额   920 000

　　贷：银行存款　　　　　　　　　　　　　　　　　10 000

　　　　融资租赁资产　　　　　　　　　　　　　　600 000

　　　　资产处置损益　　　　　　　　　　　　　　100 000

　　　　应收融资租赁款——未实现融资收益　　　　210 000

2. 后续计量

【例 14-2】 接例 14-1，租赁负债及利息如表 14-2 所示。

表 14-2　租赁负债及利息

日期	租赁负债	利息	租赁付款额
①	②	③＝期初④×7.82%（保留整数）	期末④＝期初④－②＋③
2×20 年 1 月 1 日			710 000
2×20 年 12 月 31 日	150 000	55 522	615 522
2×21 年 12 月 31 日	150 000	48 134	513 656
2×22 年 12 月 31 日	150 000	40 168	403 824
2×23 年 12 月 31 日	150 000	31 579	285 403
2×24 年 12 月 31 日	150 000	22 319	157 722
2×25 年 12 月 31 日	150 000	12 278*	20 000
2×25 年 12 月 31 日	20 000		
合计	920 000	210 000	

注：* 做尾数调整 12 278＝150 000＋20 000－157 722

　　2×20 年 12 月 31 日收到第一期租金时：

　　借：银行存款　　　　　　　　　　　　　　　　150 000

　　　　贷：应收融资租赁款——租赁收款额　　　　　　150 000

　　借：应收融资租赁款——未实现融资收益　　　　 55 522

　　　　贷：租赁收入　　　　　　　　　　　　　　　　 55 522

　　2×21 年 12 月 31 日收到第二期租金时：

　　借：银行存款　　　　　　　　　　　　　　　　150 000

　　　　贷：应收融资租赁款——租赁收款额　　　　　　150 000

　　借：应收融资租赁款——未实现融资收益　　　　 48 134

　　　　贷：租赁收入　　　　　　　　　　　　　　　　 48 134

（二）经营租赁的处理

出租人对经营租赁的会计处理，如表 14 - 3 所示。

表 14 - 3　出租人对经营租赁的会计处理

出租人对经营租赁的会计处理	
租金的处理	在租赁期内各个期间，出租人应采用直线法或者其他系统合理的方法将经营租赁的租赁收款额确认为租金收入
出租人提供激励措施	①出租人提供免租期，出租人应将租金总额在不扣除免租期的整个租赁期内，按直线法或其他合理的方法进行分配，免租期内应当确认租金收入。②出租人承担了承租人某些费用的，出租人应将该费用从租金收入总额中扣除，按扣除后的租金收入余额在租赁期内进行分配
初始直接费用	出租人发生的与经营租赁有关的初始直接费用应当资本化至标的资产的成本，在租赁期内按照与租金收入相同的确认基础分期计入当期损益
折旧和减值	按标的资产适用的会计准则进行相应处理
可变租赁付款额	出租人取得的与经营租赁有关的可变租赁付款额，如果是与指数或比率挂钩的，应在租赁期开始日计入租赁收款额；除此之外的，应当在实际发生时计入当期损益
经营租赁的变更	经营租赁发生变更的，出租人应自变更生效日开始，将其作为一项新的租赁进行会计处理，与变更前租赁有关的预收或应收租赁收款额视为新租赁的收款额

六、售后租回会计处理差异

在售后租回的会计处理方面，《企业会计准则第 21 号——租赁》与《国际财务报告准则第 16 号——租赁》的内容基本一致，现就企业会计准则的具体内容进行阐述。

若企业（卖方兼承租人）将资产转让给其他企业（买方兼出租人），并从买方兼出租人租回该项资产，则卖方兼承租人和买方兼出租人均应按照售后租回交易的规定进行会计处理。企业应当按照本书第十五章关于收入的规定，评估确定售后租回交易中的资产转让是否属于销售，并进行相应会计处理。

在资产的法定所有权转移给出租人并将资产租赁给承租人之前，承租人可能会先获得该资产的法定所有权。但是，是否具有资产的法定所有权本身并非会计处理的决定性因素。如果承租人在资产转移给出租人之前已经取得对该资产的控制，则该交易属于售后租回交易。然而，如果承租人在资产转移给出租人之前未能取得对该资产的控制，那么即便承租人在资产转移给出租人之前先获得该资产的法定所有权，该交易也不属于售后租回交易。

【例 14-3】甲公司（卖方兼承租人）以 24 000 000 元的价格向乙公司（买方兼出租人）出售一栋建筑物，款项已收存银行。交易前该建筑物的账面原值是 24 000 000 元，累计折旧是 4 000 000 元。与此同时，甲公司与乙公司签订了合同，取得了该建筑物 18 年的使用权（全部剩余使用年限为 40 年），年租金为 2 000 000 元，于每年年末支付，租赁期满时，甲公司将以 100 万元购买该建筑物。根据交易的条款和条件，甲公司转让建筑物不满足《企业会计准则第 14 号——收入》（2017 年修订）中关于销售成立的条件。假设不考虑初始直接费用和各项税费的影响。该建筑物在销售当日的公允价值为 36 000 000 元。分析：在租赁期开始日，甲公司对该交易的会计处理如下：

借：银行存款　　　　　　　　　　　　　　　24 000 000
　　贷：长期应付款　　　　　　　　　　　　　　　24 000 000

在租赁期开始日，乙公司对该交易的会计处理如下：

借：长期应收款　　　　　　　　　　　　　　24 000 000
　　贷：银行存款　　　　　　　　　　　　　　　24 000 000

七、信息披露差异

企业会计准则和国际财务报告准则的信息披露差异如表 14-4 所示。

表 14-4　两种准则的信息披露差异

	企业会计准则	国际财务报告准则
列报	明确租赁负债通常分别在非流动负债和一年内到期的非流动负债列示	在《国际财务报告准则第 16 号——租赁》中未明确要求承租人对租赁负债须分别在非流动负债和一年内到期的非流动负债列示
	明确在现金流量表中，偿还租赁负债本金和利息所支付的现金应当计入筹资活动现金流出	偿还租赁负债的利息未明确必须在筹资活动现金流出

（续）

企业会计准则	国际财务报告准则
	如果承租人采用《国际会计准则第 40 号——投资性房地产》中的公允价值法计量投资性地产，则对符合投资性地产定义的使用权资产也应采用公允价值法计量，并在"投资性地产"科目列报

◈ 思考与练习题 ◈

一、思考题

1. 根据《企业会计准则第 21 号——租赁》的定义，如何判断一个合同是否构成租赁或包含租赁？

2. 在租赁负债的初始计量中，如果承租人面临多套可行的付款额方案，应当如何选择用于确定租赁付款额的方案？

3. 承租人怎样确定融资租入资产的折旧年限？

二、单选题

1. 根据《企业会计准则第 21 号——租赁》，（　　）不属于租赁的范畴。

A. 承租人通过许可使用协议取得的电影版权

B. 出租人授予的知识产权许可

C. 承租人承租生物资产

D. 出租人出租持有的投资性房地产

2. 《企业会计准则第 21 号——租赁》与《国际会计准则第 17 号——租赁》在适用范围上最大的区别是（　　）。

A. 不适用于所有租赁

B. 不适用于服务合约

C. 对无形资产的租赁有特殊规定

D. 不适用于勘探不可再生资源的租赁

3. （　　）是《国际会计准则第 17 号——租赁》对租赁的定义。

A. 出租人将资产的使用权让与承租人，以换取对价的合同

B. 出租人将资产的所有权让与承租人，以换取对价的合同

C. 出租人将资产的使用权让与承租人，以换取一项或一系列支付作为回报的协议

D. 出租人将资产的使用权让与承租人，以换取资产维修服务的协议

4. 承租人甲公司与出租人乙公司于 2×22 年 1 月 1 日签订了为期 7 年的商铺租赁合同。每年的租赁付款额为 90 万元，在每年年末支付。甲公司确定租赁内含年利率为 5.04%。在租赁期开始日，甲公司按租赁付款额的现值所确认的租赁负债为 520 万元。不考虑其他因素，2×22 年 12 月 31 日租赁负债的账面价值是（　　）万元。

    A. 430   B. 456.21   C. 493.80   D. 540

5. 甲公司与出租人就 1 000 平方米的办公场所签订了一项为期 10 年的租赁合同。在第 6 年年初，甲公司和出租人同意对原租赁剩余的 5 年租赁合同进行修改，以扩租同一建筑物内 800 平方米的办公场所。扩租的场所于第 6 年第二季度末时可供甲公司使用。租赁总对价的增加额与新增 800 平方米办公场所的当前市价根据甲公司所获折扣进行调整后的金额相当，该折扣反映了出租人节约的成本，即将相同场所租赁给新租户则出租人会发生的额外成本（如营销成本）。下列会计处理表述中，正确的是（　　）

    A. 甲公司对原来的 1 000 平方米办公场所租赁的会计处理应进行调整

    B. 甲公司将该修改作为一项单独的租赁

    C. 甲公司应将原 1 000 平方米和新增 800 平方米的租赁合并为一项租赁

    D. 甲公司应对租赁总对价增加额进行追溯调整

6. 2×22 年 7 月 1 日，甲公司与乙公司签订了一项写字楼租赁合同，甲公司将该写字楼以经营租赁方式出租给乙公司。合同约定，租赁期为 2×22 年 7 月 1 日至 2×23 年 6 月 30 日租赁期前 2 个月免收租金，后 10 个月每月收取租金 30 万元，此外，甲公司承担了本应由乙公司负担的电子灯牌制作安装费 6 万元。甲公司按直线法确认租金收入。不考虑其他因素，甲公司 2×22 年度应确认的租金收入是（　　）万元。

    A. 120   B. 98   C. 147   D. 150

7. 2×22 年 1 月 1 日，甲公司与乙公司签订租赁合同，将其一栋物业租赁给乙公司作为商场使用。根据合同约定，物业的租金为每月 100 万元，于每季末支付，租赁期为 5 年自合同签订日开始算起，租赁期首 3 个月为免租期，乙公司免予支付租金，如果乙公司每年的营业收入超过 10 亿元，乙公司应向甲公司支付经营分享收入 200 万元。乙公司 2×22 年度实现营业收入 11 亿元。甲公司认定上述租赁为经营租赁，甲公司发生的初始直接费用为 10 万元。不考虑增值税及其他因素，上述交易对甲公司 2×22 年度营业利润的影响金额是

（　　）万元。

  A. 1 340   B. 1 330   C. 1 138   D. 1 338

8. 出租人将最低租赁收款额、初始直接费用与未担保余值之和同它们的现值之和的差额记录为（　　）。

  A. 未确认融资费用   B. 递延费用

  C. 未实现融资收益   D. 递延收益

9. 在经营租赁方式下，出租人收到的租金（　　）。

  A. 应在租赁期内的各个期间按直接法确认为收入

  B. 在收到时直接确认为收入

  C. 如果其他方法更合理，也可以采用其他方法确认为收入

  D. 租赁期满时确认为收入

三、多选题

1. 在比较中国企业会计准则与国际会计准则时，（　　）是存在的。

  A. 适用范围完全相同

  B. 租赁的定义存在差异

  C. 融资租赁和经营租赁的分类标准相同

  D. 租赁负债的初始计量方法一致

  E. 使用权资产的后续计量基础存在差异

2. （　　）会影响租赁付款额的确定。

  A. 承租人的信用评级

  B. 租赁资产的公允价值

  C. 承租人源自租赁资产的绩效

  D. 租赁资产的使用情况

  E. 出租人的融资成本

3. 下列关于在中国企业会计准则与国际会计准则中融资租赁分类标准的差异，（　　）是正确的。

  A. 企业会计准则要求租赁期届满时，租赁资产的所有权必须转移给承租人

  B. 国际会计准则要求租赁期占资产使用年限的大部分时间

  C. 企业会计准则不考虑承租人购买租赁资产的选择权

  D. 国际会计准则要求租赁最低付款的现值必须大于或等于租赁资产的公允价值

E. 企业会计准则和国际会计准则都要求承租人能够单独使用租赁资产

4. 融资租赁租入固定资产的入账价值为（　　　）。

A. 最低租赁付款额的现值　　　　　　B. 租赁资产公允价值

C. 最低租赁付款额　　　　　　　　　D. 最低租赁收款额

5. 在经营租赁方式下，出租人收到的租金（　　　）。

A. 应在租赁期内的各个期间按直接法确认为收入

B. 在收到时直接确认为收入

C. 如果其他方法更合理，也可以采用其他方法确认为收入

D. 租赁期满时确认为收入

6. 最低租赁收款额是指（　　　）。

A. 或有租金和履约成本

B. 承租人或与其有关第三方或独立的第三方的担保余值

C. 各期租金

D. 租赁期满时低廉的所有权转让费

7. 关于出租人对经营租赁的会计处理，下列项目中正确的有（　　　）。

A. 在租赁期内各个期间，出租人应当采用直线法或其他系统合理的方法，将经营租赁的租赁收款额确认为租金收入

B. 出租人发生的与经营租赁有关的初始直接费用应当资本化至租赁标的资产的成本，在租赁期内按照与租金收入确认相同的基础进行分摊，分期计入当期损益

C. 对于经营租赁资产中的固定资产，出租人应当采用类似资产的折旧政策计提折旧

D. 出租人取得的与经营租赁有关的未计入租赁收款额的可变租赁付款额，应当在实际发生时计入当期损益

8. 关于售后租回交易的会计处理，下列项目中正确的有（　　　）。

A. 在售后租回交易中的资产转让属于销售的，承租人应当按原资产账面价值与售价的差额确认相关利得或损失

B. 如果销售对价的公允价值与资产的公允价值不同，或者出租人未按市场价格收取租金，则企业应当将销售对价低于市场价格的款项作为预付租金进行会计处理，将高于市场价格的款项作为出租人向承租人提供的额外融资进行会计处理；同时，承租人按照公允价值调整相关销售利得或损失，出租人按市场价格调整租金收入

C. 在售后租回交易中的资产转让不属于销售的，承租人应当继续确认被转让资产，同时确认一项与转让收入等额的金融负债，并按照《企业会计准则第 22 号——金融工具确认和计量》对该金融负债进行会计处理

D. 在售后租回交易中的资产转让不属于销售的，出租人应确认被转让资产

四、计算题

1. 承租人甲公司就某写字楼的一层楼与出租人乙公司签订为期 10 年的租赁协议，并拥有 5 年的续租选择权。有关资料如下：①初始租赁期内的不含税租金为每年 50 000 元，续租期间为每年 55 000 元，所有款项应于每年年初支付；②为获得该项租赁，甲公司发生初始直接费用 20 000 元，其中，15 000 元为向该楼层前任租户支付的款项，5 000 元为向房地产中介支付的佣金；③作为对甲公司的激励，乙公司同意补偿甲公司 5 000 元的佣金；④在租赁期开始日，甲公司评估后认为，不能合理确定将行使续租选择权，因此，将租赁期确定为 10 年；⑤甲公司无法确定租赁内含利率，其增量借款利率为每年 5%，该利率反映的是甲公司以类似抵押条件借入期限为 10 年、与使用权资产等值的相同币种的借款而必须支付的利率。假设不考虑相关税费影响。

问题：求甲公司使用权资产的初始成本

2. 甲公司是一家设备生产商，与乙公司（生产型企业）签订了一份租赁合同，向乙公司出租所生产的设备，合同主要条款如下：①租赁资产：设备 A；②租赁期：2×22 年 1 月 1 日至 2×28 年 12 月 31 日，共 7 年；③租金支付：自 2×22 年起每年末支付年租金 475 万元此外，乙公司还应根据每年使用该设备所生产产品的销售收入的 1% 向甲公司支付可变租金；④租赁合同规定的利率：6%（年利率），与市场利率相同；⑤该设备于 2×22 年 1 月 1 日交付乙公司，预计使用寿命为 7 年；⑥租赁期内该设备的保险、维修等费用均由乙公司自行承担。该设备于 2×22 年 1 月 1 日的公允价值为 2 700 万元，账面价值为 2 000 万元，甲公司认为租赁到期时该设备余值为 72.8 万元，乙公司及其关联方未对余值提供担保；⑦甲公司取得该租赁发生的相关成本为 5 万元；⑧2×22 年 12 月 31 日，甲公司预计自初始确认后，对乙公司的租赁应收账款的信用风险显著增加，甲公司按整个存续期计量损失准备的金额为 50 万元；⑨2×22 年度，乙公司使用 A 设备生产的产品销售收入为 2 000 万元，于 2×22 年 12 月 31 日向甲公司支付可变租金。

已知（P/A，6%，7）=5.582 4，（P/F，6%，7）=0.665 1（P/A 为年金现值，P/F 为复利现值）。假设不考虑其他因素和各项税费影响。

要求：

（1）判断甲公司租赁类型，并说明理由。

（2）计算租赁期开始日租赁收款额按市场利率折现的现值和确认收入金额。

（3）计算未担保余值的现值和销售成本金额。

（4）编制甲公司租赁期开始日的会计分录。

（5）编制甲公司 2×22 年 12 月 31 日与该租赁相关的会计分录。

第十五章　收入和建造合同

【学习目标】

通过本章的学习，学生要了解收入的具体定义，掌握商品销售收入的确认和计量，掌握商品销售收入的确认条件及其运用，掌握特定交易的会计处理，理解两种会计准则在建造合同上的差异。

【学习重点】

收入的确认；特定交易的会计处理。

【学习难点】

收入的确认；特定交易的会计处理。

一、收入定义的差异

首先，《企业会计准则第 14 号——收入》对收入的定义较为详细和具体。在《企业会计准则第 14 号——收入》下，收入被明确定义为企业在日常活动中形成的、会导致所有者权益增加的、与所有者投入资本无关的经济利益的总流入。这一定义强调了收入的三个核心特征：①来源于企业的日常活动；②会导致所有者权益的增加；③与所有者投入的资本无关。《企业会计准则第 14号——收入》进一步区分了收入的种类，主要包括销售商品收入、提供劳务收入和让渡资产使用权收入等。

相比之下，《国际财务报告准则第 15 号——客户合同收入》在收入定义上更注重其经济实质。虽然《国际财务报告准则第 15 号——客户合同收入》也强调收入是企业在正常经营业务中所产生的经济利益的增加，但它更侧重于收入的经济实质而非其法律形式。《国际财务报告准则第 15 号——客户合同收入》更注重收入是否反映了企业经济活动的真实情况，而不仅仅是其是否符合某种特定的法律或合同安排。

二、收入的确认和计量

在收入的确认和计量方面，中国企业会计准则和国际财务报告准则都遵循收入五步法：①识别与客户订立的合同；②识别合同中的单项履约义务；③确定交易价格；④将交易价格分摊至各单项履约义务；⑤履行每一单项履约义务时确认收入。

（一）识别与客户订立的合同

1. 收入确认的原则差异

中国企业会计准则更侧重于收入的实际发生和可计量性，即客户在取得相关产品（包括服务）控制权时确认收入。而国际财务报告准则更注重收入实现的可能性以及相关的风险和报酬是否已转移给买方，从而确定收入确认的时点。

2. 合同成立的条件

两个准则都遵循以下五个条件：一是合同双方已批准该合同并承诺将履行各自义务；二是该合同明确了合同各方与所转让商品相关的权利与义务；三是该合同有明确的与所转让商品相关的支付条款；四是该合同具有商业实质；五是企业因客户转让商品而有权取得的对价很可能收回。

（二）识别合同中的单项义务

在合同开始日，企业对合同进行评估，识别该合同所包含的各单项履约义务。履约义务，是指合同中企业向客户转让可明确区分商品的承诺。需要注意的是，以下三种情况属于合同层面不可明确区分的例子：

（1）企业需要提供重大服务以将该商品与合同中承诺的其他商品整合成合同约定的组合产出转让给客户。

（2）该商品将会对合同中承诺的其他商品予以重大修改或定制。

（3）该商品与合同中承诺的其他商品具有高度关联性。

（三）确定交易价格

交易价格，是指企业因向客户转让商品而预期有权收取的对价金额。企业代第三方收取的款项（例如增值税）以及企业预期将退还给客户的款项，应当作为负债进行会计处理，不计入交易价格。

中国企业会计准则和国际财务报告准则都包含以下四种情形：

1. 可变对价

在企业与客户的合同中约定的对价金额可能是固定的，也可能会因折扣、价格折让、返利、退款、奖励积分、激励措施、业绩奖金、索赔等因素而变化。

计量可变对价的原则：企业应对可变对价进行估计，按最佳估计数作为交易价格。

最佳估计数的确定：

最可能金额：在一系列可能发生的对价中，按最可能发生的单一金额估计可变对价（适用于两种可能结果的合同）。

通过概率加权算期望值：按照各种可能发生的对价金额和相关概率估计可变对价（拥有大量类似特征的合同，并估计可能产生多个结果）。

【例 15-1】 甲公司与乙公司签订合同，为其提供电力能源节约设备。甲公司向乙公司仅提供设备购置安装，不参与乙公司电力能源供应的运营和管理，不提供其他服务，但是需要根据法定要求提供质量保证，该合同仅包含一项履约义务。在设备安装完成投入运营后，乙公司向甲公司支付固定价款，总金额为 5 000 万元（等于甲公司对于设备生产安装的实际成本）。在 5 000 万元固定价款付清后，设备所有权移交给乙公司。在设备投入运营后的 4 年内，乙公司于每年结束后，按电力能源实际节约费用的 20% 支付给甲公司。假定不考虑其他因素，请分析该合同的对价金额。

解：该合同的对价金额由两部分组成，即 5 000 万元的固定价格以及在 4 年内按乙公司电力能源实际节约费用的 20% 计算的可变对价。对于固定价格，甲公司应当将 5 000 万元直接计入交易价格。对于可变对价，甲公司应当按照期望值或最可能发生金额确定该可变对价的最佳估计数，计入交易价格的可变对价金额，还应该满足《企业会计准则第 14 号——收入》规定的限制条件（即包含可变对价的交易价格，其应当不超过在相关不确定性消除时，累计已确认的收入极可能不会发生重大转回的金额）。为此，甲公司需要根据电力能源节约设备相关合同约定、项目可行性报告、乙公司的供电运营与管理历史情况、建设项目的最佳供电能力等因素，综合分析评估项目在合同约定的未来 4 年内预计电力能源节约成本，并据此确定可变对价的最佳估计数。同时，计入交易价格的可变对价金额还应该满足《企业会计准则第 14 号——收入》规定的限制条件，并在不确定性消除之前的每一资产负债表日重新评估该可变对价的金额。

2. 合同中存在重大融资成分

当企业将商品的控制权转移给客户的时间与客户实际付款的时间不一致时，如企业以赊销的方式销售商品，或者要求客户支付预付款等。如果各方已在合同中明确（或者以隐含的方式）约定的付款时间为客户或企业就转让商的交易提供了重大融资利益，则合同中包含了重大融资成分。该交易方式有两种类型：一是先发货，后收款；二是先收款，后发货。假定客户在取得商品控制权时就以现金支付的应付金额（即现销价格）确定交易价格（剔除货币时间价值的影响），那么在确定的交易价格（现销价格）与合同承诺的对价金额之间的差额（重大融资成分），应在合同期间内采用实际利率法摊销，确认融资收益或融资费用。

如果时间间隔不超过 1 年则可以简化处理。超过 1 年但是超过主要是因为国家有关部门履行必要审批程序的，比如新能源汽车的补贴款，认为其不存在重大融资成分。

3. 非现金对价

非现金对价包括实物资产、无形资产、股权、客户提供的广告服务等。客户支付非现金对价的，通常情况下，企业应当按照非现金对价在合同开始日的公允价值确定交易价格。非现金对价公允价值不能合理估计的，企业应当参照其承诺向客户转让商品的单独售价来间接确定交易价格。

非现金对价的公允价值可能会因对价的形式而发生变动（例如，企业有权向客户收取的对价是股票，股票本身的价格会发生变动），也可能会因为其形式以外的原因而发生变动。合同开始日后，非现金对价的公允价值因对价形式以外的原因而发生变动的，应当作为可变对价，按照与计入交易价格的可变对价金额的限制条件相关的规定进行处理；合同开始日后，非现金对价的公允价值因对价形式而发生变动的，该变动金额不应计入交易价格。

4. 应付客户对价

企业存在应付客户对价的，应当将该应付对价冲减交易价格，但应付客户对价是为了向客户取得其他可明确区分商品的除外。企业应付客户对价是为了向客户取得其他可明确区分商品的，应当采用与企业其他采购相一致的方式确认所购买的商品。企业应付客户对价超过向客户取得可明确区分商品公允价值的，超过金额应当冲减交易价格。向客户取得的可明确区分商品公允价值不能合理估计的，企业应当将应付客户对价全额冲减交易价格。在将应付客户对价冲减交易价格处理时，企业应当在确认相关收入与支付（或承诺支付）客户对价二者相比后较晚的时点冲减当期收入。

（四）将交易价格分摊至各单项履约义务

当合同中包含两项或多项履约义务时，为了使企业分摊至每一单项履约义务的交易价格能够反映其因向客户转让已承诺的相关商品（或提供已承诺的相关服务）而预期有权收取的对价金额，企业应当在合同开始日，按照各单项履约义务所承诺商品的单独售价的相对比例，将交易价格分摊至各单项履约义务。

单独售价无法直接观察的，企业应当综合考虑其能够合理取得的全部相关信息，采用市场调整法、成本加成法、余值法等方法合理估计单独售价。

市场调整法，是指企业根据某商品或类似商品的市场售价，考虑本企业的成本和毛利等进行适当调整后的金额，确定其单独售价的方法。

成本加成法，是指企业根据某商品的预计成本加上其合理毛利后的金额，确定其单独售价的方法。

余值法，是指企业根据合同交易价格减去合同中其他商品可观察单独售价后的余额，确定某商品单独售价的方法。企业在商品近期售价波动幅度巨大时，或者因未定价且未曾单独销售而使售价无法可靠确定时，可采用余值法估计其单独售价。

【例 15-2】20×7 年 3 月 1 日，甲公司与客户签订合同，向其销售 A、B 两项商品，A 商品的单独售价为 6 000 元，B 商品的单独售价为 24 000 元，合同价款为 25 000 元。合同约定，A 商品于合同开始日交付，B 商品在一个月之后交付，只有当两项商品全部交付之后，甲公司才有权收取 25 000 元的合同对价。假定 A 商品和 B 商品分别构成单项履约义务，其控制权在交付时转移给客户。上述价格均不包含增值税，且假定不考虑相关税费影响，请对甲公司进行相关账务处理。

解：本例中，分摊至 A 商品的合同价款为 5 000 元［6 000÷（6 000＋24 000）×25 000＝5 000 元］，分摊至 B 商品的合同价款为 20 000 元［24 000÷（6 000＋24 000）×25 000＝20 000 元］。甲公司的账务处理如下：

交付 A 产品时：

借：合同资产 　　　　　　　　　　　　　　　　　　5 000
　　贷：主营业务收入 　　　　　　　　　　　　　　　　5 000
交付 B 商品时：
借：应收账款 　　　　　　　　　　　　　　　　　　25 000
　　贷：合同资产 　　　　　　　　　　　　　　　　　5 000
　　　　主营业务收入 　　　　　　　　　　　　　　20 000

（五）履行每一项单项履约义务时确认收入

1. 判断时点履约和时段履约

企业在确认收入之前，首先要判断是时点履约还是时段履约。判断是否为时段履约要考虑以下三个条件，满足其一则是时段履约：

（1）客户在企业履约的同时，取得并消耗企业履约所带来的经济利益。

原则：企业在履约过程中是持续地向客户转移企业履约所带来的经济利益的，该履约义务属于在某一时段内履行的履约义务，企业应当在履行履约义务的期间内确认收入。

（2）客户能够控制企业在履约过程中在建的商品。

企业在履约过程中在建的商品包括在产品、在建工程、尚未完成的研发项目、正在进行的服务等。如果客户在企业创建该商品的过程中就能够控制这些商品，意味着客户在企业提供商品的过程中获得了其利益，应当认为企业提供该商品的履约义务属于在某一时段内履行的履约义务。

（3）企业在履约过程中所产出的商品具有不可替代用途，且该企业在整个合同期间内有权就累计至今已完成的履约部分收取款项。

【例 15 - 3】企业与客户签订合同，在客户拥有的土地上按照客户的设计要求为其建造厂房。在建造过程中客户有权修改厂房设计并与企业重新协商设计变更后的合同价款。客户每月末按当月工程进度向企业支付工程款。如果客户终止合同，已完成建造部分的厂房归客户所有。企业是否应在提供该服务的期间内确认收入？

解：企业为客户建造厂房，该厂房位于客户的土地上，当客户终止合同时，已建造的厂房归客户所有。这些均表明客户在该厂房建造的过程中就能够控制该在建的厂房。因此，企业提供的该建造服务属于在某一时段内履行的履约义务，企业应当在提供该服务的期间内确认收入。

【例 15 - 4】甲公司与乙公司签订合同，为其进行某新药的药理药效实验。合同约定，甲公司按照乙公司预先确定的实验测试的材料、方式和次数进行实验并记录实验结果，且需向乙公司实时汇报和提交在实验过程中所获取的数据资料，实验完成后应向乙公司提交一份药理药效实验报告，用于乙公司后续的临床医药实验。假定该合同仅包含一项履约义务，该项实验工作的流程和所使用的技术相对标准化。如果甲公司中途被更换，那么乙公司聘请另一家实验类企业（以下简称新聘企业）可以在甲公司已完成的工作基础上继续进行药理药效实验并提交实验报告，新聘企业在继续履行剩余履约义务时将不会享有甲公司目前已控制的，且在将剩余履约义务转移给该企业后仍然控制的任何资产的利益。甲公司提供的实验服务属于在某一时段内履行的履约义务吗？

解：甲公司在判断其他企业是否实质上无需重新执行甲公司累计至今已经完成的工作时，应当基于下列两个前提：一是不考虑可能会使甲公司无法将剩余履约义务转移给其他企业的合同限制或实际可行性限制；二是假设新聘企业将不享有甲公司目前已控制的且在将剩余履约义务转移给该新聘企业后仍然控制的任何资产的利益。由于甲公司实验过程中的资料数据已实时提交给乙公司，且如果在甲公司履约的过程中更换其他企业继续进行药理药效实验，其他企业可以在甲公司已完成的工作基础上继续进行药理药效实验并提交实验报告，实质上无需重复执行甲公司累计已经完成的工作，因此，乙公司在甲公司履约的同时就取得并消耗了甲公司履约所带来的经济利益，甲公司提供的实验服务属于在某一时段内履行的履约义务。

2. 在某一时段内履行的履约义务的收入确认方法

在某一时段履约义务的收入确认方法如表 15-1 所示。

表 15-1 在某一时段内履约义务的收入确认方法

履约进度的确定	产出法：根据已转移给客户的商品对客户的价值（即按照已完成的产出）确定履约进度
	投入法：主要是根据企业履行履约义务的投入确定履约进度
资产负债表日	企业应当按照合同的交易价格总额乘以履约进度扣除以前会计期间累计已确认的收入后的金额的值，确认为当期收入
	在每一资产负债表日，企业应当对履约进度进行重新估计。当环境发生变化时，企业也需要重新评估履约进度是否发生变化，以确保履约进度能够反映履约情况的变化，该变化应当作为会计估计变更进行会计处理

（续）

提示	对于在某一时段内履行的履约义务，只有当其履约进度能够合理确定时才应当按照履约进度确认收入。当履约进度不能合理确定时，企业已经发生的成本预计能够得到补偿的，应当按照已经发生的成本金额确认收入，直到履约进度能够合理确定为止

注：本表所列内容的原则：在该时间段内按履约进度确认收入。

【例 15 - 5】甲公司与客户签订合同，为该客户拥有的一条铁路更换 100 根铁轨，合同价格为 10 万元（不含税价）。截至 20×7 年 12 月 31 日，甲公司共更换铁轨 60 根，剩余部分预计在 20×8 年 3 月 31 日之前完成。该合同仅包含一项履约义务，且该履约义务满足在某一时段内履行的条件。假定不考虑其他情况，截至 20×7 年 12 月 31 日，请甲公司确定其履约进度及确认的收入。

解：甲公司提供的更换铁轨的服务属于在某一时段内履行的履约义务，甲公司按照已完成的工作量确定履约进度。因此，截至 20×7 年 12 月 31 日，该合同的履约进度为 60%（60÷100×100%＝60%），甲公司应确认的收入为 6 万元［10×60%＝6（万元）］。

【例 15 - 6】20×8 年 10 月，甲公司与客户签订合同，为客户装修一栋办公楼并安装一部电梯，合同总金额为 100 万元。甲公司预计的合同总成本为 80 万元，其中包括电梯的采购成本 30 万元。20×8 年 12 月，甲公司将电梯运达施工现场并经过客户验收，客户已取得对电梯的控制权，但是根据装修进度，预计到 20×9 年 2 月才会安装该电梯。截至 20×8 年 12 月，甲公司累计发生成本 40 万元，其中包括支付给电梯供应商的采购成本 30 万元。电梯采购成本相对于预计总成本而言是金额较大的。假定该装修服务（包括安装电梯）构成单项履约义务，并属于在某一时段内履行的履约义务，甲公司是主要责任人，但不参与电梯的设计和制造，请甲公司采用成本法确定履约进度（上述金额均不含增值税）。

解：截至 20×8 年 12 月，甲公司累计发生成本 40 万元（包括电梯采购成本 30 万元），甲公司认为按照发生的总成本计算履约进度会高估其实际履约的程度，因此，在确定履约进度时，将电梯的采购成本排除在已发生成本和预计总成本之外，同时按照该电梯采购成本的金额确认相应收入。

20×8 年 12 月，该合同的履约进度为 20%［(40−30)÷(80−30)×100%＝20%］，应确认的收入和成本金额分别为 44 万元［(100−30)×20%＋30＝

44（万元）] 和 40 万元 [（80－30）×20％＋30＝40（万元）]。

3. 某一时点履行的履约义务

若一项履约义务不属于在某一时段内履行的履约义务，则应当属于在某一时点履行的履约义务。对于在某一时点履行的履约义务，企业应当在客户取得相关商品控制权时点确认收入。在判断客户是否已取得商品控制权时，企业应当考虑下列迹象：

（1）企业就该商品享有现时收款权利（即客户对该商品负有现时付款义务）。

（2）企业已将该商品的法定所有权转移给客户（即客户已拥有该商品的法定所有权）。

（3）企业已将该商品实物转移给客户（即客户以实物占有该商品）。

（4）企业已将该商品所有权上的主要风险和报酬转移给客户。

（5）客户已接受该商品。

三、特定交易的会计处理

对于特定交易的会计处理，国际财务报告准则和中国企业会计准则一致，主要分为附有销售退回条款的销售、附有质量标准条款的销售、主要责任人和代理人、附有客户额外购买权的销售、客户未行使的权利、授予知识产权许可和售后回购七大类。

（一）附有销售退回条款的销售

对于附有销售退回条款的销售，企业应当在客户取得相关商品控制权时，按照因向客户转让商品而预期有权收取的对价金额（即不包含预期因销售退回而将退还的金额）确认收入，按照预期因销售退回而将退还的金额确认负债。同时，按照预期将退回商品转让时的账面价值，扣除收回该商品预计发生的成本（包括退回商品的价值减损）后的余额，确认为一项资产。按照所转让商品转让时的账面价值，扣除上述资产成本的净额结转成本。在每一资产负债表日，企业应当重新估计未来销售退回情况，如有变化，应当作为会计估计变更进行会计处理。

【例 15－7】甲公司是一家健身器材销售公司。20×7 年 11 月 1 日，甲公司向乙公司销售 5 000 件健身器材，单位销售价格为 500 元/件，单位成本为

400 元/件，开出的增值税专用发票上注明的销售价格为 250 万元，增值税税额为 32.5 万元。健身器材已经发出，但款项尚未收到。根据协议约定，乙公司应于 20×7 年 12 月 31 日之前支付货款，在 20×8 年 3 月 31 日之前有权退还健身器材。甲公司根据过去的经验，估计该批健身器材的退货率约为 20%。20×7 年 12 月 31 日，甲公司对退货率进行了重新评估，认为只有 10% 的健身器材会被退回。甲公司为增值税一般纳税人，健身器材发出时纳税义务已经发生，在实际发生退回时取得税务机关开具的红字增值税专用发票。假定健身器材发出时控制权转移给乙公司，请对甲公司进行账务处理。

解：甲公司的账务处理如下：

20×7 年 11 月 1 日发出健身器材时：

借：应收账款	2 825 000	
贷：主营业务收入		2 000 000
预计负债——应付退货款		500 000
应交税费——应交增值税（销项税额）		325 000
借：主营业务成本	1 600 000	
应收退货成本	400 000	
贷：库存商品		2 000 000

20×7 年 12 月 31 日前收到货款时：

借：银行存款	2 825 000	
贷：应收账款		2 825 000

20×7 年 12 月 31 日，甲公司对退货率进行重新评估：

借：预计负债——应付退货款	250 000	
贷：主营业务收入		250 000
借：主营业务成本	200 000	
贷：应收退货成本		200 000

20×8 年 3 月 31 日发生销售退回，实际退货量为 400 件，退货款项已经支付：

借：库存商品	160 000	
应交税费——应交增值税（销项税额）	26 000	
预计负债——应付退货款	250 000	
贷：应收退货成本		160 000
主营业务收入		50 000

银行存款	226 000
借：主营业务成本	40 000
贷：应收退货成本	40 000

（二）附有质量保证条款的销售

附有质量保证条款的销售的基本原则：①如果其不构成单项履约业务，则按《企业会计准则第 13 号——或有事项》的规定确认预计负债。②如果其构成单项履约业务（不管客户能否单独购买），则按《企业会计准则第 14 号——收入》，分摊交易价格。

【例 15 - 8】甲公司与客户签订合同，销售一部手机。该手机自售出起一年内如果发生质量问题，甲公司负责提供质量保证服务。此外，在此期间内，由于客户使用不当（例如手机进水）等原因造成的产品故障，甲公司也免费提供维修服务。该维修服务不能单独购买，请据此分析甲公司的履约义务。

解：甲公司的承诺包括：销售手机、提供质量保证服务以及维修服务。甲公司针对产品的质量问题提供的质量保证服务是为了向客户保证所销售商品符合既定标准，因此不构成单项履约义务。甲公司对由于客户使用不当而导致的产品故障提供的免费维修服务，属于在向客户保证所销售商品符合既定标准之外提供的单独服务，尽管其没有单独销售，但该服务与手机可明确区分，应该作为单项履约义务。因此，在该合同下，甲公司的履约义务有两项：销售手机和提供维修服务，甲公司应当按照其各自单独售价的相对比例，将交易价格分摊至这两项履约义务，并在各项履约义务履行时分别确认收入。甲公司提供的质量保证服务，应当按照《企业会计准则第 13 号——或有事项》的要求进行会计处理。

（三）主要责任人和代理人

当企业向客户销售商品涉及其他方参与其中时，企业应当确定其自身在该交易中的身份是主要责任人还是代理人。主要责任人应当按照已收或应收对价总额确认收入；代理人应当按照预期有权收取的佣金或手续费的金额确认收入。

1. 主要责任人或代理人的判断原则

（1）企业承诺自行向客户提供特定商品的，即企业在将特定商品转让给客户之前控制该商品的，表明其身份是主要责任人。

（2）企业承诺安排他人提供特定商品的，为他人提供协助的，企业在特定商品转让给客户之前不控制该商品的，均表明其身份是代理人。

2. 企业为主要责任人的情形

（1）企业自向第三方取得商品或其他资产控制权后，再将该商品或其他资产控制权转让给客户。

（2）企业能够主导第三方代表本企业向客户提供服务。

（3）企业从第三方取得商品控制权后，通过提供重大的服务将该商品与其他商品整合成合同约定的某组合产出再转让给客户。

【例 15-9】20×7 年 1 月，甲旅行社从 A 航空公司购买了一定数量的折扣机票，并对外销售。甲旅行社向旅客销售机票时，可自行决定机票的价格等，未售出的机票不能退还给 A 航空公司，请你对此进行分析。

解：甲旅行社向客户提供的特定商品为机票，并在确定特定客户之前已经预先从航空公司购买了机票，因此，该权利在转让给客户之前已经存在。甲旅行社从 A 航空公司购入机票后，可以自行决定该机票的价格、向哪些客户销售等，甲旅行社有能力主导该机票的使用并且能够获得其几乎全部的经济利益。因此，甲旅行社在将机票销售给客户之前能够控制该机票，甲旅行社的身份是主要责任人。

【例 15-10】甲公司经营购物网站，在该网站购物的消费者可以明确获知在该网站上销售的商品均为其他零售商直接销售的商品，这些零售商负责发货以及售后服务等。甲公司与零售商签订的合同约定，该网站所售商品的采购、定价、发货以及售后服务等均由零售商自行负责，甲公司仅负责协助零售商和消费者结算货款，并按照每笔交易的实际销售额收取 5% 的佣金，请你对此进行分析。

解：甲公司经营的购物网站是一个购物平台，零售商在该平台发布所销售商品信息，消费者可以从该平台购买零售商销售的商品。消费者在该网站购物时，向其提供的特定商品为零售商在网站上销售的商品，除此之外，甲公司并未提供任何其他的商品或服务。这些特定商品在转移给消费者之前，甲公司从未有能力主导这些商品的使用，例如，甲公司不能将这些商品提供给购买该商品的消费者之外的其他方，也不能阻止零售商向该消费者转移这些商品，甲公司不能控制零售商用于完成该网站订单的相关存货。因此，消费者在该网站购物时，在相关商品转移给消费者之前，甲公司并未控制这些商品，甲公司的履约义务是安排零售商向消费者提供相关商品，而并未自行提供这些商品，甲公司在该交易中的身份是代理人。

（四）附有客户额外购买权的销售

1. 客户额外购买选择权的含义

客户额外购买选择权，是指客户可免费或按折扣取得额外商品或服务的选择权。企业向客户授予的额外购买选择权的形式包括销售激励、客户奖励积分、未来购买商品的折扣券以及合同续约选择权等。

2. 判断额外购买选择权是否为重大权利

对于附有客户额外购买选择权的销售，企业应当评估该选择权是否向客户提供了一项重大权利。

（1）额外购买选择权向客户提供了重大权利。

如果客户只有在订立了一项合同的前提下才能取得额外购买选择权，并且客户行使该选择权购买额外商品时，能够享受到超过该地区或该市场中其他同类客户所能够享有的折扣，则通常认为该选择权向客户提供了一项重大权利。

该选择权向客户提供了重大权利的，应当作为单项履约义务。在这种情况下，客户在该合同下支付的价款实际上购买了两项单独的商品：一是客户在该合同下原本购买的商品；二是客户可以免费或者以折扣价格购买额外商品的权利。企业应当将交易价格在这两项商品之间进行分摊，其中，分摊至后者的交易价格与未来的商品相关。因此，企业应当在客户未来行使该选择权取得相关商品的控制权时，或者在该选择权失效时确认为收入。

（2）额外购买选择权未向客户提供重大权利。

当企业向客户提供了额外购买选择权，但客户在行使该选择权购买商品时的价格反映了该商品的单独售价，即使客户只能通过与企业订立特定合同才能获得该选择权，但该选择权也不应被视为企业向该客户提供了一项重大权利。

（3）企业向客户提供续约选择权（额外购买选择权的一种简化处理）。

当客户享有的额外购买选择权是一项重大权利时，如果客户行使该权利购买的额外商品与原合同下购买的商品类似，且企业将按照原合同条款提供该额外商品的，则企业可以无需估计该选择权的单独售价，而是直接把其预计将提供的额外商品的数量以及预计将收取的相应对价金额纳入原合同，并进行相应的会计处理。这是一种便于实务操作的简化处理方式，常见于企业向客户提供续约选择权的情况。

【**例 15-11**】20×7 年 1 月 1 日，甲公司开始推行一项奖励积分计划。根据该计划，客户在甲公司每消费 10 元可获得 1 个积分，每个积分从次月开始在购物时可以抵减 1 元。截至 20×7 年 1 月 31 日，客户共消费 100 000 元，可获得 10 000 个积分，根据历史经验，甲公司估计该积分的兑换率为 95％。假定上述金额均不包含增值税等的影响，请对此进行会计处理。

解：甲公司认为其授予客户的积分为客户提供了一项重大权利，应当作为一项单独的履约义务。客户购买商品的单独售价合计为 100 000 元，考虑到积分的兑换率，甲公司估计积分的单独售价为 9 500 元（1 元×10 000 个积分×95％＝9 500 元）。甲公司按照商品和积分单独售价的相对比例对交易价格进行分摊，具体如下：

分摊至商品的交易价格＝[100 000÷（100 000＋9 500）]×100 000≈91 324（元）

分摊至积分的交易价格＝[9 500÷（100 000＋9 500）]×100 000≈8 676（元）

因此，甲公司应当在商品的控制权转移时确认收入 91 324 元，同时确认合同负债 8 676 元。

借：银行存款　　　　　　　　　　　　　　　　　100 000
　　贷：主营业务收入　　　　　　　　　　　　　　　91 324
　　　　合同负债　　　　　　　　　　　　　　　　　8 676

截至 20×7 年 12 月 31 日，客户共兑换了 4 500 个积分，甲公司对该积分的兑换率进行了重新估计，仍然预计客户总共将会兑换 9 500 个积分。因此，甲公司以客户兑换的积分数占预期将兑换的积分总数的比例为基础确认收入。

积分应当确认的收入＝4 500÷9 500×8 676≈4 110（元）

剩余未兑换的积分＝8 676－4 110＝4 566（元）（仍然作为合同负债）

借：合同负债　　　　　　　　　　　　　　　　　　4 110
　　贷：主营业务收入　　　　　　　　　　　　　　　4 110

截至 20×8 年 12 月 31 日，客户累计兑换了 8 500 个积分。甲公司对该积分的兑换率进行了重新估计，预计客户总共将会兑换 9 700 个积分。积分应当确认的收入＝8 500÷9 700×8 676－4 110≈3 493（元）；剩余未兑换的积分 8 676－4 110－3 493＝1 073（元），仍然作为合同负债。

（五）客户未行使的权利

企业向客户预收销售商品款项，使企业承担了向客户转让商品的义务，因此应当将预收的款项确认为合同负债，待履行了相关履约义务时再转为收入。当企业预收款项无需退回，且客户可能会放弃其全部或部分合同权利时，例如，放弃储值卡的使用等，企业预期将有权获得与客户所放弃的合同权利相关的金额的，应当按照客户行使合同权利的模式按比例将上述金额确认为收入；否则，企业只有在客户要求其履行剩余履约义务的可能性极低时，才能将上述负债的相关余额转为收入。

企业在确定其是否预期将有权获得与客户所放弃的合同权利相关的金额时，应当考虑将估计的可变对价计入交易价格的限制要求。

如果有相关法律规定，企业所收取的与客户未行使权利相关的款项需转交给其他方的（例如，法律规定无人认领的财产需上交政府），那么企业不应将其确认为收入。

此外，在企业预收的款项中代其他方收取的部分不属于客户未行使的权利。

【例 15 - 12】甲公司经营一家电商平台，平台商家自行负责商品的采购、定价、发货以及售后服务，甲公司仅提供平台供商家与消费者进行交易并负责协助商家和消费者结算货款，甲公司按照货款的 5％ 向商家收取佣金，并判断自己在商品买卖交易中是代理人。2×18 年，甲公司向平台的消费者销售了 1 000 张不可退的电子购物卡，每张卡的面值为 200 元，总额 200 000 元。假设不考虑相关税费的影响，请对此进行会计分析。

解：考虑到甲公司在商品买卖交易中为代理人，仅为商家和消费者提供平台及结算服务，并收取佣金。因此，甲公司销售电子购物卡收取的款项 200 000 元中，仅佣金部分 10 000 元（200 000×5％＝10 000 元，不考虑相关税费），代表甲公司已收客户（商家）对价而应在未来消费者消费时作为代理人向商家提供代理服务的义务，应当将其确认为合同负债。其余部分（即 200 000－10 000＝190 000 元），为甲公司代商家收取的款项，作为其他应付款，待未来消费者消费时支付给相应的商家。

（六）无须退回的初始费

企业在合同开始日向客户收取的无需退回的初始费（如俱乐部的入会费等）应当计入交易价格。

企业应当评估该初始费是否与向客户转让已承诺的商品相关。该初始费与向客户转让已承诺的商品相关，并且该商品构成单项履约义务的，企业应当在转让该商品时，按照分摊至该商品的交易价格确认收入。该初始费与向客户转让已承诺的商品相关，但该商品不构成单项履约义务的，企业应当在包含该商品的单项履约义务履行时，按照分摊至该单项履约义务的交易价格确认收入。该初始费与向客户转让已承诺的商品不相关的，该初始费应当作为未来将转让商品的预收款，在未来转让该商品时确认为收入。

企业收取了无须退回的初始费且为履行合同应开展初始活动，但这些活动本身并没有向客户转让已承诺的商品的，企业为该初始活动发生的支出应当按照本节合同成本部分的要求确认为一项资产或计入当期损益。例如，企业为履行会员健身合同开展了一些行政管理性质的准备工作，该初始费与未来将转让的已承诺商品相关，应当在未来转让该商品时确认为收入，企业在确定履约进度时不应考虑这些初始活动。

【例 15-13】甲公司经营一家会员制健身俱乐部。甲公司与客户签订了为期 2 年的合同，客户入会之后可以随时在该俱乐部健身。除俱乐部的年费 2 000 元之外，甲公司还向客户收取了 50 元的入会费，用于补偿俱乐部为客户进行注册登记、准备会籍资料以及制作会员卡等初始活动所花费的成本。甲公司收取的入会费和年费均无须返还，请对此进行会计分析。

解：甲公司承诺的服务是指向客户提供健身的服务，而甲公司为会员入会所进行的初始活动并未向客户提供其所承诺的服务，而只是一些内部行政管理性质的工作。因此，甲公司虽然为补偿这些初始活动向客户收取了 50 元入会费，但是该入会费实质上是客户为健身服务所支付的对价的一部分，故应当作为健身服务的预收款，与收取的年费一起在 2 年内分摊确认为收入。

（七）授予知识产权许可

企业向客户授予的知识产权，常见的包括软件和技术、影视和音乐等版权，特许经营权，专利权，商标权和其他版权等。企业向客户授予知识产权许可的，应当按照本节要求评估该知识产权许可是否构成单项履约义务。对于不构成单项履约义务的，企业应当将该知识产权许可和其他商品一起作为一项履约义务进行会计处理。授予知识产权许可不构成单项履约义务的情形包括：一是该知识产权许可构成有形商品的组成部分并且对于该商品的正常使用不可或缺，例如，企业向客户销售设备和相关软件，该软件内嵌于设备，该设备必须安装了该软件之后才能正常使用；二是客户只有将该知识产权许可和相关服务一起使用才能够从中获益，例如，客户虽然取得授权许可，但是只有通过企业提供的在线服务才能访问相关内容。

对于构成单项履约义务的，应当进一步确定其是在某一时段内履行还是在某一时点履行，同时满足下列条件时，应当作为在某一时段内履行的履约义务确认相关收入：

（1）合同要求或客户能够合理预期企业将从事对该项知识产权有重大影响的活动。企业从事的下列活动均会对该项知识产权有重大影响。

（2）该活动对客户将产生有利或不利影响。当企业从事的后续活动并不影响授予客户的知识产权许可时，企业的后续活动只是在改变其自己拥有的资产。

（3）该活动不会导致向客户转让商品。当企业从事的后续活动本身构成单项履约义务时，企业在评估授予知识产权许可是否属于在某一时段履行的履约义务时应当不予考虑。

企业向客户授予知识产权许可不能同时满足上述条件的，则属于在某一时点履行的履约义务，并在该时点确认收入。

值得注意的是，在判断某项知识产权许可是属于在某一时段内履行的履约义务还是在某一时点履行的履约义务时，企业不应考虑下列因素：一是该许可在时间、地域或使用方面的限制；二是企业就其拥有的知识产权的有效性以及防止未经授权使用该知识产权许可所提供的保证。

【例15-14】甲公司是一家设计制作连环漫画的公司。甲公司授权乙公司可在4年内使用其3部连环漫画的角色形象和名称。甲公司的每部连环漫画都有相应的主要角色。但是，甲公司会定期创造新的角色，且角色的形象也会随时演变。乙公司是一家大型游轮的运营商，乙公司可以以不同的方式（例如，展览或演出）使用这些漫画中的角色。合同要求乙公司必须使用最新的角色形象。在授权期内，甲公司每年向乙公司收取1 000万元，请对此进行会计分析。

解：甲公司除了授予知识产权许可外不存在其他履约义务。也就是说，与知识产权许可相关的额外活动并未向客户提供其他商品或服务，因为这些活动是企业授予知识产权许可承诺的一部分，且实际上改变了客户享有知识产权许可的内容。

甲公司需要评估该知识产权许可相关的收入应当在某一时段内确认还是在某一时点确认。甲公司考虑了下列因素：一是乙公司合理预期（根据甲公司以往的习惯做法），甲公司将实施对该知识产权许可产生重大影响的活动，包括创作角色及出版包含这些角色的连环漫画等；二是这些活动直接对乙公司产生的有利或不利影响，这是因为合同要求乙公司必须使用甲公司创作的最新角色，这些角色塑造得成功与否，会直接对乙公司产生影响；三是尽管乙公司可以通过该知识产权许可从这些活动中获益，但在这些活动发生时并没有导致向乙公司转让任何商品或服务。因此，甲公司授予该知识产权许可的相关收入应当在某一时段内确认。由于合同规定乙公司在一段固定期间内可无限制地使用其取得授权许可的角色，所以，甲公司按照时间进度确定履约进度可能是最恰当的方法。

【例 15-15】甲公司是一家著名的足球俱乐部。甲公司授权乙公司在其设计生产的服装、帽子、水杯以及毛巾等产品上使用甲公司球队的名称和图标，授权期间为两年。合同约定，甲公司收取的合同对价由两部分组成：一是 200 万元固定金额的使用费；二是按照乙公司销售上述商品所取得销售额的 5% 计算的提成。乙公司预期甲公司会继续参加当地顶级联赛，并取得优异的成绩。请对此进行会计分析。

解：该合同仅包括一项履约义务，即授予使用权许可，甲公司继续参加比赛并取得优异成绩等活动是该许可的组成部分，而并未向客户转让任何可明确区分的商品或服务。由于乙公司能够合理预期甲公司将继续参加比赛，甲公司的成绩将会对其品牌（包括名称和图标等）的价值产生重大影响，而该品牌价值可能会进一步影响乙公司产品的销量，甲公司从事的上述活动并未向乙公司转让任何可明确区分的商品，所以，甲公司授予的该使用权许可，属于在某一时段内履行的履约义务。甲公司收取的 200 万元固定金额的使用费应当在两年内平均确认收入，按照乙公司销售相关商品所取得销售额的 5% 计算的提成应当在乙公司的销售实际完成时确认收入。

（八）售后回购

售后回购，是指企业销售商品的同时承诺或有权选择日后再将该商品购回的销售方式。对于不同类型的售后回购交易，企业应当区分下列两种情形分别进行会计处理：

一是企业因存在与客户的远期安排而负有回购义务或企业享有回购权利的，表明客户在销售时点并未取得相关商品控制权，企业应当作为租赁交易或融资交易进行相应的会计处理。其中，回购价格低于原售价的，应当视为租赁交易，按照本书第十四章的内容进行会计处理；回购价格不低于原售价的，应当视为融资交易，在收到客户款项时确认金融负债，并将该款项和回购价格的差额在回购期间内确认为利息费用等。企业到期未行使回购权利的，应当在该回购权利到期时终止确认金融负债，同时确认收入。

二是企业负有应客户要求回购商品义务的，应当在合同开始日评估客户是否具有行使该要求权的重大经济动因。客户具有行使该要求权的重大经济动因的，企业应当将售后回购作为租赁交易或融资交易，按照上述第1种情形进行会计处理；否则，企业应当将其作为附有销售退回条款的销售交易进行会计处理。在判断客户是否具有行使该要求权的重大经济动因时，企业应当综合考虑各种相关因素，包括回购价格与预计回购时市场价格之间的比较，以及权利的到期日等。例如，如果回购价格明显高于该资产回购时的市场价值，则表明客户有行使该要求权的重大经济动因。

【例 15 - 16】甲公司向乙公司销售一台设备，销售价格为 200 万元，同时双方约定两年之后，甲公司将以 120 万元的价格回购该设备。假定不考虑货币时间价值等其他因素影响，请对此进行会计分析。

解：根据合同有关甲公司在两年后回购该设备的确定，乙公司并未取得该设备的控制权。不考虑货币时间价值等影响，该交易的实质是乙公司由于支付了 80 万元（200－120＝80 万元）的对价所以取得了该设备两年的使用权。因此，甲公司应当将该交易作为租赁交易进行会计处理。

【例 15 - 17】甲公司向乙公司销售其生产的一台设备，销售价格为 2 000 万元，双方约定，乙公司在 5 年后有权要求甲公司以 1 500 万元的价格回购该设备。甲公司预计该设备在回购时的市场价值将远低于 1 500 万元，请据此对其进行会计分析。

解：假定不考虑时间价值的影响，甲公司的回购价格低于原售价，但远高于该设备在回购时的市场价值，甲公司判断乙公司有重大的经济动因行使其权利，要求甲公司回购该设备。因此，甲公司应当将该交易作为租赁交易进行会计处理。

四、建造合同的差异

(一) 合同成本的处理

在国际会计准则中，允许将采购合同订立的相关费用（差旅费、投标费等）作为成本的组成部分。然而，在中国企业会计准则下，这些费用通常被确认为当期费用，而不是将其纳入合同成本。只有为取得合同发生的增量且预期可以收回的成本，才能确认为一项资产。这种差异会影响建造合同的利润计算以及企业在不同会计期间的利润表现。

（二）风险与报酬的转移

在建造合同中，风险与报酬的转移也是一个重要的考虑因素。国际会计准则更注重风险与报酬是否已转移给买方，以此来确定收入确认的时点。而中国企业会计准则在确认收入时，更侧重于交易的经济实质和合同的实际履行情况。

◆ **思考与练习题** ◆

一、思考题

企业一般应按哪些步骤来对收入进行确认和计量？

二、单选题

1. 甲公司与客户签订一项合同，约定转让软件许可证、实施安装服务并在两年期间内提供未明确规定的软件更新和技术支持（通过在线和电话方式）。合同明确规定，作为安装服务的一部分，软件将对其进行重大定制以增添重要的新功能，从而使软件能够与客户使用的其他定制软件应用程序相对接。下列各项表述中错误的是（　　）。

A. 软件更新构成单项履约义务

B. 技术支持构成单项履约义务

C. 软件许可证构成单项履约义务

D. 定制安装服务（包括软件许可证）属于单项履约义务

2. 对合同中存在重大融资成分的商品销售，下列表述中正确的是（　　）。

A. 企业应当将未来应收货款按市场利率折现的现值确定交易价格

B. 企业应当将合同对价金额根据融资成分进行调整之后再确定交易价格

C. 企业应当使用合同双方进行单独融资交易时所应采取的利率作为折现率

D. 企业应当使用将合同对价的名义金额折现为商品现销价格的折现率

3. 下列项目中，属于在某一时点确认收入的是（　　）。

A. 酒店管理服务

B. 在客户的土地上为客户建造办公大楼

C. 企业在履约过程中所产出的商品具有不可替代用途，且该企业在整个合同期间内有权就累计至今已完成的履约部分收取款项

D. 为客户定制的具有可替代用途的产品

4. 甲公司与当地土地储备中心签订协议，受托负责对土地储备中心拥有的乙地块进行土地一级开发，令其达到"七通一平"的建设用地出让条件，收益为土地开发总成本的20%，连同所发生的成本费用与土地储备中心按季度结算。在下列甲公司进行的会计处理中正确的是（   ）。

A. 甲公司签订合同时一次确认收入

B. 甲公司应按一段期间确认收入

C. 公司应于达到"七通一平"的建设用地出让条件时确认收入

D. 甲公司应于按季结算时确认收入

5. 甲公司以每件2万元的价格向其客户销售100件产品，收到200万元的货款。按照销售合同客户有权在30天内退回任何没有损坏的产品，并得到全额现金退款。每件产品的成本为1.6万元。甲公司预计会有5%（即5件）的产品被退回，而且即使估算发生后续变化，也不会导致大量收入的转回。甲公司预计收回产品发生的成本不会太大，并认为再次出售产品时还能获得利润。甲公司销售100件产品应确认的收入是（   ）万元。

A. 200　　　　　B. 190　　　　　C. 0　　　　　D. 160

6. 2×22年10月1日，甲公司与客户签订不可撤销的合同，两年内在客户需要时为其提供保洁服务。合同价款包括两部分：一是每月10万元的固定对价；二是最高金额为80万元的奖金。甲公司预计可以计入交易价格的可变对价金额为60万元。甲公司按照时间进度确定履约进度。假定不考虑增值税等相关税费。甲公司2×22年应确认的收入是（   ）万元。

A. 30　　　　　B. 37.5　　　　　C. 40　　　　　D. 90

7. 甲公司为连环漫画的创作者，2×22年1月1日，向客户授予许可证使其可在4年内使用其3份连环漫画的角色和名称。每份连环漫画都有主角，但是会定期出现新创造的角色且角色的形象在随时演变。该客户是大型游轮的运营商，其能够依据合理的方法以不同形式（例如节目或演出）使用漫画的角色。合同要求客户使用最新的角色形象。甲公司因授予许可证一次收取800万元。假定不考虑其他因素，下列对甲公司进行的会计处理的表述正确的是（   ）。

A. 在收到款项时确认 800 万元收入

B. 在授予许可证 4 年后确认 800 万元收入

C. 每年确认 200 万元收入

D. 2×22 年授予许可证时不确认收入

8. 甲公司将其拥有的某合成药的专利权许可授予乙公司，授权期限为 10 年。同时，甲公司承诺为乙公司生产该种药品。除此之外，甲公司不会从事任何与支持该药品相关的活动，该药品的生产流程特殊性极高，没有其他公司能够生产该药品。下列各项表述中正确的是（   ）。

A. 该专利权许可和生产服务可明确区分，应当各自分别作为单项履约义务进行会计处理

B. 该专利权许可和生产服务不可明确区分，应当将其一起作为单项履约义务进行会计处理

C. 甲公司将授予乙公司专利权许可的交易价格与账面价值差额计入资产处置损益

D. 甲公司应将交易价格在专利权许可和生产服务之间进行分配

三、多选题

1. 关于收入的会计处理，下列表述中正确的有（   ）。

A. 企业应当在履行合同中的履约义务后，即客户获得相关商品控制权的时候，确认收入

B. 客户以一项商品换取类型、质量、状况及价格均相同的另一项商品，不应被视为退货

C. 若企业转让商品给客户而收取的对价无法收回的可能性较大，企业应将已收取的对价部分确认为收入

D. 如果合同约定客户可以将质量有瑕疵的商品退回以换取正常的商品，企业应当按照附有质量保证条款的销售进行会计处理

2. 关于收入的计量，下列表述中正确的有（   ）。

A. 企业应当按照分摊至各单项履约义务的交易价格计量收入

B. 交易价格即为合同价格

C. 企业代第三方收取的款项，应当作为负债进行会计处理

D. 企业预期将退还给客户的款项，应当作为负债进行会计处理

3. 关于收入计量的交易价格，下列表述中正确的有（   ）。

A. 在确定交易价格时，企业应当考虑销售折让因素的影响

B. 在确定交易价格时，企业不应当考虑现金折扣因素的影响

C. 在确定交易价格时，企业应当考虑在合同中存在的重大融资成分因素的影响

D. 在确定交易价格时，企业应当考虑应付客户对价因素的影响

4. 甲公司为客户生产一台专用设备。双方约定，如果甲公司能够在 30 天内交货，则可以额外获得两万股客户的股票作为奖励。合同开始日，该股票的价格为每股 5 元。由于缺乏执行类似合同的经验，当日，甲公司估计，该两万股股票的公允价值计入交易价格将不满足累计已确认的收入极可能不会发生重大转回的限制条件。合同开始日之后的第 25 天，甲公司将该设备交付给客户，从而获得了两万股股票，该股票在此时的价格为每股 6 元。假定甲公司将该股票作为以公允价值计量且其变动计入当期损益的金融资产。在下列甲公司进行的会计处理中正确的有（　　　）。

A. 合同开始日，甲公司不应将该两万股股票的公允价值 10 万元计入交易价格

B. 合同开始日之后的第 25 天甲公司应确认收入 10 万元

C. 合同开始日之后的第 25 天甲公司应确认公允价值变动损益 2 万元

D. 合同开始日之后的第 25 天甲公司应确认交易性金融资产 12 万元

四、计算题

1. 2×22 年度，甲公司发生的与销售相关的交易或事项如下。

（1）2×22 年 10 月 1 日，甲公司推出一项 7 天节日促销活动。截至 2×22 年 10 月 7 日甲公司因现销 820 万元的商品所以共发放了面值为 200 万元的消费券，消费券于次月 1 日起可以使用。有效期为 3 个月。根据历史经验，甲公司估计消费券的使用率为 90%。

（2）2×22 年 11 月 1 日，甲公司与乙公司签订一项设备安装合同，安装期为 4 个月，合同总价款为 200 万元。当日，甲公司预收合同款 140 万元。至 2×22 年 12 月 31 日，甲公司实际发生安装费用 112 万元，估计还将发生安装费用 48 万元。甲公司向乙公司提供的设备安装服务属于在某一时段内履行的履约义务。甲公司按实际发生的成本占估计总成本的比例确定履约进度。

（3）2×22 年 12 月 25 日，甲公司与丙公司签订合同，甲公司以 100 万元的价格向丙公司销售市场价格为 110 万元、成本为 80 万元的通信设备一套。作为与该设备销售合同相关的一揽子合同的一部分，甲公司同时还与丙公司签订通信设备维护合同，约定甲公司将在未来 10 年内为丙公司的该套通信设备

提供维护服务，每年收取固定维护费用 10 万元。类似维护服务的市场价格为每年 9 万元。销售的通信设备已发出，价款至年末尚未收到。本题不考虑货币时间价值以及税费等其他因素，无须编制与成本结转相关的会计分录。要求：

（1）计算甲公司在 2×22 年 10 月的促销活动中销售 820 万元商品时应确认的收入金额，并编制相关会计分录。

（2）计算甲公司 2×22 年提供设备安装服务应确认的收入金额，并编制确认收入的会计分录。

（3）根据资料（3），说明合同所包含的履约义务并计算甲公司于 2×22 年 12 月份应确认的收入金额，说明理由，并编制确认收入的会计分录。

2. 甲公司是一家投资控股型的上市公司，拥有从事各种不同业务的子公司。

（1）甲公司的子公司——乙公司是一家建筑承包商，专门从事办公楼设计和建造业务。20×7 年 2 月 1 日，乙公司与戊公司签订办公楼建造合同，按照戊公司的特定要求在戊公司的土地上建造一栋办公楼。根据合同的约定，建造该办公楼的价格为 8 000 万元，乙公司分三次收取款项，分别于合同签订日、完工进度达到 50%、竣工验收日收取合同造价的 20%、30%、50%。工程于 20×7 年 2 月开工，预计于 20×9 年底完工。乙公司预计建造上述办公楼的总成本为 6 500 万元，截至 20×7 年 12 月 31 日，乙公司累计实际发生的成本为 3 900 万元。乙公司按照累计实际发生的成本占预计总成本的比例确定履约进度。

（2）甲公司的子公司——丙公司是一家生产通信设备的公司。20×7 年 1 月 1 日，丙公司与乙公司签订专利许可合同，许可乙公司在 5 年内使用自己的专利技术生产 A 产品。根据合同的约定，丙公司每年向乙公司收取由两部分金额组成的专利技术许可费，一是固定金额 200 万元，于每年末收取；二是按照乙公司 A 产品销售额的 2% 计算的提成，于第二年初收取。根据以往年度的经验和做法，丙公司可合理预期不会实施对该专利技术产生重大影响的活动。

20×7 年 12 月 31 日，丙公司收到乙公司支付的固定金额专利技术许可费 200 万元。20×7 年度，乙公司销售 A 产品 80 000 万元。其他有关资料：

第一，本题涉及的合同均符合中国企业会计准则关于合同的定义，均经合同各方管理层批准；第二，乙公司和丙公司估计，因向客户转让商品或提供服务而有权取得的对价很可能收回；第三，不考虑货币时间价值，不考虑税费及其他因素。

要求：

（1）根据资料（1），判断乙公司的建造办公楼业务是属于在某一时段内履行的履约义务还是属于某一时点履行的履约义务，并说明理由。

（2）根据资料（1），计算乙公司20×7年度的合同履约进度，以及应确定的收入和成本。

（3）根据资料（2），判断丙公司授予知识产权许可属于在某一时段内履行的履约义务还是属于某一时点履行的履约义务，并说明理由。说明丙公司按照乙公司 A 产品销售额的 2% 收取的提成应于何时确认收入。

（4）根据资料（2），编制丙公司20×7年度与收入确认相关的会计分录。

第十六章　政府补助

【学习目标】

通过本章的学习，学生要了解《企业会计准则第 16 号——政府补助》（本章简称 CAS16）以及《国际会计准则第 20 号——政府补助会计和政府援助的披露》（本章简称 IAS20）的具体内容，例如：政府补助的确认、计量、列示和相关信息的披露；理解思考中国企业会计准则与国际会计准则的异同。

【学习重点】

准则的适用范围；政府援助、政府补助的定义；判断来源于政府的经济资源。

【学习难点】

CAS16、IAS20 适用范围的异同；政府补助的分类；按照准则的要求进行确认、计量、列示与披露。

一、准则的适用范围

1. IAS20

适用于政府补助的会计核算和披露，以及其他形式政府补助的披露。

下列各项不纳入 IAS20 的范围：①在反映价格变化影响的财务会计报告中涉及的政府补助会计的特殊问题；②向企业提供的所得税利益援助，例如：所得税减免、投资税收抵免、加速折旧补贴和降低所得税税率；③政府参股企业；④《国际会计准则第 41 号——农业》所涵盖的政府补助。

2. CAS16

政府向企业提供经济支持，鼓励或扶持特定行业、地区或领域的发展是政府进行宏观调控的重要手段，也是国际上通行的做法。对企业而言，并不是所有来源于政府的经济资源都属于本章规范的政府补助，除政府补助外，还可能是政府对企业的资本性投入或者政府购买服务所支付的对价。

企业应当首先根据交易或者事项的实质对来源于政府的经济资源所归属的类型作出判断，对于符合政府补助定义和特征的，再按照准则的要求进行确认、计量、列示与披露。

下列各项不纳入 CAS16 的范围：①企业从政府取得的经济资源，如果与企业销售商品或提供服务等活动密切相关，且是企业商品或服务的对价或者是对价的组成部分，应当适用本书第十五章关于收入等的相关规定。②所得税减免，适用本书第十八章关于所得税的规定。政府以投资者身份向企业投入资本，享有相应的所有者权益，政府与企业之间是投资者与被投资者的关系，属于互惠性交易，不适用本章关于政府补助的规定。

3. 简评

CAS16 与 IAS20 在政府补助的定义及分类方面大体是相同的，但仍然在几个细节方面存在差异。IAS20 规定，政府补助不包括那些无法合理作价的政府援助以及不能与正常交易分清的与政府之间的交易，而在 CAS16 中并没有强调这一点。

二、关键名词定义

1. IAS20 准则

（1）政府援助（Government Assistance），是指政府向符合一定标准的企业或行业提供特定经济利益的行动。政府援助不包括通过影响企业的一般经营环境来间接提供的援助，如在开发区提供基础设施，或者对竞争对手施加贸易限制。

（2）政府补助（Government Grants），是指政府通过向企业转移资源、以换取企业在过去或未来按照某种条件进行有关经营活动的援助。政府补助不包括那些无法合理作价的援助，也不包括与企业正常交易无法分清的、与政府间的交易。

（3）与资产相关的政府补助（Grants Related to Assets），是指基于以下基本条件的补助：有资格取得补助的企业，必须购买、建造或以其他方式取得长期资产。还可能有附加条件，如限制资产的类型或位置，以及取得或占用这些资产的期间。

（4）与收益相关的政府补助（Grants Related to Income），是指与资产相关的政府补助之外的其他政府补助。

2. CAS16 准则

（1）政府补助是指企业从政府无偿取得的货币性资产或非货币性资产。政府补助主要形式包括政府对企业的无偿拨款、税收返还、财政贴息，以及无偿给予非货币性资产等。通常情况下，直接减征、免征、增加计税抵扣额、抵免部分税额等不涉及资产直接转移的经济资源，不适用本章。

需要说明的是，增值税出口退税不属于政府补助。根据税法规定，在对出口货物取得的收入免征增值税的同时，退付出口货物的前一个环节所发生的进项税额。增值税出口退税实际上是指政府退回企业事先垫付的进项税额，不属于政府补助。

（2）政府补助应当划分为与资产相关的政府补助和与收益相关的政府补助。这两类政府补助给企业带来经济利益或者弥补相关成本或费用的形式不同，从而在具体会计处理上存在差别。

与资产相关的政府补助，是指企业取得的、用于购建或以其他方式形成长期资产的政府补助。通常情况下，相关补助文件会要求企业将补助资金用于取得长期资产。长期资产将在较长的期间内给企业带来经济利益，因此相应的政府补助的受益期也较长。

与收益相关的政府补助，是指除与资产相关的政府补助之外的政府补助。此类补助主要是用于补偿企业已发生或即将发生的相关成本费用或损失，受益期相对较短，通常在满足补助所附条件时计入当期损益或冲减相关成本。

3. 简评

CAS16 没有对政府援助进行规范，自然也就没有对其作出定义。另外，和适用范围相对应，CAS16 定义的政府补助不包括政府作为企业所有者投入的资本，这和 IAS20 的定义有所差别。

三、政府补助的确认与计量

（一）确认

IAS20：政府补助，包括按公允价值计价的非货币性补助，应当在同时满足以下条件后予以确认：①企业将满足附加条件；②企业能够收到补助。

CAS16：政府补助同时满足下列条件时，才能予以确认：①企业能够满足政府补助所附条件；②企业能够收到政府补助。

简评：IAS20 和 CAS16 的确认条件相同。

（二）计量

IAS20：对于货币性政府补助，企业应按其实际金额入账；对于非货币性政府补助，企业通常要对非货币性资产的公允价值做出估计，并且对补助和资产都以公允价值入账，有时也可采用名义金额入账。

CAS16：①政府补助为货币性资产的，应当按照收到或应收的金额计量。如果企业已经实际收到补助资金，应当按照实际收到的金额计量；如果在资产负债表日企业尚未收到补助资金，但企业在符合了相关政策规定后就相应获得了收款权，且与之相关的经济利益很可能流入企业，企业应当在这项补助成为应收款时按照应收的金额计量。②政府补助为非货币性资产的，应当按照公允价值计量；公允价值不能可靠取得的，按照名义金额计量。

简评：两项准则的计量标准基本相同，只是在表述上 IAS20 更加强调公允价值的运用，而 CAS16 是谨慎地使用公允价值。

四、政府补助的分类

（一）与资产相关的政府补助

IAS20：与资产相关的政府补助，包括按公允价值计价的非货币性补助，都应当在资产负债表内列报，要么将补助作为递延收益，要么在确定资产账面金额时将补助扣除。

CAS16：与资产相关的政府补助，应当冲减相关资产的账面价值或确认为递延收益。与资产相关的政府补助确认为递延收益的，应当在相关资产使用寿命内按照合理、系统的方法分期计入损益。按照名义金额计量的政府补助，直接计入当期损益。相关资产在使用寿命结束前被出售、转让、报废或发生毁损的，应当将尚未分配的相关递延收益余额转入资产处置当期的损益。

简评：对于与资产相关的政府补助的会计处理，IAS20 和 CAS16 的规定存在一定的差异。IAS20 的规定具有可选择性，既可将补助作为递延收益，也可在确定资产账面金额时将补助扣除；而 CAS16 的规定比较单一，这样可以使信息更具可比性。

（二）与收益相关的政府补助

IAS20：与收益相关的政府补助在利润表内有时在贷方项列示，不论是单列还是在诸如"其他收益"的总标题下列示，也可采用另外一种方法，即报告有关费用项目时将其扣除。

CAS16：与收益相关的政府补助，应当分情况按照以下规定进行会计处理：①用于补偿企业以后期间的相关成本费用或损失的，确认为递延收益，并在确认相关成本费用或损失的期间，计入当期损益或冲减相关成本；②用于补偿企业已发生的相关成本费用或损失的，直接计入当期损益或冲减相关成本。

简评：对于与收益相关的政府补助的会计处理，IAS20 和 CAS16 的规定基本相同。

（三）政府补助的返还

IAS20：政府补助往往附带一定的条件，当企业不能满足相关条件时，需要部分或全部返还已收取的政府补助。当政府补助需要返还时，可作为会计估计的修正进行处理。返还与收益相关的政府补助时，首先应冲减为政府补助所设置的递延收益的未摊销余额。返还的政府补助超过相关递延收益贷项的部分，或者在不存在递延收益贷项的情况下，应当将这部分需返还的补助立即确认为费用。返还与资产相关的政府补助，应根据返还额，反映为资产账面金额的增加或递延收益余额的减少。在没有补助的情况下本应提取并计入费用的累计折旧，应立即确认为费用。

CAS16：已确认的政府补助需要退回的，应当在需要退回的当期分情况按照以下规定进行会计处理：①初始确认时冲减相关资产账面价值的，调整资产账面价值；②存在相关递延收益的，冲减相关递延收益账面余额，超出部分计入当期损益；③属于其他情况的，直接计入当期损益。

简评：IAS20 与 CAS16 的规定基本相同。

五、列示与披露差异

（一）IAS20

IAS20 指出企业应对政府援助的性质、范围和期限作出披露。

ISA20 指出企业应披露以下事项：①对政府补助所采用的会计政策，包括财务报表中的列报方法；②在财务报表中所确认的政府补助的性质和范围，对企业从中直接受益的其他形式政府援助的说明；③在政府援助已予确认的情况下，附加尚未履行的条件及其他或有事项。

（二）CAS16

（1）政府补助在利润表上的列示。企业应当在利润表中的"营业利润"项目之上单独列示"其他收益"项目，计入其他收益的政府补助在该项目中反映。冲减相关成本费用的政府补助，在相关成本费用项目中反映。与企业日常经营活动无关的政府补助，在利润表的营业外收支项目中反映。

（2）政府补助在财务报表附注中的披露。因政府补助涉及递延收益、其他收益、营业外收入以及相关成本费用等多个报表项目，为了全面反映政府补助情况，企业应当在附注中单独披露与政府补助有关的下列信息：①政府补助的种类、金额和列报项目；②计入当期损益的政府补助金额；③本期退回的政府补助金额及原因。其中，列报项目不仅包括在总额法下计入的其他收益、营业外收入、递延收益等项目，还包括在净额法下冲减的资产和成本费用等项目。

简评：由于CAS16未涉及政府援助，所以它没有像IAS20那样对政府援助提出披露要求。对于政府补助的披露要求，CAS16和IAS20基本相同。

◆ **思考与练习题** ◆

一、单项选择题

1. 下列有关政府补助的说法中，不正确的是（　　）。

A. 政府以投资者身份向企业投入资本，享有企业相应的所有权，属于政府补助

B. 财政部门拨付给企业用于新产品生产的定额补贴，属于政府对企业的无偿拨款

C. 财政部门拨付给企业用于购建固定资产的专项资金，属于政府对企业的无偿拨款

D. 财政部门拨付给企业用于鼓励企业安置职工就业而给予的奖励款项，属于政府对企业的无偿拨款

2. 下列选项中属于政府补助的有（　　）。

A. 新能源企业的风力发电

B. 新能源企业的垃圾处理

C. 新能源企业的处置废弃电子产品补贴

D. 某公司为响应政府号召建造一项环保工程而得到的政府贴息

二、多项选择题

1. 下列关于政府补助的说法正确的有（　　）。

A. 政府补助一定是无偿取得的

B. 直接减征、免征的所得税属于政府补助

C. 政府补助包括货币性资产和非货币性资产

D. 增值税出口退税属于政府补助

2. 与企业日常活动相关的政府补助，应当按照经济业务实质（　　）。

A. 计入其他收益　　　　　　　　B. 冲减相关成本费用

C. 计入营业外收支　　　　　　　D. 计入主营业务收入

三、简答题

1. 2×23 年 2 月，乙企业与所在城市的开发区人民政府签订了项目合作投资协议，实施"退城进园"技改搬迁。根据协议，乙企业在开发区内投资约 4 亿元建设电子信息设备生产基地。生产基地占地面积 400 亩①，该项目用地按开发区工业用地基准地价挂牌出让，乙企业摘牌并按挂牌出让价格缴纳土地出让金 4 800 万元。乙企业自开工之日起须在 18 个月内完成搬迁工作，从原址搬迁至开发区，同时将乙企业位于城区繁华地段的原址用地（200 亩，按照所在地段工业用地基准地价评估为 1 亿元）移交给开发区政府收储，开发区政府将向乙企业支付补偿资金 1 亿元。

问：对于政府支付的补偿资金 1 亿元，企业应该将其作为政府补助处理吗？如不是，应该作为什么处理？

2. 简述在 IAS20 中政府补助与政府援助的区别。

---

①　1 亩＝1/15 公顷。

第十七章 关联方披露

【学习目标】

　　通过本章的学习，学生要了解关联方披露的概念，掌握在国际会计准则和中国企业会计准则中关联方界定的差异与关联方交易披露的差异。

【学习重点】

　　中国企业会计准则对关联方概念的定义；如何界定关联方关系。

【学习难点】

　　中国企业会计准则和国际会计准则对关联方关系界定以及关联方交易披露的差异。

一、关联方的概念

　　根据《企业会计准则第 36 号——关联方披露》规定，可知一方控制、共同控制另一方或对另一方施加重大影响，以及两方或两方以上同受一方控制、共同控制或重大影响的，构成关联方。

　　控制，表示有权决定一个企业的财务和经营政策，并能据此从该企业的经营活动中获取利益。

　　共同控制，是指按照合同约定对某项经济活动所共有的控制，仅在与该项经济活动相关的重要财务和经营决策需要分享控制权的投资方一致同意时才存在。

　　重大影响，表示对一个企业的财务和经营政策有参与决策的权力，但并不能够控制或者与其他方一起共同控制这些政策的制定。

　　根据《国际会计准则第 24 号——关联方披露》，可知在制定财务或经营决策中，如果一方有能力控制另一方，或对另一方施加重大影响，则认为它们是有关联的，并构成关联方。

控制，表示直接地或通过附属公司间接地拥有一个企业半数以上，或根据章程或协议，对表决权有重大影响并有权决定企业管理层的财务和经营政策。

重大影响，表示参加企业财务和经营政策的制定，但不控制这些政策。施加重大影响可以通过若干途径，通常可以通过出席董事会的方式，但也可以通过诸如参加政策的制定过程、重要的公司间交易、管理人员的交换、技术资料上的依赖性等方式。重大影响可以通过股份的拥有、章程或协议来达到。对于拥有股份的情况，重大影响应按照在《国际会计准则第 28 号——在联营企业的投资》中的定义来假定。

简评：中国企业会计准则和国际会计准则在对关联方的界定中，判断是否存在关联方关系的主要标准都是——是否能够对企业进行控制、共同控制或重大影响，而且都主要通过列举的方式对关联方关系进行说明。关于关联方交易的概念在中国企业会计准则与国际会计准则中表述大体一致。

二、关联方关系界定的差异

根据《企业会计准则第 36 号——关联方披露》第四条规定，可知下列各方构成企业的关联方：

（1）该企业的母公司。

（2）该企业的子公司。

（3）与该企业受同一母公司控制的其他企业。

（4）对该企业实施共同控制的投资方。

（5）对该企业施加重大影响的投资方。

（6）该企业的合营企业。

（7）该企业的联营企业。

（8）该企业的主要投资者个人及与其关系密切的家庭成员。主要投资者个人，是指能够控制、共同控制一个企业或者对一个企业施加重大影响的个人投资者。

（9）该企业或其母公司的关键管理人员及与其关系密切的家庭成员。关键管理人员，是指有权力并负责计划、指挥和控制企业活动的人员。与主要投资者个人或关键管理人员关系密切的家庭成员，是指在处理与企业的交易时可能影响该个人或受该个人影响的家庭成员。

（10）该企业主要投资者个人、关键管理人员或与其关系密切的家庭成员控制、共同控制或施加重大影响的其他企业。

《企业会计准则第 36 号——关联方披露》第五条规定，仅与企业存在下列关系的各方，不构成企业的关联方：

（1）与该企业发生日常往来的资金提供者、公用事业部门、政府部门和机构。

（2）与该企业发生大量交易而存在经济依存关系的单个客户、供应商、特许商、经销商或代理商。

（3）与该企业共同控制合营企业的合营者。

《企业会计准则第 36 号——关联方披露》第六条规定，仅仅同受国家控制而不存在其他关联方关系的企业，不构成关联方。

根据《国际会计准则第 24 号——关联方披露》规定，可知如果一方有能力控制、联合控制另一方或可以对其施加重大影响，即视为关联方。如果符合下述条件，那么一方就与主体关联：

（1）直接或间接地通过一个或多个中介，控制了主体或受主体控制，或与主体一起在同一控制之下，或对主体具有共同控制，或在主体中拥有权益，使之对该主体产生重大影响。

（2）对方是主体的联营企业。

（3）对方是主体的合营企业，其中主体是该合营企业的合营者，对方是主体或其母公司的关键管理人员中的一员。

（4）是与能控制或影响主体的个人具有密切关系的家庭成员或者是主体关键管理人员的一员。

（5）对方为主体或作为主体关联方的任何主体的雇员而设的离职后福利计划。

简评：《国际会计准则第 24 号——关联方披露》在关联方定义中将有关离职后福利计划确认为关联方，而《企业会计准则第 36 号——关联方披露》没有类似规定。就目前我国形势来说，这样的规定也是合理的。由于我国养老保险体系还不成熟，尚在进一步完善中，即使企业会计准则对类似的福利计划进行了规定，该规定也会随着国家推进的社保改革而随时修改，进而带来一些不必要的麻烦。相反，一些使用国际会计准则的西方发达国家，其社保制度较完善，职员福利计划也拥有了一定的地位。因此，这类准则在此类发达国家实施的可操作性和持续性会更好。但是，随着我国养老保险体系的完善，福利机构投资者比重上升，我国应预见到福利计划对企业的影响会逐渐加大，从而考虑将其列为企业关联方，在这一方面追赶国际会计准则的步伐。

对于关系密切的家庭成员，《企业会计准则第 36 号——关联方披露》将其定义为父母、配偶、兄弟、姐妹和子女等，在处理与企业的交易事项时可能影响到他们或受到他们影响的那些家庭成员。《国际会计准则第 24 号——关联方披露》认为该成员是指配偶、子女以及依赖投资者个人或配偶生活的家属等。因此，《国际会计准则第 24 号——关联方披露》对于关系密切的家庭成员的界定比《企业会计准则第 36 号——关联方披露》的范围更大。

《国际会计准则第 24 号——关联方披露》在关联方认定上规定，不能仅仅因为两家公司有同一董事这一个因素就确定其互为关联方。应该在考虑此种情况下，再考虑该董事是否影响了双方的交易政策，并根据这种影响的大小来确定是否将二者判断为关联方关系。《企业会计准则第 36 号——关联方披露》对于两家公司共有一位董事的情况并没有涉及。

关于同受国家控制的企业是否需作为关联方披露的界定的区别。这一不同之处一度在我国新基本准则与《国际会计准则第 24 号——关联方披露》的修订过程中引起广泛关注，被认为是两准则最为实质性的区别。《国际会计准则第 24 号——关联方披露》原本的规定是，如果政府对某一实体和其他实体均进行控制，或者对其实施重大影响，那么该实体和其他实体之间的所有交易都必须披露。而我国新基本准则没有把受国家控制的企业纳入关联方，国际会计准则理事会在这一点上一定程度认同了中国的做法。体现在《国际会计准则第 24 号——关联方披露》中，对于政府相关实体的披露允许部分豁免。修订后的国际会计准则仍然对关联方交易信息的披露有着较高的要求，即企业要对财务报表使用者披露具有重要意义的关联方信息，但是一些采集成本高、采集难度大、披露意义小的关联方信息可以不被披露。

三、关联方交易披露的差异

（一）关联方交易

在《企业会计准则第 36 号——关联方披露》中，将关联方交易的有关规定在《企业会计准则第 36 号——关联方披露》中进行说明，并在该章中对关联方交易的类型列举了 11 个例子。修订后的 IAS24 中，将关联方交易的 10 种类型举例罗列在"披露"部分中。为方便对比，将相关内容进行了整理，如

表 17-1 所示。

表 17-1 中国企业会计准则与国际会计准则关于关联方交易进行举例对比

中国企业会计准则	国际会计准则
a) 购买或销售商品	a) 商品（产成品或未完工产品的销售）
b) 购买或销售商品以外的其他资产	b) 不动产和其他资产的购销
c) 提供或接受劳务	c) 劳务的提供或接受
d) 担保	d) 租赁
e) 提供资金（贷款或股权投资）	e) 研究与开发项目的转移
f) 租赁	f) 按许可协议进行的转移
g) 代理	g) 按融资协议进行的转移（包括贷款和权益性投资）
h) 研究与开发项目的转移	h) 担保或抵押条款
i) 许可协议	i) 对于未来事件发生或不发生的相关承诺，包括未履行合同
j) 代表企业或由企业代表另一方进行债务结算	j) 代表企业或由企业代表另一方进行债务结算
k) 关键管理人员薪酬	

从表 17-1 得知，中国企业会计准则与国际会计准则在关联方交易的形式上存在以下三点差异：代理、关键管理人员薪酬和对于未来事件发生或不发生的相关承诺，包括未履行合同。

《企业会计准则讲解》（2010 版）对代理的定义是依据合同条款进行的，一方可为另一方代理某些事务，如代理销售货物或签订合同等。而国际会计准则指出，主体的客户、供应商、分销商或普通代理商，若仅出于经济依赖性而与主体发生业务往来，则其未必是关联方。可见国际会计准则理事会认为，将全部代理行为都划为关联方交易并不恰当。

关于关键管理人员薪酬，中国企业会计准则虽将其列示为关联方交易类型，但却未在新基本准则中对其提出具体明细的要求。至于国际会计准则，如上文所述，虽然《国际会计准则第 24 号——关联方披露》未将其列示为关联方交易类型，但在"披露"部分中对关键管理人员薪酬进行了规定。

2009 年修订的《国际会计准则第 24 号——关联方披露》对关联方交易的列举增加了一条与承诺相关的内容。原因是国际会计准则委员会认为承诺也是交易的一种类型，为了避免疑惑，才对其进行了明确的规定。这一点在《企业会计准则第 36 号——关联方披露》中并没有具体涉及。

（二）关联方披露

《国际会计准则第 24 号——关联方披露》和《企业会计准则第 36 号——关联方披露》均要求企业披露关联方关系的性质、关联方交易的类型、金额以及相关未结算金额。因为这两个准则都肯定这些信息的披露对于会计报表使用者了解关联交易的重要性。此外，二者也存在以下两点区别：

关于定价政策的披露，《企业会计准则第 36 号——关联方披露》虽明文要求企业在附注披露的关联方交易因素应包括定价政策，但并没有对定价政策该如何披露进行进一步说明，如并没有要求企业披露其具体的定价方法、选择原因以及适用范围等。因此，在实际执行中，部分公司披露的定价信息并不完整或不具有可比性。《国际会计准则第 24 号——关联方披露》在定价政策的披露方面超前于《企业会计准则第 36 号——关联方披露》，曾经对国际上运用较广泛的几个定价方法提供了范例，但已于 2003 年取消了该披露要求。

关于关键管理人员的薪酬，《企业会计准则第 36 号——关联方披露》虽然将其视为关联方交易，但是并没有对其披露问题提出要求，而《国际会计准则第 24 号——关联方披露》却对此进行了详尽的解释。

◆ **思考与练习题** ◆

1. 【多选题】依据《企业会计准则第 36 号——关联方披露》，可知在关联方企业之间存在控制与被控制关系时，关联方关系在会计报表附注中应披露的资料有（　　）。

A. 关联方企业的类型

B. 关联方企业的主营业务

C. 关联方企业的注册资本及其变化

D. 所持关联方企业股份及其变化

2. 【单选题】对于下列在关联方之间的交易，上市公司可以不在其会计报表附注中披露的是（　　）。

A. 与已纳入合并会计报表的合并范围的子公司之间的交易

B. 与其他国有企业之间的交易

C. 与企业关键管理人员之间的交易

D. 与企业主要投资者个人之间的交易

第十八章　企业合并与合并财务报表

【学习目标】

通过本章的学习，学生要了解《企业会计准则第 20 号——企业合并》（以下简称 CAS20）以及《国际财务报告准则第 3 号——企业合并》（本章简称 IFRS3）的具体内容，例如：准则的适用范围、同一控制下的企业合并、非同一控制下的企业合并、购买法与权益法；理解思考《企业会计准则第 20 号——企业合并》和《国际财务报告准则第 3 号——企业合并》的异同。

【学习重点】

准则的适用范围；同一控制下的企业合并；非同一控制下的企业合并；关于商誉的会计准则；合并会计政策。

【学习难点】

准则的适用范围；购买法与权益法的使用；商誉的处理原则。

一、企业合并的相关准则

（一）准则的适用范围

1. IFRS3

IFRS3 的适用范围是该交易或事项要满足企业合并的定义。企业合并表示一个企业获得一个或多个其他企业业务领域的控制权。业务领域是指以向投资者提供回报或其他经济利益为目的的一组作业和资产的集合。IFRS3 不适用于下列情况：

（1）建立合营企业。

（2）未涉及业务的单件或一组资产的取得。此时购买方将要进行单项识别和确认该可辨认的获取的资产（包括满足在《国际会计准则第 38 号——无形资产》中符合无形资产定义、确认条件的资产）和承担的负债。资产组的成本以购买日相关的公允价值为基础对单项可辨认资产和负债进行分摊。另外这些交易和事项不形成商誉。

（3）涉及同一控制企业下的企业或业务的企业合并，如同一个母公司两个子公司的合并。

2. CAS20

企业合并的结果通常是指一个企业取得了对一个或一个以上企业（或业务）的控制权。构成企业合并至少包括两层含义：一是取得对另一个或一个以上企业（或业务）的控制权；二是所合并的企业必须构成业务。如果一个企业取得了对另一个或一个以上企业的控制权，而被购买方（或被合并方）并不构成业务，则该交易或事项不形成企业合并。当企业取得不构成业务的一组资产或是净资产时，应将购买成本以购买日所取得各项可辨认资产、负债的相对公允价值为基础进行分配，不按照 CAS20 进行处理。CAS20 不适用于下列情况：

（1）两方或者两方以上形成合营企业的企业合并。

（2）仅通过合同而不是所有权份额将两个或者两个以上单独的企业合并形成一个报告主体的企业合并。

另外，在 CAS20 中明确规定，在实务中某些交易或事项因不符合企业合并的界定，所以不属于本章规范的范围；或者虽然在实务中某些交易或事项从定义上属于企业合并，但因交易条件等各方面的限制，所以其不包括在本章规范的范围之内。在实务中某些交易或事项的内容如下：

（1）购买子公司的少数股权。购买子公司的少数股权，是指在一个企业已经能够对另一个企业实施控制，双方存在母子公司关系的基础上，为增加持股比例，母公司自子公司的少数股东处购买少数股东持有的对该子公司全部或部分股权的一种行为。考虑到该交易或事项发生前后，不涉及控制权的转移，不形成报告主体的变化，因此其并不属于企业合并。

（2）对于两个或两个以上的参与方共同控制，且各参与方仅对该安排的净资产享有权利的合营安排（即合营企业），由于在合营安排的各参与方中并不存在占主导作用的控制方，所以在合营安排自身财务报表中对合营安排形成的会计处理，不属于企业合并。

3. 简评

IFRS3 和 CAS20 对企业合并范围的规定都排除了形成合营企业的企业合并以及仅通过合同而不是所有权份额的企业合并，最大的不同是 CAS20 还包括了同一控制下的企业合并，而 IFRS3 将同一控制下的企业合并排除在外。由于在我国实务中不少企业合并均为同一控制下的企业合并，所以 CAS20 规定，对于同一控制下的企业合并，原则上要求按照权益结合法进行处理；而非同一控制下的企业合并在原则上应采用购买法。

（二）同一控制下的企业合并

1. IFRS3

IFRS3 不适用于同一控制下的企业合并。

2. CAS20

同一控制下的企业合并是指，参与合并的企业在合并前后均受同一方或相同的多方最终控制且该控制并非暂时性的。判断某一企业合并是否属于同一控制下的企业合并，应当把握下列要点：

（1）能够对参与合并各方在合并前后均实施最终控制的一方通常指企业集团的母公司。例如集团内子公司向母公司购买其他子公司或业务、子公司向集团内其他子公司购买其下属子公司或业务等。因为该类合并从本质上是指集团内部企业之间的资产或权益的转移，所以能够对参与合并企业在合并前后均实施最终控制的一方只能是集团的母公司。

（2）能够对参与合并的企业在合并前后均实施最终控制的相同多方，是指根据合同或协议的约定，拥有最终控制的投资者群体。

（3）实施控制的时间性要求，表示参与合并各方在合并前后较长时间内为最终控制方所控制。具体要求在企业合并之前（即合并日之前），参与合并各方在最终控制方的控制时间一般在 1 年以上（含 1 年），企业合并后所形成的报告主体在最终控制方的控制时间也应达到 1 年以上（含 1 年）。

（4）关于企业之间的合并是否属于同一控制下的企业合并，应综合考虑构成企业合并交易的各方面情况，按照实质重于形式的原则对其进行判断。通常情况，同一控制下的企业合并是指发生在同一企业集团内部企业之间的合并。同受国家控制的企业之间发生的合并，不应仅仅因为参与合并各方在合并前后均受国家控制而将其作为同一控制下的企业合并。

同一控制下的企业合并，其会计处理方法类似于权益结合法。在该方法下，将企业合并看作是两个或两个以上参与合并企业权益的重新整合，由于最终控制方的存在，从最终控制方的角度，该类企业合并在一定程度上并不会造成企业集团整体的经济利益流入和流出，最终控制方在合并前后实际控制的经济资源并没有发生变化，所以有关交易事项不应视为出售或购买。

被合并方在企业合并前采用的会计政策和会计期间与合并方不一致的，应基于重要性原则，首先统一会计政策和会计期间，即合并方应当按照本企业会计政策和会计期间对被合并方资产、负债的账面价值进行调整，并以调整后的账面价值作为有关资产、负债的入账价值。

3. 简评

由于我国现阶段的基本经济制度仍然是以公有制经济为主体、多种所有制共同发展的社会主义市场经济体制，在实务中出现的大部分合并案例均为同一控制下的企业合并。CAS20 如果不规范同一控制下的企业合并，将无法解决我国在现实中遇到的企业合并问题。因此，财政部在充分考虑我国实际情况的基础上，将同一控制下的企业合并纳入 CAS20 的范围，明确规定同一控制下的企业合并应当以账面价值为基础进行会计处理。在合并财务报表中，也要对被合并企业的财务状况和经营成果予以充分披露。

（三）非同一控制下的企业合并

1. IFRS3

IFRS3 主要规定了非同一控制下的企业合并如何认定、购买法的应用、将企业合并成本分配到取得的资产和承担的负债及或有负债、分阶段完成的企业合并、披露以及过渡性规定与生效日期等内容。企业合并都必须采用购买法。目前国际上适用的有关企业合并的会计准则基本倾向于购买法，即将企业合并交易看作是一个企业购买另一个企业的股权或净资产的过程。

2. CAS20

非同一控制下的企业合并，是指参与合并各方在合并前后不受同一方或相同的多方最终控制的合并交易，即同一控制下企业合并以外的其他企业合并。对于非同一控制下的企业合并采用购买法进行会计处理。采用购买法核算企业合并的首要前提是确定购买方。购买方是指在企业合并中取得对另一方或多方控制权的一方。

3. 简评

对于非同一控制下的企业合并，CAS20 与 IFRS3 都要求以公允价值为基础进行会计处理，即都要求运用购买法进行会计核算，从这点上看，两项准则的处理方法是一致的。

（四）识别购买方

1. IFRS3

由于购买法要求每笔交易必须有一个收购方，所以其在收购交易中承担母公司的角色。收购方是指获得对其他参与合并企业控制权的参与企业。根据《国际财务报告准则第 10 号——合并财务报表》可以确定收购方，在实务中，有时难以认定购买方，但若存在下列迹象，则仍可表明购买方的存在：

（1）若企业合并通过以现金或其他资产换取有表决权的普通权益性工具来实现，则放弃现金或其他资产的主体可能是购买方。

（2）通过股权交换进行的企业合并，常常会在认定收购方上遇到问题。根据 IFRS3，可知发行股票的企业是收购方。然而，应当考虑所有相关的事实和情况，以确定哪一个参与合并的企业拥有主导权和控制权。

在某些企业并购中，会出现反向收购。例如：一个未上市企业与一个更小的上市企业合并，从而实现上市。虽然法律将公开上市企业视为母公司，把非上市企业视为子公司，但是，如果法律上的子公司通常拥有统驭法律上母公司的财务和经营政策的权力，那么根据 IFRS3 规定，可知该法律上的子公司是收购方。

（3）若一个参与合并企业的公允价值大大超过另一参与合并企业的公允价值，则公允价值较大的企业可能是购买方。

（4）当企业合并涉及两个以上参与企业时，应当依据可获得的信息将参与合并企业之一认定为购买方。在这种情况下确定购买方还应当考虑参与合并企业的体量（资产总额、销售额）以及哪一个参与合并企业发起了合并。

（5）通过建立一个全新的公司发行权益性工具，来收购参与双方的股权以实现企业合并。应当将合并前就存在的参与合并企业之一认定为购买方，这样购买方可以是指在新企业中拥有多数股份的企业。

2. CAS20

CAS20 规定，对于非同一控制下的企业合并采用购买法进行会计处理。购买法要求从购买方的角度出发，在该项交易中购买方取得被购买方的净资产或是对净资产的控制权后，应确认所取得的资产以及应当承担的债务，包括被购买方原来未予确认的资产和负债。采用购买法核算企业合并的首要前提是确定购买方。购买方是指在企业合并中取得对另一方或多方控制权的一方。在非同一控制下的企业合并中，应当根据在《企业会计准则第 33 号——合并财务报表》中关于控制的定义和所涉及的相关要素等有关规定，在综合考虑所有相关事实和情况的基础上确定购买方。

在某些情况下可能难以确定企业合并中的购买方，如参与合并的两家或两家以上企业规模相当。在这种情况下，往往可以结合一些迹象表明购买方的存在。在具体判断购买方时，可以考虑下列相关因素：

（1）在以支付现金、转让非现金资产或承担负债的方式进行的企业合并中，一般支付现金、转让非现金资产或是承担负债的一方为购买方。

（2）在企业合并中，需要考虑参与合并各方的股东在合并后主体的相对投票权，其中股东在合并后主体具有相对较高投票比例的一方一般为购买方。

（3）参与合并各方的管理层对合并后主体生产经营决策的主导能力。如果合并导致参与合并一方的管理层能够主导合并后主体生产经营政策的制定，那么其管理层能够实施主导作用的一方一般为购买方。

（4）参与合并一方的公允价值远远大于另一方的，公允价值较大的一方很可能为购买方。

（5）企业合并是通过以有表决权的股份换取另一方的现金及其他资产的，则付出现金或其他资产的一方很可能为购买方。

（6）通过权益互换实现的企业合并，发行权益性证券的一方通常为购买方。但如果有证据表明发行权益性证券的一方在合并后被参与合并的另一方控制，则其应为被购买方，参与合并的另一方为购买方。该类合并通常称为反向购买。

3. 简评

IFRS3 假设所有企业合并都存在购买方，当在实务中难以识别购买方时，IFRS3 给出了判定存在购买方的标准；CAS20 假设我国大多数合并都是指同一控制下的企业合并，对于非同一控制下的企业合并应如何识别购买方只给出了购买方的定义，而未制定详细的规则。IFRS3 和 CAS20 在购买方的确定及具体细节上大致相同，我国《企业会计准则应用指南汇编》（2024）更具体，更适合我国企业合并的情况，并且逐渐与国际准则趋同。

（五）确定企业合并成本

1. IFRS3

企业合并成本是指购买方为换取对被购买方的控制权而放弃的资产、发生或承担的负债以及发行的权益性工具在交易日的公允价值。合并附加成本,例如顾问费用按费用处理。如果作为对价的资产和负债原本按照不等于其公允价值的账面价值计量,那么在合并时应按照公允价值重新计量,由此产生的差额计入损益。但如果作为对价的资产和负债依旧在集团的控制下,则按照原本的方法处理,不需要采用重估价模式计量。

2. CAS20

非同一控制下,购买方应当在确定合并成本时区别下列情况:

(1)通过一次交换交易实现的企业合并,合并成本为购买方在购买日为取得对被购买方的控制权而付出的资产、发生或承担的负债以及发行的权益性证券的公允价值。

(2)通过多次交换交易分步实现的企业合并,合并成本为每一单项交易成本之和。

(3)购买方为进行企业合并而发生的各项直接相关费用也应当计入企业合并成本。

(4)在合并合同或协议中,对可能影响合并成本的未来事项作出约定的,在购买日如果估计未来事项很可能发生并且对合并成本的影响金额能够可靠计量的,购买方则应当将其计入合并成本。

企业合并成本包括购买方为进行企业合并而支付的现金或非现金资产、发生或承担的债务、发行的权益性证券等在购买日的公允价值。购买方为企业合并发生的审计、法律服务、评估咨询等中介费用以及其他相关管理费用,应当于发生时计入当期损益;购买方作为合并对价发行的权益性证券或债务性证券的交易费用,应按照《企业会计准则第 22 号——金融工具确认和计量》《企业会计准则第 37 号——金融工具列报》的有关规定进行会计处理。

3. 简评

我国发布的 CAS20 对在企业合并过程中发生的与合并相关的费用的处理进行了明确规定。若是同一控制下的企业合并,合并方为进行企业合并发生的各项直接相关费用,包括为进行企业合并而支付的审计费用、评估费用、法律服务费用等,应当于发生时计入当期损益。为企业合并发行的债券或承担其他债务支付的手续费、佣金等,应当计入所发行债券及其他债务的初始计量金额。在企业合并中发行权益性证券发生的手续费、佣金等,应当抵减权益性证券溢价收入,溢价收入不足冲减的,冲减留存收益。

对于非同一控制下的企业合并，CAS20 与 IFRS3 均要求购买方为进行企业合并发生的各项直接相关费用应当计入企业合并成本。从这点看，CAS20 与 IFRS3 关于企业合并成本确定方面基本达成一致。

（六）商誉的会计处理

1. IFRS3

根据 IFRS3，可知一旦合并成本确定，以下两者之间会出现差额：①对价的公允价值和非控股股东权益之和与之前已获得被收购企业的股份（以公允价值计量）；②通过收购成本分摊对被收购企业的资产和负债进行重估价，即资产价值减去负债后的净额。

在实务中，特别重要的是正差额，一般我们称之为商业价值或企业价值或商誉，收购方应该在购买日将在企业合并中取得的商誉确认为一项借记资产。商誉具有资产性质，应以其成本对商誉进行初始计量，而并不通过其公允价值计量。即应将企业合并的成本超出按照规定计算的可辨认资产、负债及或有负债的公允价值净额中的权益份额的部分确认为商誉。初始确认后，购买方应以成本扣除全部累计减值损失后的余额来计量合并中取得的商誉，并且不得摊销，应该按 IFRS3 的规定每年进行减值测试。如果有事项或者是环境的变化显示其可能减值，则应更加频繁地进行减值测试。

在出现负商誉的情况下，母公司必须对此进行重新评估，同时还需重新考虑负商誉确认的前提，计算以及确认子公司可辨认资产、负债以及合并成本。不仅如此，计量方法也需要重新评估。如果经过重新评估后仍存在负商誉，则应按损益处理，计入损益。

2. CAS20

CAS20 规定，购买方在购买日应当对合并成本进行分配，按照 CAS20 的规定确认所取得的被购买方各项可辨认资产、负债及或有负债。购买方对合并成本大于合并中取得的被购买方可辨认净资产公允价值份额的差额，应当将其确认为商誉。初始确认后的商誉，应当以其成本扣除累计减值准备后的金额计量。商誉的减值应当按照《企业会计准则第 8 号——资产减值》处理。对于商誉测试的减值部分，应该计入当期损益。

在购买日，应将购买方的合并成本小于确认的各项可辨认资产、负债的公允价值净额的差额确认为负商誉。在对取得的被购买方各项可辨认资产、负债的公允价值进行复核后，将其所发生的变动计入当期损益。

3. 简评

IFRS3 与 CAS20 都赞同将商誉资本化的观点，并要求将商誉列示在合并资产负债表上。CAS20 和 IFRS3 基本趋同，都认为商誉要单独地作为一项资产进行处理。另外，《企业会计准则第 8 号——资产减值》规定，在对包含商誉的相关资产组或者资产组组合进行减值测试时，如果与商誉相关的资产组或者资产组组合存在减值迹象的，则一是应当对不包含商誉的资产组或者资产组组合进行减值测试，计算可收回的金额，并将其金额与相关账面价值进行比较，确认相应的减值损失；二是对包含商誉的资产组或者资产组组合进行减值测试，比较这些相关资产组或者资产组组合的账面价值与其可收回金额，如果相关资产组或者资产组组合的可收回金额低于其账面价值的，则确认减值损失。CAS20 对于商誉减值的测试只有一个步骤。虽然 IFRS3 对商誉减值的测试也只有一个步骤，但是引入了"现金产出单元"的概念，而非我国采用的"资产组"概念。

（七）披露

1. IFRS3

IFRS3 要求购买方要披露能够使其报表使用者评估在当期报告期间或报告期末之后但在财务报表批准报出之前（即资产负债表日后）发生的企业合并的本质和其对财务影响的信息。还要披露使财务报表使用者能够评判与在当期或前一个报告期间发生的企业合并相关的，在当期确认调整的财务影响的信息。

收购方应披露企业合并的下列信息：参与合并企业或业务的名称和说明、购买日、取得的有表决权权益性工具的百分比、合并成本及其构成的说明（包括所有可直接归属于合并的成本）等。对于单项不重要的企业合并，可以汇总披露 IFRS3 所要求的信息。

IFRS3 的规定通过广泛实证使列表具体化。收购方应披露有关信息，使其财务报表使用者能够评价前期实现的与企业合并相关的利得、损失、差错更正和其他调整的财务影响。

在《国际会计准则第 36 号——资产减值》中还涉及有关商誉的披露义务，假定对现金产出单元运用减值测试，企业必须在财务报表中的相应位置披露资产减值损失金额。

合并财务报表还应披露以下子公司的合并信息：①如果子公司的资产负债表日与母公司的不同，则披露两者不同的原因；②限制子公司将资金转移至母公司约束的种类和范围；③与小股东进行权益资本交易的概览；④影响损益分拆的披露。

2. CAS20

CAS20 规定了同一控制下的企业合并与非同一控制下的企业合并应披露的信息。

对于同一控制下的企业合并，在合并发生当期的期末，合并方应当在附注中披露下列信息：

（1）参与合并企业的基本情况。

（2）属于同一控制下的企业合并的判断依据。

（3）合并日的确定依据。

（4）以支付现金、转让非现金资产以及承担债务作为合并对价的，所支付对价在合并日的账面价值；以发行权益性证券作为合并对价的，合并中发行权益性证券的数量及定价原则，以及参与合并各方交换有表决权股份的比例。

（5）被合并方的资产、负债在上一会计期间资产负债表日及合并日的账面价值；被合并方自合并当期期初至合并日的收入、净利润、现金流量等情况。

（6）合并合同或协议约定将承担被合并方或有负债的情况。

（7）当被合并方采用的会计政策与合并方不一致时所作的调整情况的说明。

（8）合并后已处置或准备处置的被合并方资产、负债的账面价值、处置价格等。

对于非同一控制下的企业合并，在合并发生当期的期末，合并方应当在附注中披露下列信息：

（1）参与合并企业的基本情况。

（2）购买日的确定依据。

（3）合并成本的构成及其账面价值、公允价值及公允价值的确定方法。

（4）被购买方各项可辨认资产、负债在上一会计期间资产负债表日及购买日的账面价值和公允价值。

（5）合并合同或协议约定将承担被购买方或有负债的情况。

（6）被购买方自购买日起至报告期期末的收入、净利润和现金流量等情况。

（7）商誉的金额及其确定方法。

（8）因合并成本小于在合并中取得的被购买方可辨认净资产公允价值的份额而计入当期损益的金额。

（9）合并后已处置或准备处置的被购买方资产、负债的账面价值、处置价格等。

3. 简评

IFRS3 将应披露的详细内容按所有企业合并的披露、报告期间的披露、在资产负债表日后的披露、财务报表批准报出日前的披露以及商誉的披露进行了规定。CAS20 则对应披露的详细内容按同一控制下的企业合并与非同一控制下的企业合并进行了规定。其中 IFRS3 关于所有企业合并的披露部分与 CAS20 关于非同一控制下的企业合并的披露内容比较相似，但 CAS20 要求披露的内容更多、更具体。

二、合并财务报表的相关准则

（一）准则的适用范围

《国际会计准则第 27 号——合并报表和在子公司投资的会计》适用于受母公司控制下的企业集团合并财务报表的编制和列报。并且当主体选择或者被当地法规要求呈报单独财务报表时，《国际会计准则第 27 号——合并报表和在子公司投资的会计》也适用于对子公司、共同控制主体以及联营企业中投资的核算。但是，《国际会计准则第 27 号——合并报表和在子公司投资的会计》不涉及企业合并及其合并影响的会计方法，包括对企业合并产生的商誉的处理。而对企业合并产生的商誉的处理参见 IFRS3。

《企业会计准则第 33 号——合并财务报表》主要规范合并财务报表的编制和列报，母公司应当编制合并财务报表。如果母公司是投资性主体，且不存在为其投资活动提供相关服务的子公司，则不应编制合并财务报表。除上述情况外，不允许有其他情况的豁免。与合并财务报表有关的外币报表的折算按照《企业会计准则应用指南汇编》（2024）规定的外币折算和现金流量表进行会计处理。合并财务报表中有关在子公司权益的披露按照《企业会计准则应用指南汇编》（2024）规定的在其他主体中权益的披露处理。

关于编制合并财务报表的要求，《国际会计准则第 27 号——合并报表和在子公司投资的会计》和《企业会计准则第 33 号——合并财务报表》都要求母公司编制合并财务报表，并都规定了编制合并财务报表的豁免情况。但是由于中国国情的特殊性，在某些方面两者还是有所区别。如《企业会计准则第 33 号——合并财务报表》规定如果母公司是投资性主体，且不存在为其投资活动提供相关服务的子公司，则不应当编制合并财务报表，该母公司按照《企业会计准则第 33 号——合并财务报表》规定以公允价值计量其对所有子公司的投资，且公允价值变动计入当期损益。而《国际会计准则第 27 号——合并报表和在子公司投资的会计》则规定，除了豁免的情况外，母公司均要依据《国际会计准则第 27 号——合并报表和在子公司投资的会计》列报合并财务报表，并将其对子公司的投资纳入合并财务报表。

（二）合并财务报表报告日

有关合并财务报表报告日，一般都规定以母公司报表的报告日为基准，并要求子公司财务报表报告日和母公司保持一致。对于报告日不同的情况，《国际会计准则第 27 号——合并报表和在子公司投资的会计》要求，子公司通常为合并需要，应编制与母公司报表报告日相同的财务报表。此外，《国际会计准则第 27 号——合并报表和在子公司投资的会计》还规定，如果子公司资产负债表日与母公司相差在 3 个月内的，可以 3 个月内的子公司编制的会计报表为基础编制合并财务报表，但应该对子公司资产负债表日与母公司资产负债表日之间发生的重大交易或其他事项的影响做必要的说明。而《企业会计准则第 33 号——合并财务报表》则要求，母公司应当统一子公司的财务报表决算日和会计期间，使子公司的财务报表决算日和会计期间与母公司保持一致。子公司的财务报表决算日和会计期间与母公司不一致的，母公司应按照自身的财务报表决算日和会计期间对子公司财务报表进行调整；或者要求子公司按照母公司的财务报表决算日和会计期间另行编制财务报表。不过《企业会计准则第 33 号——合并财务报表》没有规定两者报告日之间差别的最大值。

（三）合并会计政策

一般会计原则均会要求子公司与母公司采用统一的会计政策编制财务报表。《国际会计准则第 27 号——合并报表和在子公司投资的会计》规定，要求编制合并财务报表，对在相似情况下相同的交易和其他会计事项，应采用统一的会计政策。如果不能采用统一的会计政策来编制合并财务报表，则应当说明这一情况，同时应说明在合并财务报表中采用不同会计政策的项目的比例。而

《企业会计准则第33号——合并财务报表》则规定，母公司应当统一子公司所采用的会计政策，使子公司采用的会计政策和母公司保持一致。子公司所采用的会计政策与母公司不一致的，母公司应当按照自身的会计政策对子公司财务报表进行必要的调整，或者要求子公司按照母公司的会计政策另行编制财务报表。

◆ **思考与练习题** ◆

一、单项选择题

1. 同一控制下的企业合并，在合并资产负债表中被合并方的资产、负债应当按（　　）进行计量。

A. 账面价值　　　B. 公允价值　　　C. 市场价值　　　D. 现值

2. A公司发行3万股股票吸收合并B公司，他们不属于关联方关系。A公司新发行股票的公允市价为每股48元，面值15元，而B公司的账面净资产价值为546 000元，净资产公允市价为1 440 000元，可辨认净资产的公允价值为1 294 821元，则此次合并需要确认的商誉为（　　）元。

A. 748 821　　　　B. 0　　　　　　C. 145 179　　　　D. −748 821

二、多项选择题

1. 关于同一控制下的企业合并形成母子公司关系的，在合并日，下列说法正确的有（　　）。

A. 在合并资产负债表中被合并方的各项资产、负债，应当按其账面价值计量

B. 在合并资产负债表中被合并方的各项资产、负债，应当按其公允价值计量

C. 合并利润表应当包括参与合并各方自合并当期期初至合并日所发生的收入、费用和利润

D. 合并现金流量表应当包括参与合并各方自合并当期期初至合并日的现金流量

2. 下列有关同一控制下的企业合并说法正确的有（　　）。

A. 同一控制下的企业合并，从最终控制方的角度看，其所能实施控制的净资产，实质上并未发生变化，原则上应保持其账面价值不变

B. 同一控制下的企业合并，属于关联方之间发生的合并行为，其交易作价往往不公允，因此很难以双方议定的价格为基础

C. 其主要特征为参与合并的企业在合并前后均受同一方或相同的多方最终控制且该控制并非暂时的

D. 同一控制下的企业合并容易产生利润操纵

三、简答题

1. 简述非同一控制下的商誉的处理。

2. 解释同一控制下的企业合并与非同一控制下的企业合并的含义。

第十九章　财务报表

【学习目标】

通过本章的学习，学生要了解在中国企业会计准则以及国际会计准则中有关财务报表列报、现金流量表、分部财务报告以及中期财务报告的具体内容，例如：财务报表的组成、财务报表列报的基本要求、利润表的列示、附注的披露内容、分部财务报告中关键名词的定义等问题。

【学习重点】

财务报表列报的目标和总体要求；利润表的构成和分类；分部财务报告披露的内容；中期财务报告的内容。

【学习难点】

中国企业会计准则和国际会计准则在财务报表列报上的差异；中国企业会计与国际会计准则在利润表的构成和分类上的异同；中国企业会计准则和国际会计准则在分部财务报告中信息披露的差异以及中期财务报告的差异。

一、财务报表列报的差异

（一）财务报表列报的目标和总体要求

《国际会计准则第1号——财务报表列报》（本章称IAS1）的目标在于规范财务报表的列报，以确保主体自身的财务报表与其前期的财务报表以及其他主体的财务报表相互可比。IAS1规定，企业董事会和（或）其他管理机构对其财务报表的编报负责。

《企业会计准则第30号——财务报表列报》（以下简称CAS30）指出，为规范财务报表的列报，保证同一企业不同期间和同一期间不同企业的财务报表相互可比，根据基本准则，制定本准则。CAS30 的基本要求包括持续经营、列报一致性、重要性和可比性等要求，这些要求和 IAS1 的有关表述极为类似。

CAS30 和 IAS1 在准则目标上保持了高度一致。但不同的是，IAS1 强调公允列报和遵从国际会计准则，在极少数情况下，为了公允列报可以背离准则。而 CAS30 则强调企业应该按照基本准则和其他具体企业会计准则的规定编制财务报表，尽管表述不同，但是都强调了遵从理念及其框架的重要性和遵从其他具体会计准则的必要性。除此之外，IAS1 提出公允列报的理念，而 CAS30 则隐含了公允列报的理念。

（二）财务报表的构成

IAS1 规定了财务报表至少由五个部分构成：资产负债表、利润表、现金流量表、所有者权益变动表和会计报表附录。CAS30 指出财务报表由资产负债表、利润表、现金流量表、所有者权益变动表和会计报表附注构成。这表明 CAS30 实现了和 IAS1 的趋同。

（三）关于利润表的构成和分类

中国企业会计准则规定，企业在利润表中应当对费用按照功能分类，分为从事经营业务发生的成本、管理费用、销售费用和财务费用等。利润表至少应当单独列示反映下列信息的项目：营业收入、营业成本、营业税金及附加、管理费用、销售费用、财务费用、投资收益、公允价值变动损益、资产减值损失、非流动资产处置损益、所得税费用、净利润、其他综合收益各项目分别扣除所得税影响后的净额、综合收益总额。

在营业收入和营业成本的列报上，国际会计准则要求列示得更加详细。中国企业会计准则规定营业收入包含主营业务收入和其他业务收入两部分，营业成本包含主营业务成本和其他业务成本。而国际会计准则单独列报主营业务收入和主营业务成本，并计算出主营业务的毛利润，并规定其他业务的收益和损失，要按交易或事项，逐笔列示在其他收入和费用中。因此按国际会计准则的要求进行列报能够提供更详细的信息，例如主营业务的毛利润等，这能为会计信息使用者提供更相关的数据。

在费用项目的列报上，国际会计准则要求费用按性质或功能分类，在利润表中列示。费用按性质分类可分为直接材料费用、直接人工费用、广告费用、员工福利费、折旧和摊销等；费用按功能分类可分为营业成本、销售费用、管理费用等。国际会计准则规定如果费用按照功能分类列示在利润表中，那么企业应该在附注中将费用按照性质分类披露。中国企业会计准则规定利润表中费用按功能分类，可在附注中将费用按照性质分类披露。

2019 年 12 月国际会计准则理事会（IASB）发布了《一般列报和披露（征求意见稿）》（以下简称征求意见稿）。征求意见稿主要聚焦改进利润表的业绩信息列报和披露，提出划分损益类别、增加小计项目、细化表内项目披露、规范管理层业绩指标披露等新要求。新的利润表拟将企业损益按照其业务活动的来源和性质分为四个类别，分别是经营性损益、投资性损益、筹资性损益以及来自一体化联营和合营企业的分享利润，同时引入三个小计项目，分别是经营利润、经营利润和来自一体化联营及合营企业的分享利润、扣除筹资和所得税前利润，以便更好地区分企业财务业绩的不同来源，有助于投资者分析和利用。

关于经营费用的列报和披露问题，征求意见稿取消了现行相关企业会计准则允许企业按照费用的性质或者功能进行列报的自由选择权，要求企业必须根据哪种方法能够向财务报表使用者提供最有用信息的原则来决定费用在利润表内的列报方式，如果企业采用费用功能方式在利润表内列报费用，那么其在财务报表附注中必须单独披露总的经营费用按照性质进行分类分析的相关信息。

二、现金流量表的差异

（一）编制基础

《企业会计准则第 31 号——现金流量表》（以下简称 CAS31）将现金定义为库存现金和可以随时用于支付的存款，而《国际会计准则第 7 号——现金流量表》（本章简称 IAS7）将其定义为库存现金和活期存款。另外，国际会计准则将银行透支也包括在现金和现金等价物之中，IAS7 规定，银行借款一般视为融资业务。但是，在有些国家，需要即时偿还的银行透支也属于企业现金管理的一部分。在这种情况下，银行透支也包括在现金和现金等价物之中。这种筹资举措的特点是银行往来余额经常在结存和透支之间波动。而在 CAS31 中的定义则不包括银行透支。另外，IAS7 规定权益性投资不包括在现金等价物之内，除非其实质上属于现金等价物，也就是说，在靠近到期日购买并且规定赎回日期的优先股应该属于现金等价物，而 CAS31 没有这方面的规定。

（二）经营活动现金流量的编制方法

IAS7 规定企业可以采用直接法或间接法来报告经营活动现金流量，但是鼓励企业使用直接法来报告经营活动现金流量，也可以采用间接法。CAS31则规定，在编制现金流量表时必须采用直接法，同时要求在附录中披露按间接法将净利润调节为经营活动现金流量的信息。

（三）对股利和利息的处理

IAS7 规定，由已收取和已支付的利息和股利产生的现金流量应单独列示。每一项目均需按照各期一致的方法将其归入经营、投资或筹资业务。《国际会计准则第 33 号——每股收益》认为，就金融机构而言，已支付的利息和股利通常应归入经营活动现金流量，但是就其他企业而言，对于如何归类已支付的利益和股利还没有达成一定的共识。因此，可以将已收取和已支付的利息和股利将归入经营活动、投资活动和筹资活动，但是要保持前后各期的一致性。CAS31 则规定，已收取的利息和股利归入投资活动现金流量，而将已支付的利息和股利归入筹资活动。

（四）所得税的处理

IAS7 规定，所得税的现金流量应该单独列示，并归入经营活动现金流量，除非能具体确认其是来源于筹资或投资活动。CAS31 则将与所得税有关的现金流量归入经营活动。

（五）套期保值业务的处理

IAS7 规定，如果一项合同按照对某一认定状况的套期保值业务进行核算。该合同的现金流量应按同样方式归类为套期保值状况的现金流量。如果签订的合同是对可辨认头寸的套期，那么由此产生的现金流量应按照被套期头寸的分类方法加以归类。CAS31 则不涉及有关套期保值业务的现金流量的处理。

三、分部财务报告的差异

（一）准则制定目的及适用范围

《国际会计准则第 14 号——按分部报告财务信息》（以下简称 IAS14）为

关于企业生产不同类型产品和劳务以及企业在不同地区经营的信息制定原则，以帮助财务报表使用者：①更好地理解企业以往的业绩；②更好地评估企业的风险和回报；③从整体上对企业作出更有根据的判断。IAS14适用于以下企业的财务报表：①其权益性证券或债务性证券公开交易的企业，以及正处于在公开证券市场上发行权益性证券或债务性证券过程中的企业；②选择在按国际财务报告准则编制的财务报表中自愿披露分部信息的其他企业。

《企业会计准则第35号——分部报告》（以下简称CAS35）规范分部报告的编制和相关信息的披露。企业存在多种经营或跨地区经营的，应当按照CAS35规定披露分部信息。但是，法律、行政法规另有规定的除外。

因此IAS14和CAS35的差异主要在于，IAS14按公司证券是否上市来确定其适用范围，而CAS35按经营类别或经营区域确定其适用范围。

（二）分部信息披露的基础

IAS14规定如果一份财务报告既包括证券公开交易的主体的合并财务报表，又包括母公司或一个或多个子公司的单独财务报表，那么分部信息只需以合并财务报表为基础进行列报。如果子公司本身就是证券公开交易的主体，则它应在本身的单独财务报告中列报分部信息。类似地，如果一份财务报告既包括证券公开交易的主体的合并财务报表，又包括该主体在其中拥有财务权益并按权益法核算的联营或合营的单独财务报表，那么分部信息只需以该主体的财务报表为基础列报。如果按权益法核算的联营或合营本身就是证券公开交易的主体，则它应在本身的单独财务报表中列报分部信息。

CAS35则规定企业应当以对外提供的财务报表为基础披露分部信息。对外提供合并财务报表的企业，应当以合并财务报表为基础披露分部信息。

不难看出，IAS14和CAS35的规定基本一致。

（三）关键名词的定义

IAS14涉及如下关键名词定义：

（1）业务分部（Business Segment）。它是指企业内可以区分的组成部分。该组成部分提供单项产品或劳务，或一组相关的产品或劳务，并且承担着不同于其他业务分部所承担的风险和回报。在确定产品和劳务是否相关时应考虑的因素包括：①产品或劳务的性质；②生产过程的性质；③产品或劳务的客户类型或类别；④销售产品或提供劳务所用的方法；⑤若适用的话，则其所处的法规环境的性质，如金融、保险或公用事业。

（2）地区分部（Geographical Segment）。它是指在企业内可以区分的组成部分。该组成部分在一个特定的经济环境内提供产品或劳务，并且承担着不同于在其他经济环境中经营的组成部分所承担的风险和回报。在确定地区分部时应考虑的因素包括：①经济和政治情况的相似性；②在不同地区的经营之间的关系；③经营的接近性；④与在某一特定地区经营相关的特定风险；⑤外汇管制规定；⑥潜在的货币风险。

（3）分部收入（Segment Revenue）。它是指在企业收益表中报告的，可以直接归属于某一分部的收入，以及在企业收入中能按合理的基础分配给某一分部的相关部分，不论这些收入是从对外部客户的销售还是从与同一企业的其他分部进行的交易中赚取的。

（4）分部费用（Segment Expense）。它是指某一分部在经营活动中形成的、并可直接归属于该分部的费用，以及能按合理的基础分配给该分部的相关费用，包括与对外部客户的销售和与同一企业的分部交易有关的费用。

（5）分部经营成果（Segment Result）。它是指分部收入减去分部费用后的差额。

（6）分部资产（Segment Assets）。它是指某一分部在经营活动中使用的、并可直接归属于该分部的或能按合理的基础分配给该分部的那些经营资产。

（7）分部负债（Segment Liabilities）。它是指某一分部的经营活动形成的、可直接归属于该分部的或能按合理的基础分配给该分部的那些经营负债。

CAS35 涉及如下关键名词定义：

（1）业务分部。它是指企业内可区分的、能够提供单项或一组相关产品或劳务的组成部分。该组成部分承担了不同于其他组成部分的风险和报酬。企业在确定业务分部时，应当结合企业内部管理要求，并考虑下列因素：①各单项产品或劳务的性质，包括产品和劳务的规格、型号、最终用途等；②生产过程的性质，包括采用劳动密集或资本密集方式组织生产、使用相同或者相似设备和原材料、采取委托生产或加工方式等；③产品或劳务的客户类型，包括大宗客户、零散客户等；④销售产品或提供劳务的方式，包括批发、零售、自产自销、委托销售、承包等；⑤生产产品或提供劳务受法律、行政法规的影响，包括经营范围或交易定价限制等。

（2）地区分部。它是指企业内可区分的、能够在一个特定的经济环境内提供产品或劳务的组成部分。该组成部分承担了不同于在其他经济环境内提供产品或劳务的组成部分的风险和报酬。企业在确定地区分部时，应当结合企业内部管理要求，并考虑下列因素：①所处经济、政治环境的相似性，包括境外经营所在地区经济和政治的稳定程度等；②在不同地区经营之间的关系，包括在某地区进行产品生产，而在其他地区进行销售等；③经营的接近程度大小，包括在某地区生产的产品是否需在其他地区进一步加工生产等；④与某一特定地区经营相关的特别风险，包括气候异常变化等；⑤外汇管理规定，即境外经营所在地区是否实行外汇管制；⑥货币风险。

（3）分部收入。它是指可归属于分部的对外交易收入和对其他分部的交易收入。

（4）分部费用。它是指可归属于分部的对外交易费用和对其他分部的交易费用。

（5）分部利润（亏损）。它是指分部收入减去分部费用后的余额。分部资产应当按照扣除相关累计折旧或摊销额以及累计减值准备后的金额进行确定。

（6）分部负债。它是指分部经营活动形成的可归属于该分部的负债，不包括递延所得税负债。

（7）分部资产。它是指分部经营活动使用的可归属于该分部的资产，不包括递延所得税资产。

（8）分部会计政策。它是指在编制合并财务报表或企业财务报表时采用的会计政策，以及与分部报告特别相关的会计政策。与分部报告特别相关的会计政策包括分部的确定、分部间转移价格的确定方法，以及将收入和费用分配给分部的基础等。

CAS35 并未单列术语定义，而是在报告分部的确定部分定义了业务分部和地区分部，在分部信息的披露中定义了分部收入、分部费用、分部利润（亏损）、分部资产、分部负债。IAS14 和 CAS35 的关键名词定义是一致的。

（四）报告分部的确定

1. 分部报告的形式

IAS14 要求企业按业务分部或地区分部提供分部信息，并将分部报告划分为主要的分部报告形式与次要的分部报告形式。当企业的风险和回报率主要受其生产的商品和劳务的差异影响时，报告分部信息的主要形式应是业务分部，按地区报告的信息则是次要的；当企业的风险和回报率主要受其在不同的国家或其他地区经营方面的影响时，报告分部信息的主要形式应是地区分部，按相关产品和劳务的组合报告的信息则是次要的。

企业的组织结构和内部财务报告体系也是确定主要分部报告形式的基础。如果企业的组织结构和内部财务报告体系既不是以相关产品和劳务为基础划分的，也不是以地区为基础划分的，那么企业在确定主要分部报告形式时，应先决定主体的风险和回报率是较多地与生产产品和劳务相关，还是较多地与其经营所在地区相关，从而再选择决定以何种分部作为主要分部报告形式。如果主体的风险和报酬同时强烈地受企业产品和劳务的差异以及经营所在地区差异影响的，则主体应使用业务分部作为其主要分部报告形式，将地区分部作为次要分部报告形式。

CAS35 要求企业以主要分部报告形式和次要分部报告形式来披露分部信息。①风险和报酬主要受企业的产品和劳务差异影响的，披露分部信息的主要分部报告形式应当是业务分部，次要分部报告形式是地区分部。②风险和报酬主要受企业在不同的国家或地区经营活动影响的，披露分部信息的主要分部报告形式应当是地区分部，次要分部报告形式是业务分部。③风险和报酬同时较大的受企业产品和劳务的差异以及经营活动所在国家或地区差异影响的，披露分部信息的主要分部报告形式应当是业务分部，次要分部报告形式是地区分部。

这里存在一些差异，CAS35 未明确企业的组织结构和内部财务报告体系也是确定主要分部报告形式的基础。另外也未规定当企业的组织结构和内部财务报告体系既不是以相关产品和劳务为基础划分的，也不是以地区为基础划分时主要分部报告形式的确定问题。

2. 报告分部的确定

IAS14 认为两个或多个本质上相似的内部报告业务分部或地区分部可以合并为单一的业务分部或地区分部。只有符合以下条件时，两个或多个业务分部或地区分部才能被认为实质上是相似的：①显示了相似的长期财务业绩；②在 IAS14 定义的所有因素方面都是相似的。

凡收入主要来自外部客户并且满足下列条件之一的业务分部或地区分部，均应确定为报告分部：①其对外部客户和其他分部的销售收入占所有分部总收入的 10％或以上；②无论盈亏，其分部经营成果占在所有盈利分部合并经营成果或所有亏损分部合并经营成果两者中绝对值较大者的 10％或以上；③其资产占所有分部总资产的 10％或以上。

如果内部报告分部位于上段各重要性的临界线之下，则：①该分部可以被指定为报告分部，而不管其规模如何；②如果是在不管其规模如何的情况下不被指定为报告分部，则该分部可以与一个或多个其他类似的、也位于上段各重要性的临界线之下的内部报告分部合并为一个单独的报告分部；③如果该分部不单独报告或与其他分部合并，则应将其作为未分配的调节项目包括进内部报告分部中。

如果将企业所有报告分部来自外部客户的收入相加，其总额不到合并总收入或企业总收入的75％，那么企业应增加报告的分部，直到报告分部来自外部客户的收入总额达到合并总收入或企业总收入的75％以上。

如果主体的内部报告制度将垂直一体化的活动作为独立分部处理，但该主体不准备将其作为业务分部对外报告，则在确定应对外报告的业务分部时，销售分部应合并到采购分部。如果这样做缺乏合理基础时则不符合上条规定。此时，销售分部应作为未分配的调节项目包括进内部报告分部中。

对由于达到相关的10％临界线所以在上期确定为报告分部的分部，如果主体的管理层认为其依然重要，即使其收入、经营成果和资产全部不超过10％临界线，也应确定为本期的报告分部。

CAS35规定企业应当以业务分部或地区分部为基础确定报告分部。业务分部或地区分部的大部分收入是对外交易收入的，且满足下列条件之一的，应当将其确定为报告分部：①该分部的分部收入占所有分部收入合计的10％；②该分部的分部利润（亏损）的绝对额，占在所有盈利分部利润合计额或者所有亏损分部亏损合计额的绝对额两者中较大者的10％以上；③该分部的分部资产占所有分部资产合计额的10％以上。

业务分部或地区分部未满足CAS35规定条件的，可以按照下列规定处理：①不考虑该分部的规模，直接将其指定为报告分部；②不将该分部直接指定为报告分部的，可将该分部与一个或一个以上类似的、未满足CAS35规定条件的其他分部合并为一个报告分部；③不将该分部指定为报告分部且不与其他分部合并的，应当在披露分部信息时，将其作为其他项目单独披露。

报告分部的对外交易收入合计额占合并总收入或企业总收入的比重未达到75％的，应当将其他的分部确定为报告分部（即使它们未满足CAS35规定的条件），直到该比重达到75％。

两个或两个以上的业务分部或地区分部同时满足下列条件的，可以予以合并：①具有相近的长期财务业绩，包括具有相近的长期平均毛利率、资金回报率、未来现金流量等；②确定业务分部或地区分部所考虑的因素类似。

企业的内部管理是按照垂直一体化经营的不同层次来划分的，即使其大部分收入不通过对外交易取得，也可将垂直一体化经营的不同层次确定为独立的报告业务分部。对于上期确定为报告分部的，企业本期认为其依然重要，即使本期未满足 CAS35 规定条件的，仍应将其确定为本期的报告分部。

由此，IAS14 和 CAS35 的规定基本一致。

（五）主要报告形式的信息披露

IAS14 认为对于企业所采用的主要分部报告形式，应披露每个主要报告分部的以下信息：①分部收入（应将其区分为来自企业外部客户的收入和来自企业内部其他分部的收入）；②分部经营成果；③分部资产的账面金额总额；④分部负债的账面金额总额；⑤当期购入的预期超过一个会计期间使用的分部资产（不动产、厂房、设备和无形资产）的总成本；⑥包括在分部经营成果中的分部资产本期的折旧费和摊销费总额；⑦除折旧费和摊销费以外的重大非现金费用总额；⑧在分部信息中披露企业在采用权益法核算的联营企业、合营企业或其他投资中的净损益份额的总额，以及有关的投资总额，前提是所有这些联营活动实质上只与该单个分部有关。

主体应列示按报告分部披露的信息和在合并财务报表和个别财务报表中的总额信息之间的调节情况。在列示调节情况时，主体分部收入应调节至从外部客户赚取的收入；持续经营的分部经营成果应调节至持续经营的主体经营损益和持续经营的主体损益的相应计量结果；非持续经营的分部经营成果应调节至非持续经营的主体损益；分部资产应调节至主体资产；分部负债应调节至主体负债。

CAS35 认为对于主要报告形式，企业应当在附注中披露分部收入、分部费用、分部利润（亏损）、分部资产总额和分部负债总额等。分部的对外交易收入和对其他分部交易收入应当分别披露。分部的折旧费用、摊销费用以及其他重大的非现金费用，应当分别披露。在合并利润表中，分部利润（亏损）应当在调整少数股东损益前确定。披露分部资产总额时，当期发生的在建工程成本总额、购置的固定资产和无形资产的成本总额，应当单独披露。

分部的日常活动是金融性质的，利息收入和利息费用应当作为分部收入和分部费用进行披露。

企业披露的分部信息，应当与在合并财务报表或企业财务报表中的总额信息相衔接。分部收入应当与企业的对外交易收入（包括企业对外交易取得的、未包括在任何分部收入中的收入）相衔接；分部利润（亏损）应当与企业营业利润（或亏损）和企业净利润（或净亏损）相衔接；分部资产总额应当与企业资产总额相衔接；分部负债总额应当与企业负债总额相衔接。

由此，IAS14 和 CAS35 的规定基本一致。

（六）次要报告形式的信息披露

IAS14 规定当企业报告分部信息的主要形式是业务分部时，应报告下列信息：①对于其对外部客户的销售收入占企业对所有外部客户的销售收入总额的10%或以上的每个地区分部，应以客户所在地为基础，披露从该地区的外部客户赚取的分部收入；②对于其分部资产占所有地区分部总资产的10%或以上的每个地区分部，应披露按资产所在地划分的分部资产的账面金额总额；③对于其分部资产占所有地区分部总资产的10%或以上的每个地区分部，应披露按资产所在地划分的、当期购入预期超过一个会计期间使用的分部资产（不动产、厂房、设备和无形资产）所发生的成本总额。

当企业报告分部信息的主要形式是地区分部（以资产所在地为基础或以客户所在地为基础）时，企业还应就其对外部客户的销售收入占企业对所有外部客户的销售收入总额的10%或以上，或者其分部资产占所有地区分部总资产的10%或以上的每个业务分部披露以下信息：①来自外部客户的分部收入；②分部资产的账面金额总额；③当期购入预期超过一个会计期间使用的分部资产（不动产、厂房、设备和无形资产）所发生的成本总额。

如果主体报告分部信息的主要形式是以资产所在地为基础的地区分部，并且其客户所在地不同于其资产所在地，则主体也应就其对外部客户的销售收入占主体对所有外部客户的销售收入总额的10%或以上的每个以客户为基础的地区分部，报告对外部客户销售所赚取的收入。

如果主体报告分部信息的主要形式是以客户所在地为基础的地区分部，并且主体资产所在地不同于其客户所在地，则主体应就其对外部客户的销售收入或分部资产占相关合并总金额或主体总金额的10%或以上的每个以资产为基础的地区分部，报告如下分部信息：①按资产所在地划分的分部资产的账面金额总额；②当期购入预期超过一个会计期间使用的分部资产（不动产、厂房、设备和无形资产）所发生的成本总额。

CAS35 规定分部信息的主要分部报告形式是业务分部的，应当就次要分部报告形式披露下列信息：①对外交易收入占企业对外交易收入总额10%或者以上的地区分部，以外部客户所在地为基础披露对外交易收入；②分部资产占所有地区分部资产总额 10%或者以上的地区分部，以资产所在地为基础披露分部资产总额。

分部信息的主要分部报告形式是地区分部的，应当就次要分部报告形式披露下列信息：①对外交易收入占企业对外交易收入总额 10%或者以上的业务分部，应当披露对外交易收入；②分部资产占所有业务分部资产总额 10%或者以上的业务分部，应当披露分部资产总额。

无论分部信息的主要分部报告形式是地区分部还是业务分部，在次要分部报告形式的信息披露方面，CAS35 比 IAS14 都少规定了一条，即当期购入预期超过一个会计期间使用的分部资产（不动产、厂房、设备和无形资产）所发生的成本总额。另外，在以地区分部作为主要分部报告形式时，CAS35 不要求进一步区分资产所在地来和客户所在地来披露分部信息。

（七）其他披露事项

根据 IAS14，如果一个业务分部或地区分部的大部分收入来自对其他分部的销售，并且这部分收入不是主要报告分部，但该分部对外部客户的销售收入占所有外部客户总收入的 10%以上，那么主体应当披露这一事实，并分别披露对外部客户的销售收入和对其他分部的内部销售收入。

在计量和报告与其他分部的交易所形成的分部收入时，分部间转移事项应以主体实际采用的转移定价为基础进行计算。分部间转移定价的基础和有关的变更应在财务报表中披露。

对分部信息有重大影响的分部报告所采用的会计政策的变更应予披露。如果所采用的会计政策的变更确实可行的话，为比较目的而列示的前期分部信息应予重述。这种披露应包括变更性质的说明、变更的原因、可比信息已重述或重述不确实可行的事实，以及变更形成的影响（如果可以合理确定的话）。如果主体改变其分部分类，且由于不确实可行而没有根据新的基础重述前期分部信息，则为比较目的，主体应在其改变分部分类的年度分别就旧的和新的分部划分基础报告分部数据。

如果不在财务报表内或在财务报告的其他地方披露以上信息的话，那么主体应就主要的和次要的分部报告形式，说明包括在每个报告分部中的产品和劳务的类型，同时说明所报告的每个地区分部的构成情况。

CAS35 认为分部间转移交易应当以实际交易价格为基础进行计量。转移价格的确定基础及其变更情况，应当予以披露。

企业应当披露分部会计政策。分部会计政策与合并财务报表或企业财务报表是一致的，无须重复披露。

分部会计政策变更影响重大的，应当按照《企业会计准则第 28 号——会计政策、会计估计变更和差错更正》进行披露，并提供相关比较数据。提供比较数据不切实可行的，应当说明原因。

企业改变分部的分类且提供比较数据不切实可行的，应当在改变分部分类的年度，分别披露改变前和改变后的报告分部信息。

企业在披露分部信息时，应当提供前期比较数据。但是，提供比较数据不切实可行的除外。

简评：IAS14 和 CAS35 尽管表述有所差异，但实质规定一致。

四、中期财务报告的差异

（一）准则制定目的和适用范围

《国际会计准则第 34 号——中期财务报告》（以下简称 IAS34）规范中期财务报告的最基本内容，并规范在完整或简明的中期财务报表中应采用的确认和计量原则。IAS34 不强制规定哪些企业应公布中期财务报告，间隔多久，或在中期期末后多久公布。

《企业会计准则第 32 号——中期财务报告》（以下简称 CAS32）规范中期财务报告的内容和编制中期财务报告应当遵循的确认与计量原则。

IAS34 和 CAS32 制定目的相同。在适用范围上，IAS34 虽然作出了规定，但由于没有明确的适用主体、时间，所以和 CAS32 的不作规定也没有多大区别。

（二）关键名词的定义

IAS34 对所涉及的两个主要名词作了定义：①中期（Interim Period），是指短于一个完整的财务年度的财务报告期间。②中期财务报告（Interim Financial Report），是指包括涵盖一个中期的一套完整的财务报表（如 IAS1）或一套简明的财务报表（如 IAS34 所述的财务报告）。

CAS32 涉及如下关键名词定义：

（1）中期财务报告。它是指以中期为基础编制的财务报告。

（2）中期。它是指短于一个完整的会计年度的报告期间。

IAS34 和 CAS32 对关键名词的定义基本一致。

（三）中期财务报告的内容

1. 中期财务报告的构成

IAS34 规定中期财务报告至少应包括下列组成部分：①简明资产负债表；②简明收益表；③反映权益的所有变动或除与业主的资本交易和对业主分配所引起的权益变动以外的权益变动的简明报表；④简明现金流量表；⑤有选择的说明性附注。

CAS32 规定中期财务报告至少应当包括资产负债表、利润表、现金流量表和附注。

在中期财务报告的基本构成上，IAS34 和 CAS32 是有所差别的。第一，IAS34 并不要求中期财务报告一定是完整报表，作为基本构成，简明报表就足够了；而 CAS32 要求必须是完整报表。第二，IAS34 规定在中期财务报告构成中包括权益变动报表，而 CAS32 未涉及这种报表。第三，在 IAS34 中的附注是有所限定的，它是有选择的说明性附注，而在 CAS32 中的附注未加任何限定。

2. 中期财务报表的格式和内容

根据《国际会计准则第 3 号——合并财务报表》（以下简称 IAS3），可知主体在中期财务报告中如果选择提供一套完整的财务报表，则这些报表的格式和内容应符合 IAS1 对一套完整财务报表的要求。主体如果选择在中期财务报告中公布一套简明的财务报表，那么这些简明报表至少应包括在最近期的年度财务报表中列出的每个标题和小计项目及 IAS3 要求的有选择的说明性附注。如果因缺少某些追加的单列项目或附注而使简明中期财务报表产生误导，那么这些追加的单列项目或附注也应包括在内。基本的和稀释的每股收益应在中期收益表中加以列报。

如果主体最近期的年度财务报表是合并报表，则中期财务报告要按合并基础来编制，如果主体的年度财务报告除包括合并财务报表外，还包括母公司的单独财务报表，那么 IAS3 既不要求也不禁止将母公司单独的财务报表包括在主体的中期财务报告中。

根据 CAS32，可知中期资产负债表、利润表和现金流量表应当是完整报表，其格式和内容应当与上年度财务报表相一致。当年新施行的企业会计准则对财务报表格式和内容作了修改的，中期财务报表应当按照修改后的报表格式和内容编制，上年度比较财务报表的格式和内容，也应当作相应调整；基本的和稀释的每股收益应当在中期利润表中列报；上年度编制合并财务报表的，中期期末应当编制合并财务报表；上年度财务报告除了包括合并财务报表，还包括母公司财务报表的，中期财务报告也应当包括母公司财务报表。

上年度财务报告包括了合并财务报表，但在报告中期内处置了所有应当纳入合并财务报表编制范围的子公司的，中期财务报告只需提供母公司财务报表，但上年度比较财务报表仍应当包括合并财务报表，上年度可比中期没有子公司的除外。

综上，对于中期财务报表的内容，IAS34 的规定具有选择性，既可选择完整报表，也可选择简明报表，而 CAS32 规定只能是完整报表。另外，当主体的年度财务报告除包括合并财务报表外，还包括母公司的单独财务报表时，IAS34 既不要求也不禁止将母公司单独的财务报表包括在主体的中期财务报告中，而 CAS32 要求中期财务报告也应当包括母公司财务报表。

3. 附注

IAS34 有选择的说明性附注至少应包括下列信息（如果它们是重要的并且没有在中期财务报告的其他地方披露），这些信息通常应以"财务年度年初至今"为基础加以报告：①中期财务报表采用了与最近期年度财务报表相一致的会计政策和计算方法的声明，或如果这些政策或方法已变更，则对变更的性质和影响的说明；②对中期经营的季节性或周期性的说明；③对资产、负债、权益、净收益或现金流量有影响的异常项目的性质和金额，这些项目由于其性质、大小或发生的频率而属异常；④在本财务年度内的以前中期或以前财务年度已报告过的估计金额变更的性质和金额，如果这些变更对本中期具有重大影响的话，那么应对其加以报告；⑤债券和权益性证券的发行、回购和偿还；⑥为普通股和其他股份而分别支付的股利（总额和每股股利）；⑦业务分部或地区分部的分部收入和分部成果，如果 IAS14 要求企业年度财务报表披露分部数据，则要求在中期财务报告中也披露分部数据；⑧未在中期财务报表中反映的中期期末后发生的重要事项；⑨中期内企业结构变化（包括企业合并、子公司和长期投资的购买或处置、重组及终止经营）的影响；⑩自上一年度资产负债表日后发生的或有负债和或有资产的变化。

CAS32 规定中期财务报告中的附注应当以"年初至本中期末"为基础编制，披露自上年度资产负债表日之后发生的，有助于理解企业财务状况、经营成果和现金流量变化情况的重要交易或者事项。

对于理解与中期财务状况、经营成果和现金流量有关的重要交易或者事项，也应当在附注中作相应披露。

中期财务报告中的附注至少应当包括下列信息：①中期财务报表所采用的会计政策与上年度财务报表相一致的说明。会计政策发生变更的，应当说明会计政策变更的性质、内容、理由及其影响数；无法进行追溯调整的，应当说明理由。②会计估计变更的内容、理由及其影响数；影响数不能确定的，应当说明理由。③会计差错的性质及其更正金额。④企业经营的季节性或者周期性特征。⑤存在控制关系的关联企业发生变化的情况；关联方之间发生交易的，应当披露关联方关系的性质、交易类型和交易要素。⑥合并财务报表的合并范围发生变化的情况。⑦对性质特别或者金额异常的财务报表项目的说明。⑧证券发行、回购和偿还情况。⑨向所有者分配利润的情况，包括在中期内实施的利润分配和已提出或者已批准但尚未实施的利润分配情况。⑩根据 CAS35 规定应当披露分部报告信息的，应当披露主要分部报告形式的分部收入与分部利润（亏损）。⑪中期资产负债表日至中期财务报告批准报出日之间发生的非调整事项。⑫上年度资产负债表日以后所发生的或有负债和或有资产的变化情况。⑬企业结构变化情况，包括企业合并，对被投资单位具有重大影响、共同控制关系或者控制关系的长期股权投资的购买或者处置，终止经营等。⑭其他重大交易或者事项，包括重大的长期资产转让及其出售情况、重大的固定资产和无形资产取得情况重大的研究和开发支出，重大的资产减值损失情况等。

企业在提供与上述信息中的⑤和⑩相关的关联方交易、分部收入与分部利润（亏损）信息时，应当同时提供本中期（或者本中期末）和本年度年初至本中期末的数据，以及上年度可比本中期（或者可比期末）和可比年初至本中期末的比较数据。

对于在中期财务报告的附注中应披露的信息规定方面，CAS32 比 IAS34 多了三条，即：①存在控制关系的关联企业发生变化的情况；关联方之间发生交易的，应当披露关联方关系的性质、交易类型和交易要素；②合并财务报表的合并范围发生变化的情况；③其他重大交易或者事项。

4. 对准则遵从的披露

IAS34 认为如果主体的中期财务报告遵从本准则，应对此事实予以披露。除非中期财务报告符合国际财务报告准则的所有要求，否则不能声称为与国际财务报告准则保持一致。但是 CAS32 没有作出相关规定。

5. 比较报表

根据 IAS34，可知中期报告应包括如下期间的中期财务报表（简明的或完整的）：①截至本中期期末的资产负债表和截至上一个财务年度末的比较资产负债表；②本中期的收益表和本财务年度年初累计至今的收益表，并提供上一财务年度可比中期（相当于本中期和年初至今的期间）的收益表；③反映本财务年度年初累计至今权益变动的报表，以及上一个财务年度相当于年初至今的可比期间的比较报表；④本财务年度年初累计至今的现金流量表，以及上一个财务年度相当于年初至今的可比期间的比较报表。

CAS32 规定中期财务报告应当按照下列规定提供比较财务报表：①本中期末的资产负债表和上年度末的资产负债表。②本中期的利润表、年初至本中期末的利润表以及上年度可比期间的利润表。③年初至本中期末的现金流量表和上年度年初至可比本中期末的现金流量表。

财务报表项目在报告中期作了调整或者修订的，上年度比较财务报表项目有关金额应当按照本年度中期财务报表的要求予以重新分类，并在附注中说明重新分类的原因及其内容；无法重新分类的，应当在附注中说明不能重新分类的原因。

在 CAS32 中除了不包括可比的权益变动表外，其他规定与 IAS34 一致。

6. 重要性

IAS34 规定为编制中期财务报告而决定如何确认、计量、分类或披露某项目时，其重要性程度应相对于中期财务数据进行评估。企业不得以预计的年度财务数据为基础对中期财务报告项目进行重要性的判断。因为有些对于预计的年度财务数据显得不重要的信息，对于中期财务数据而言可能是重要的。在对重要性进行评估时，中期与年度财务数据相比，中期计量可能在更大程度上依靠估计，这主要是基于成本效益原则考虑的。

CAS32 规定企业在确认、计量和报告中期财务报表项目时，对项目重要性程度的判断，应当以中期财务数据为基础，不应以年度财务数据为基础。中期会计计量与年度财务数据相比，可在更大程度上依赖于估计，但是，企业应当确保所提供的中期财务报告包括了相关的重要信息。

综上可见，IAS34 和 CAS32 对中期财务报告的重要性的规定一致。

7. 在年度财务报表中的披露

IAS34 规定如果中期财务报告的某项估计金额在财务年度的最后一个中期内发生了重大变化，而该最后中期的财务报告不单独公布，则该估计变更的性质和金额应在该年度财务报表的附注中披露。

CAS32 规定在同一会计年度内，以前在中期财务报告中报告的某项估计金额在最后一个中期发生了重大变更、企业又不单独编制该中期财务报告的，应当在年度财务报告的附注中披露该项估计变更的内容、理由及其影响金额。

综上可见，IAS34 和 CAS32 对在年度财务报表中的披露的规定一致。

(四) 确认与计量

1. 与年度报表一致的会计政策

根据 IAS34，可知企业在中期财务报表中采用的会计政策，应与在年度财务报表中所采用的会计政策相一致，在最近一个年度财务报表日后作出的并在接下来的年度（即本年度）报表中采用的会计政策变更除外。不过企业报告的（频率年报、半年报或季报）不应该影响其年度成果的计量。为了实现这个目标，中期报告的计量应以年初至今为基础。

根据 CAS32，可知企业在中期财务报表中应当采用与年度财务报表相一致的会计政策。中期会计计量应当以年初至本中期末为基础，财务报告的频率不应当影响年度结果的计量。在同一会计年度内，以前中期财务报表项目在以后中期发生了会计估计变更的，以后中期财务报表应当反映该会计估计变更后的金额，但对以前中期财务报表项目金额不作调整。同时，该会计估计变更应当按照 CAS32 的要求在附注中作相应披露。

综上可见，IAS34 和 CAS32 对与年度报表一致的会计政策的规定相同。

2. 季节性、周期性或偶然性收入

IAS34 规定如果企业不在财务年度末预计或递延财务年度内季节性、周期性或偶然性收入，那么在中期报告日也不应预计或递延这些收入。

对于财务年度中不均匀发生的费用，只有当在企业的财务年度末预计或递延年度中不均匀发生的费用是恰当时，在编制中期财务报告时才能对这类费用进行预计或递延。

CAS32 规定企业取得的季节性、周期性或者偶然性收入，应当在发生时予以确认和计量，不应在中期财务报表中预计或者递延，会计年度末允许预计或者递延的除外。企业在会计年度中不均匀发生的费用，应当在发生时予以确认和计量，不应在中期财务报表中预提或者待摊，会计年度末允许预提或者待摊的除外。

综上可见，IAS34 和 CAS32 对季节性、周期性或偶然收入的规定相同。

3. 会计政策的变更

IAS34 认为会计政策变更应通过以下方式反映：①如果企业采用《国际会计准则第 8 号——会计政策、会计估计变更和差错》的基准处理方法，则应重述在本财务年度内以前各中期的财务报表年度以及在以前年度内可比中期的财务报表；②如果企业采用《国际会计准则第 8 号——会计政策、会计估计变更和差错》的备选处理方法，则应重述在本财务年度内以前各中期的财务报表年度，对以前年度的可比中期不需要重述。

CAS32 认为上年度资产负债表日之后发生了会计政策变更，且变更后的会计政策将在年度财务报表中采用的，中期财务报表应当采用变更后的会计政策，并按照 CAS32 的规定处理。企业在中期发生了会计政策变更的，应当按照《企业会计准则第 28 号——会计政策、会计估计变更和差错更正》进行处理，并按照 CAS32 的规定在附注中作相应披露。

会计政策变更的累积影响数能够合理确定且涉及本会计年度以前中期财务报表相关项目数字的，应当予以追溯调整，并且视同该会计政策在整个会计年度一贯采用，同时，上年度可比财务报表也应当作相应调整。

综上分析，可见 IAS34 和 CAS32 对会计政策的变更的规定基本相同。

◆ 思考与练习题 ◆

一、单项选择题

1. 下列关于财务报表列报的基本要求的说法不正确的是（　　）。

A. 财务报表项目的列报应当在各个会计期间保持一致，不得随意变更

B. 性质或功能类似的项目，其所属类别具有重要性的，应当按其类别在财务报表中单独列报

C. 企业应当按照权责发生制原则编制财务报表

D. 某些项目的重要性程度不足以在资产负债表、利润表、现金流量表或所有者权益变动表中单独列示，但对附注却具有重要性，应当在附注中单独披露

2. 关于财务报表列报的内容在（　　）中予以规定。

A.《企业会计准则第 29 号——资产负债表日后事项》

B. CAS30

C. CAS31

D.《企业会计准则第 39 号——公允价值计量》

二、多项选择题

1. 企业财务报表至少应当包括（　　）。

A. 资产负债表 　　　　　　　　B. 利润表

C. 现金流量表 　　　　　　　　D. 所有者权益变动表及附注

2. 在编制财务报表的过程中，企业管理层应当利用所有可获得信息来评价企业自报告期末起至少 12 个月的持续经营能力，评价时需要考虑的因素有（　　）。

A. 宏观政策风险 　　　　　　　B. 市场经营风险

C. 企业目前或长期的盈利能力 　　D. 财务弹性

3. 分部收入主要由可归属于分部的对外交易收入构成，通常为营业收入，不包括（　　）。

A. 利息收入

B. 资产处置净收益

C. 营业外收入

D. 采用权益法核算的长期股权投资确认的投资收益

三、简答题

1. 简述 CAS31 与 IAS1 在财务报表列报的目标和总体要求上的异同。

2. 简述费用项目是如何列报的。

3. 简述中国企业会计准则以及国际准则对股利和利息的处理，有何异同。

4. 简述中国企业会计准则规定的在中期财务报告中的附注至少应当包括哪些信息。

第二十章　两种会计准则的特点及未来发展趋势分析

【学习目标】

　　通过本章的学习，学生要了解中国企业会计准则和国际财务报告准则的特点，以及两种会计准则未来的发展趋势。

【学习重点】

　　中国企业会计准则的特点；国际财务报告准则的特点。

【学习难点】

　　中国企业会计准则的未来发展趋势；国际财务报告准则的未来发展趋势。

一、中国企业会计准则的特点

　　我国制定的企业会计准则能够很好地对国债与国家惯例之间关系、企业发展与继承之间的关系、操作执行和便于理解与科学规范之间的关系进行处理。因此，我国制定的企业会计准则相对于原有的会计规范具有显著的特点。

（一）科学性

　　（1）中国企业会计准则所体现出来的科学性主要是在其会计理念方面所呈现出来的科学性。重新制定的企业会计准则相对于过去的企业会计准则而言，对企业具体的资产质量更为关注，并且还能够在很大程度上对企业负债的财务状况予以更为公允以及真实的反映，与此同时还对企业的资产运行效率以及企业的盈利模式进行强调。

　　（2）中国企业会计准则所具有的科学性还体现在其表述以及结构上所具有的科学性。企业会计准则体系主要是由基本会计准则、具体会计准则以及会计运用指南相结合所构成的一个有机整体，具有显著的整体性。在这个有机整体中，不仅需要通过一般性原则来进行指导，还对具体的企业实务的操作予以指南，这在很大程度上将我国的具体实际予以密切结合，还极大地体现出国家协调性。企业会计准则体系是一套体系合理、定义科学以及表述清晰的具有较高质量的体系。

（3）中国企业会计准则所体现出的科学性还包括其会计方法以及会计政策的科学性。我国新基本准则保留了原有会计准则中具有行之可行的会计方法与会计政策，对于在1992颁布的《企业会计准则》中陈旧以及不合时宜的会计方法与会计政策进行剔除，以此来及时引进一些与我国实际情况相符合的会计方法与政策。

（二）全面性

从中国企业会计准则的纵向看，基本会计准则、具体会计准则以及引用指南具有显著的整体性；从中国企业会计准则的横向看，在各项具体会计准则中对各个企业中的所有经济业务都予以了涵盖。所有企业中的经济业务在一定程度上不仅包括了企业的一些常规业务，还包括了随着时代、经济发展而随之出现的新业务，例如套期保值以及金融工具等。在企业会计准则体系中，就算出现新的经济业务，即使具体会计准则没有对其进行涵盖，企业也能够通过企业会计准则体系中的基本会计准则对出现的经济业务进行处理与判断。

（三）可操作性

中国企业会计准则在很大程度上不仅能够为企业在进行全部经济业务的会计确认、计量以及记录时予以一般性原则上的指导，还能够为企业运用会计准则提供具体的操作指南。在新企业会计准则中的会计运用是通过会计报表以及会计科目的形式来对企业在进行运用企业会计准则的过程中进行规范的，这样做的主要目的就是有效地避免企业会计人员在实际运用会计指南时出现无所适从的现象，与此同时还能够有效地避免在实际实施新企业会计准则的时候出现混乱的情况。

二、国际财务报告准则的特点

（一）全球适用性和统一性

国际财务报告准则被广泛应用于在全球范围内的上市公司和其他组织，通过采用统一的会计准则，提高财务报告的可比性，便于投资者、分析师和企业管理层在全球范围内评估和比较企业。

（二）原则导向

与一些国家的规则导向制度不同，国际财务报告准则是一种原则导向制度，它更加注重财务报告的真实性和公允性。这种原则导向的制度使国际财务报告准则能够更灵活地适应不同国家的会计环境和企业实际情况，同时提高财务信息的可靠性。

（三）灵活性

国际财务报告准则允许企业根据其特定情况和业务模式，灵活地选择适用的会计政策，以反映真实交易和经济状况。这种灵活性有助于企业更好地适应市场变化和新兴业务模式，同时也有助于提高财务信息的准确性和相关性。

（四）透明度

国际财务报告准则要求财务报告提供充分、清晰的信息，有助于投资者和利益相关者了解企业的财务状况、业绩和风险。这种透明度有助于增强投资者的信心，促进资本市场的健康发展。

（五）前瞻性

国际财务报告准则鼓励企业披露关于未来发展前景的信息，有助于投资者和利益相关者对企业未来业绩的预测。这种前瞻性有助于投资者作出更明智的投资决策。

（六）持续改进

国际财务报告准则不断进行修订和更新，以适应新兴业务模式、市场趋势和技术变革，确保持续提供高质量的财务信息。这种持续改进的特性使国际财务报告准则能够始终保持其全球领先地位。

三、中国企业会计准则的发展趋势

从中国企业会计准则发展的情况来看，总的趋势是与国际趋同。

一是深化国际会计准则的精髓——公允价值在我国的使用。公允价值计量是国际金融和财务领域广泛适用的原则，也是国际会计准则的精髓。1998 年我国在《企业会计准则第 12 号——债务重组》中首次采用公允价值并对其进行明确的定义，但在 2001 年对相关会计准则进行了修改，严格限制了债务重组、非货币性交易等事项的公允价值的应用。2006 年 2 月，我国财政部发布了新的企业会计准则体系，其中包括对公允价值的重新引入和定义。此后，公允价值计量在我国得到广泛的使用。

二是逐步开放会计市场。国际四大会计师事务所很早就进入我国开展业务，1978 年普华永道中国公司成立，1981 年安永在北京设立办事处，1983 年毕马威和德勤均在北京设立了第一家常驻代表机构。加入 WTO 后，我国会计市场进一步向国际进行开放。2007 年，四大会计师事务所在中国的市场份额达到 55%，后面则有所下滑，但仍占据较高份额。时至今日，不少上市公司均聘请国际四大会计师事务所。由于我国会计市场的开放，四大会计师事务所进入我国开展业务，并带来了国际先进的管理经验和理念，促进了行业的整体发展。

三是积极参与国际会计准则的制定。我国在 1982 年成为联合国国际会计与报告标准政府间专家工作组的创始成员国，且于 1998 年 5 月正式加入国际会计准则委员会（IASC）和国际会计师联合会（IFAC），并加强与相关的会计师国际组织的联系，参与各种国际会计准则的制定，提高我国在相关方面的话语权。

四、国际财务报告准则的发展趋势

2023 年，国际财务报告准则继续快速发展与演变，主要进展如下：

（1）无论是国际会计准则理事会（IASB）制定的国际财务报告会计准则（IFRS Accounting Standards）还是国际可持续准则理事会（ISSB）2023 年推出的《国际财务报告可持续披露准则》S1、S2 的正式版都取得了较大进展，通用目的财务报告的新格局正在形成。

（2）国际会计准则理事会制定的《国际财务报告准则第 17 号——保险合同》于 2023 年起在全球开始应用，实施效果良好。

（3）"基本财务报表"项目、"非公共受托责任子公司——披露"项目完成了所有技术决策，即将发布《国际财务报告准则第 18 号——财务报表列示和披露》和《国际财务报告准则第 19 号——非公共受托责任子公司的披露》。

（4）"费率管制活动"项目将进入收尾决策和准则起草阶段。

（5）"供应商融资安排""缺乏可兑换性"等多个准则修订项目及时完成，"业务合并——披露、商誉和减值""具有权益特征的金融工具""金融工具分类和计量的修订""动态风险管理"等项目稳步推进。

（6）《中小主体国际财务报告会计准则》第三版大幅度修订工作持续进行；理事会第三次议程咨询所决定的项目（即 2022—2026 年工作计划项目）逐步启动，"在财务报表中的气候相关及其他不确定性"项目积极展开，"无形资产"和"现金流量表及其相关事项"项目酝酿启动等，国际会计准则理事会进入快速完成现有准则项目、启动并进入新的准则发展阶段。

（7）与此同时，国际可持续准则理事会于 2023 年 6 月发布了《国际财务报告可持续披露准则第 1 号——可持续相关财务信息披露一般要求》（以下简称《国际财务报告可持续披露准则第 1 号》）和《国际财务报告可持续披露准则第 2 号——气候相关披露》（以下简称《国际财务报告可持续披露准则第 2 号》），开启了国际可持续披露准则发展的新时代。

（8）国际可持续准则理事会还于 2023 年 5 月发布了其第一份议程咨询文稿，就该理事会未来两年的工作计划公开征求意见。

国际会计准则理事会和国际可持续准则理事会在 2022 年紧密合作，推动财务报表信息与可持续相关财务信息的相互连通与衔接，未来两个理事会将继续分工协作，共同为提升通用目的财务报告的内容和质量、满足财务报告使用者决策所需要的信息而努力，为此提出以下展望：

第一，《国际财务报告准则第 18 号——财务报表的列报和披露》和《国际财务报告准则第 19 号——非公共受托责任子公司的披露》在 2024 年发布，准则发布后，国际会计准则理事会继续积极做好新准则的宣传、培训和实施支持工作，以推动准则的实施与应用。

第二，随着国际会计准则理事会加速完成现有准则项目，国际会计准则理事会将可腾出更多资源投入新的准则项目。中国等各利益相关者更需要做好前瞻性研究工作，以便更好更及时地参与和影响国际会计准则的制定工作。

第三，2024 年 7 月 31 日，国际会计准则理事会发布了《财务报表中的气候和其他不确定性（征求意见稿）》，2023 年 6 月，国际可持续准则理事会发布了《国际财务报告准则 S1 号——可持续相关财务信息披露一般要求》和《国际财务报告准则 S2 号——气候相关披露》。随着这些准则的不断贯彻落实，国际会计准则和国际可持续准则之间，以及与这两者相关的信息之间的互联互通显得越来越重要。如何更好地实现国际会计准则和国际可持续准则之间的互联互通，如何整合现行财务报表信息和其他公司报告信息，如何界定新形势下通用目的财务报告的边界，如何进一步提升财务报告信息的相关性等，都是摆在理论界和实务界面前的崭新课题，需要大家共同努力，献计献策，为国际财务报告准则的未来发展提供理论铺垫和有益的实务探索。

◆ 思考与练习题 ◆

一、简述中国企业会计准则的特点。

二、简述国际财务报告准则的特点。